T0283587

Necesidad de una política de la Tierra

Antxon Olabe

Necesidad de una política de la Tierra

Emergencia climática en tiempos
de confrontación

Galaxia Gutenberg

Publicado por
Galaxia Gutenberg, S.L.
Av. Diagonal, 361, 2.º 1.ª
08037-Barcelona
info@galaxiagutenberg.com
www.galaxiagutenberg.com

Primera edición: septiembre de 2022

© Antxon Olabe, 2022
Esta edición c/o SalmaiaLit, Agencia Literaria
© Galaxia Gutenberg, S.L., 2022

Preimpresión: Maria Garcia
Impresión y encuadernación: Romanyà-Valls
Pl. Verdaguer, 1 Capellades-Barcelona
Depósito legal: B 11662-2022
ISBN: 978-84-18218-49-1

A Elena, Haizea y Pablo

Índice

Tercera parte
LA GRAN TRANSFORMACIÓN

Presentación y agradecimientos

Este ensayo es la versión mejorada de un borrador leído, revisado y comentado por un grupo de expertos en el ámbito de la crisis climática y la transición energética. No hace falta decir que la responsabilidad de este texto es exclusivamente mía, pero es cierto también que las numerosas sugerencias recibidas me han ayudado considerablemente. Muchas gracias por tanto a Mikel González-Eguino, Lara Lázaro, Juan Carlos del Olmo, Natalia Fabra, Cristina Narbona, Gonzalo Escribano, Iñaki Arto, Pedro Linares, Cristina Monge, Mario Rodríguez, Juan José Álvarez y Gonzalo Sáenz de Miera por su generosa colaboración.

Mi agradecimiento también a Teresa Ribera por incorporarme al equipo que ha diseñado e impulsado la transición energética en nuestro país a lo largo de los últimos años. En primer lugar, por haberme invitado en 2017 junto a otros expertos a formar parte del Consejo Asesor para la Transición Ecológica (CAPTE) que ella presidía, en el que se trazaron las líneas maestras de la transición energética para cuando el socialismo democrático volviese a tener responsabilidades de gobierno; en segundo lugar, por haberme incorporado entre 2018 y 2020 como asesor a su gabinete, una vez nombrada ministra para la Transición Ecológica (posteriormente vicepresidenta tercera). Desde esa posición tuve la oportunidad de codirigir la elaboración del Plan Nacional Integrado de Energía y Clima, 2021-2030, que el gobierno entregó a la Comisión Europea, así como de dirigir la elaboración de la Estrategia de Descarbonización a Largo Plazo, 2050, presentada a las Naciones Unidas como parte de los compromisos derivados del Acuerdo de París.

De esa experiencia aprendí que en poco tiempo pueden lograrse cambios significativos si la voluntad política al más alto nivel es clara y decidida, y si existe un rumbo firme a medio y largo plazo y basado en las demandas de la ciencia del clima. Si se dan esas circunstancias, la respuesta a la crisis climática y la correspondiente transición energética pueden avanzar en plazos relativamente cortos. Hoy, España figura entre los Estados miembro de la Unión Europea que traccionan la agenda climático-energética, y la Secretaría General de las Naciones Unidas ha reconocido la labor pionera de nuestro país en el diseño y despliegue de lo que se ha conocido como transición justa.

Este libro es el resultado de numerosas investigaciones y conversaciones sobre la crisis climática y la transición energética a lo largo de los últimos treinta años. Poner mi voz al servicio de esa causa ha sido el propósito sobre el que ha girado mi *vita activa*, mi contribución ciudadana. Cuando a comienzos de los años noventa estudiaba en la Universidad de York los fundamentos científicos del cambio climático, intuí que el tema acabaría siendo decisivo. No en vano la respuesta requería una profunda transformación de la base energética de la economía. Confiaba entonces en que, a medida que la ciencia del clima fuera arraigando cada vez más, las economías desarrolladas aceptarían las premisas de la ciencia y seguirían sus recomendaciones. No podía imaginar entonces que Estados Unidos –la nación en la que había triunfado la primera revolución democrática guiada por el espíritu de la Ilustración– protagonizaría dos *defaults* (la no ratificación del Protocolo de Kioto y el abandono del Acuerdo de París), fallando a la hora de proporcionar el liderazgo internacional que precisaba la situación. Tampoco podía imaginar que las emisiones de China, entonces un país muy pobre, igualarían en tres décadas la suma de las de Estados Unidos, la Unión Europea y la India, arrastrando al mundo a una desestabilización climática.

En sentido contrario, he sido testigo a lo largo de ese tiempo de cómo la respuesta a la crisis del clima pasaba de preocupar a un pequeño grupo de científicos, analistas y activistas a convertirse en un clamor ciudadano en toda Europa y en buena parte del mundo, con centenares de miles de jóvenes y adolescentes ocupando las calles con sus protestas. He sido también testigo de cómo mi parlamento, el Parlamento Europeo, declaraba la emergencia climática el 28 de noviembre de 2019, creando las bases para el Acuerdo

Verde como proyecto político central de la Unión Europea. Asimismo, he visto cómo la revolución de las energías renovables crecía de forma imparable, haciendo realidad lo que a comienzos de los años noventa era poco más que un sueño utópico: el inicio del fin del sistema energético fósil. En definitiva, tres décadas entre la desesperanza y la perseverancia, la preocupación y la confianza en que reaccionaríamos como sociedad. Confieso que, durante muchos años, fue para mí una travesía del desierto.

El esfuerzo sin duda ha merecido la pena. Kathleen Dean Moore, en su libro *Great Tide Rising*, escribe que los humanos somos seres en busca de sentido. Implicarme en la respuesta a la crisis climática ha sido la misión de mi vida adulta. Y es que, para mí, la verdad más inquietante de todas es que la desestabilización del sistema climático se nos puede ir literalmente de las manos, adentrándose en un territorio muy peligroso para nuestro mundo. Y la posibilidad de dejar a nuestros jóvenes y a las generaciones venideras «un planeta en llamas» me estremece. En definitiva, ¿qué es lo que me ha impulsado a lo largo de estos años? En realidad, algo muy sencillo. Mi admirado Edward O. Wilson lo ha llamado biofilia, amor incondicional por todos los seres de esta casa común que llamamos la Tierra y que reconocemos como nuestro hogar, y cuya belleza y magnificencia me sobrecoge cada día. Amor incondicional por el único lugar del cosmos en el que, hasta donde sabemos, y siguiendo a la gran Lynn Margulis, ha florecido y se ha desarrollado el insondable misterio de la vida.

Un mundo nuevo requiere una ciencia política nueva. Pero casi no pensamos en ello: situados como en medio de una rápida corriente, fijamos obstinadamente la mirada en los restos que aún quedan en la orilla, mientras las aguas nos arrastran y nos empujan hacia el abismo.

ALEXIS DE TOCQUEVILLE,
La democracia en América

Todo gran poeta es de su tiempo, en primer lugar. Estar por encima de su tiempo, dice Canetti, es no estar en ningún sitio. O estar perdiendo el tiempo, precisamente. Todo gran poeta, en segundo lugar, debe tener la pasión de la universalidad, la seria voluntad de resumir su tiempo, asumiéndolo. Y, por último, todo gran poeta debe alzarse contra su tiempo, cuestionarlo globalmente: si olvida esta contradicción, se convierte en un renegado.

JORGE SEMPRÚN,
Pensar en Europa

Mi tesis es que ahora tenemos una «política de la Tierra» que no teníamos hace algunos años y que puede entenderse y organizarse en función de la dinámica y las contradicciones de una sociedad del riesgo global.

ULRICH BECK,
La sociedad del riesgo global

Introducción

La especie humana, *Homo sapiens*, ha caminado sobre la Tierra una minúscula fracción del tiempo de existencia del planeta, 300.000 años con respecto a 4.600 millones de años. A lo largo de ese tiempo profundo, poderosas fuerzas geológicas y cosmológicas han provocado estados planetarios radicalmente diferentes al que la humanidad ha conocido desde su amanecer en las sabanas africanas: dos episodios de casi completa congelación, incluyendo mares y océanos; periodos de calor extremo que dieron lugar a un mundo sin hielo en los polos; oxidación masiva de la atmósfera que creó las bases para las formas de vida aeróbicas (dependientes del oxígeno); reorganizaciones de las masas continentales a lo largo de centenares de millones de años; cinco extinciones masivas de diversidad biológica por causas naturales y, sin embargo, al mismo tiempo una extraordinaria evolución de las formas de vida desde los organismos primitivos más sencillos hasta la complejidad y variedad alcanzada en los últimos millones de años.[1]

En ese mundo cambiante, la vida, el más asombroso y fascinante de los fenómenos conocidos del cosmos, ha perdurado de forma ininterrumpida a lo largo de 3.800 millones de años, resistiendo y evolucionando incluso en los entornos más inhóspitos (por ejemplo, los mencionados episodios de glaciación extrema).[2] La vida es tenaz, perseverante y resistente.[3] Algunos organismos entran en un letargo próximo a la muerte durante muchos años y retornan sanos una vez que las condiciones ambientales vuelven a serles favorables. Por eso es importante no llamarse a engaño: si la desestabilización del clima no se reconduce de manera adecuada no será «el planeta» el que estará en peligro, sino nosotros, *Homo sapiens*, por no haber sabido preservar el entorno ecológico favorable que nos ha permitido desarrollarnos y prosperar. Es decir, el cambio climático supone una amenaza existencial *para nuestro mundo*, el mundo que ha permitido el florecimiento de la civilización humana a lo largo de los últimos 11.600 años, el Holoceno.

Nuestra especie, *Homo sapiens*, pertenece a la familia de los grandes simios que emergió en el proceso evolutivo hace aproximadamente quince millones de años, cuando la temperatura media de la atmósfera era unos 3 grados centígrados superior a la actual. La línea evolutiva de los homínidos se separó de los primates ancestrales hace seis o siete millones de años y tuvo en la bipedación su factor decisivo. Esa modificación evolutiva se vio favorecida por los cambios en el clima de África como consecuencia de movimientos tectónicos entre continentes y debido a la incidencia de un proceso global de enfriamiento y menor pluviosidad. Esas alteraciones provocaron un retroceso de las masas selváticas de la región en beneficio del ecosistema de la sabana. Las demandas evolutivas favorecieron el abandono progresivo de la vida arborícola por parte de nuestros antepasados hacia el caminar erguido, una postura más eficiente para la movilidad en el nuevo entorno, la localización de alimentos a ras del suelo, así como la detección de posibles depredadores. A lo largo de millones de años de selección adaptativa, las piernas se alargaron y los brazos se acortaron. Los efectos a largo plazo de ese giro evolutivo fueron decisivos para la totalidad de la vida, ya que en aquel crisol surgió un linaje que condujo hasta el *Homo sapiens*, especie que acabaría dominando la Tierra.

Al actual tiempo histórico la ciencia ha comenzado a denominarlo Antropoceno, la Era de los Humanos. A medida que tomamos conciencia de lo que ello implica, comprendemos que la destrucción de la biosfera de la que formamos parte ha sido, en palabras del naturalista británico David Attenborough, «nuestro mayor error como especie». Y es que la humanidad, al menos tal y como la conocemos, no podrá perdurar en un planeta climáticamente desestabilizado y cuya diversidad biológica haya en gran medida colapsado. Por ello, en este momento en el que el poder transformador de la especie humana ha provocado el nacimiento de una nueva era geológico-ecológica, es necesaria una mayor conciencia que en el pasado, un sentido de identidad humana compartido. Se precisa una comprensión más lúcida acerca de nuestro destino común que siente las bases reflexivas, morales y políticas desde las que construir la respuesta a la crisis ecológico-climática que amenaza nuestro mundo.

Somos los descendientes de numerosas generaciones de antepasados que enfrentaron retos enormes y lograron sobrevivir y prosperar. Anida en nuestro interior una inteligencia transformadora y adaptativa que, confiamos, encontrará la manera de ser desplegada. Somos los herederos de un linaje de supervivientes que aprendemos culturalmente mediante procesos de interacción con el ecosistema del que formamos parte. Así, la experiencia compartida por centenares de millones de seres humanos de la pandemia de la COVID-19 nos ha hecho comprender que la destrucción de la naturaleza, tarde o temprano, se vuelve contra nosotros. La emergencia sanitaria con sus seis millones de muertes, la paralización de la vida social y el hundimiento generalizado de la economía se ha producido, en última instancia, como consecuencia de la destrucción de hábitats naturales, lo que ha favorecido una mayor proximidad y riesgo de contagio con virus de origen zoonótico. La pandemia nos ha interpelado individual y colectivamente como ningún otro acontecimiento en tiempos recientes y nos ha obligado a aceptar una realidad inexorable: somos vulnerables porque somos seres biológicos en un mundo ecológico. Somos interdependientes con lo que nos rodea, y si lo destruimos imprudente y temerariamente las consecuencias no tardarán en golpearnos.

La colisión con los límites ecológicos planetarios, de la que la crisis climática es su expresión más urgente, nos obliga a mirar más lejos, a abarcar con mayor amplitud espaciotemporal las fuerzas motrices que hemos desencadenado. Siete mil ochocientos millones de seres humanos y una economía global que crece de forma imparable desde la Revolución industrial son fuerzas motrices formidables que han reconfigurado nuestro planeta. Las presiones e impactos derivados de esa transformación han comenzado a deshacer las costuras ecológicas del sistema Tierra. Una humanidad que se encamina hacia los 9.600 millones de personas en 2050 ha de transitar inexorablemente hacia un replanteamiento de su relación con la Tierra, de lo contrario, se adentrará en un proceso autodestructivo del que la pandemia de la COVID-19 ha sido una clara advertencia.

Dicho replanteamiento debería implicar cambios sociales, culturales, de estilos de vida, jurídicos, filosóficos, espirituales, además de económicos y tecnológicos, y se lo podría denominar transformación ecológica de alcance civilizatorio. Su eje central habría de girar sobre una autocomprensión renovada de las relaciones entre los seres humanos y el sistema Tierra del que formamos parte. En términos ecológicos y siguiendo la formulación del ecólogo Odum, se trata de transitar desde una fase *inmadura* de dominación y destrucción de la biosfera hacia una etapa *madura* de preservación y protección del ecosistema global (límites ecológicos planetarios), como condición ineludible para garantizar nuestra supervivencia y bienestar a largo plazo.

La ciencia del clima[4] ha alertado desde hace más de cincuenta años sobre el efecto desestabilizador en la química de la atmósfera de las emisiones de gases de efecto invernadero. Los avisos y las alarmas han sido constantes, sobre todo desde 1990, fecha del primer informe de síntesis del Panel Intergubernamental de Expertos sobre el Cambio Climático (IPCC, por sus siglas en inglés). La desatención que el asunto recibió durante demasiado tiempo en la mayoría de las principales capitales ha provocado que, en la actualidad, el margen de maniobra sea considerablemente menor que si se hubiese reaccionado de forma responsable ante los primeros mensajes del IPCC.

Entre 1990 y 2019, las emisiones de gases de efecto invernadero se han incrementado un 58 por ciento, por encima de lo que preveían los modelos más pesimistas en los años noventa. El aumento medio de la temperatura de la atmósfera respecto a la existente en tiempos preindustriales (1850-1900) ya ha alcanzado los 1,1 grados. Un incremento persistente por encima de 1,5 grados podría provocar efectos en cascada como consecuencia de la activación de procesos de retroalimentación positiva en el sistema climático. La desaparición del mar de hielo en el Ártico, las pérdidas masivas de hielo en Groenlandia y la Antártida, el deshielo del permafrost siberiano, el debilitamiento de la capacidad de sumidero de carbono de bosques y suelos, la creciente respiración bacteriana de los océanos, el posible colapso de la Amazonía, la degradación de los bosques boreales, etcétera, son algunos de los procesos que podrían verse afectados.

Traspasados determinados puntos de inflexión,[5] se activarán dinámicas de cambio en los subsistemas mencionados y en otros, lo que reforzará el aumento de la temperatura, un aumento que, a su vez, incidirá sobre dichas dinámicas generando bucles de retroalimentación positiva, reforzando la desestabilización climática. En otras palabras, franqueado de manera persistente el mencionado umbral, la desestabilización del sistema podría no detenerse hasta encontrar, pasados varios siglos o milenios, un nuevo estado de equilibrio en el que la temperatura media de la atmósfera sería 5-6 grados superior a la actual. Los científicos lo han denominado trayectoria/escenario Tierra Invernadero. La última vez que ocurrió algo así en nuestro planeta fue hace 55 millones de años y los caimanes merodeaban por los polos. Sería el colapso de nuestro mundo tal y como lo conocemos. Esa es la razón principal por la que la desestabilización del clima representa una amenaza existencial para la humanidad (Steffen y otros, 2018).

Hay razones para confiar en que sabremos reconducir la situación. En años recientes han tenido lugar dos procesos que han redibujado la respuesta a la crisis climática y que hace poco tiempo resultaban impensables. La primera, la voluntad política de la mayoría de los países que forman la comunidad internacional, que han formulado su aspiración a lograr la neutralidad climática o en carbono a mediados de este siglo o poco después. En los dos años previos a la cumbre y en la propia cita de Glasgow en 2021, han cristalizado importantes cambios. La Unión Europea con su decisión legalmente vinculante de avanzar hacia un continente climáticamente neutro en 2050, junto con el European Green Deal como nueva estrategia de desarrollo económico, ha abierto un camino en el que, en poco tiempo, se ha ido adentrando el resto. La modelización emprendida por la Agencia Internacional de la Energía, así como por la ONG alemana Carbon Action Tracker, tanto de los recientes planes nacionales presentados a las Naciones Unidas como de los objetivos de neutralidad formulados por ciento cuarenta países, concluye que, si esas decisiones se ejecutan debidamente, el incremento de la temperatura media de la atmósfera a finales del siglo XXI sería de 1,8 grados. Es un aumento aún alejado del irrenunciable objetivo de 1,5 grados pero, por primera vez, comienza a vislumbrarse la posibilidad de permanecer en la franja de 1,5-2 grados. En definitiva, el proceso ideado por el Acuerdo de París está funcionando, aunque es preciso reforzar la cautela hasta que los anuncios de neutralidad se concreten en planes nacionales formalmente presentados a las Naciones Unidas y/o en normas legalmente vinculantes en los propios países, para lo cual es imprescindible mantener la presión de la opinión pública internacional.

El segundo proceso positivo, relacionado con el anterior, ha sido el desarrollo masivo de las tecnologías renovables. La transición hacia un nuevo orden de la energía ya está en marcha. El fuerte apoyo que han recibido por parte de las políticas públicas, así como su fabricación a gran escala, ha permitido que dichas tecnologías sean hoy día más coste-eficientes que las tecnologías fósiles en la generación eléctrica y se disponen a serlo en la movilidad y en la edificación. Cruzado ese umbral de competitividad, la propia dinámica del mercado, junto con el mencionado horizonte de neutralidad en carbono, ha hecho que el sistema fósil, a pesar de seguir representando la mayoría de la energía primaria global, haya iniciado ya una curva de declive a largo plazo de carácter estructural.

En términos de la teoría de juegos, el cambio positivo más disruptivo lo ha protagonizado la transformación de la energía. Hoy día y como resultado de los incrementos en la eficiencia de las tecnologías renovables, según la Agencia Internacional de la Energía en el 80 por ciento de los países del mundo es más económico generar electricidad con fuentes renovables, en especial solar, que hacerlo con combustibles fósiles. Es el propio mercado, en consecuencia, el que tiene poderosos incentivos para moverse hacia las tecnologías limpias. Este cambio ha desactivado el núcleo duro de la matriz de pagos convencional. La sustitución de las energías fósiles por renovables ya no se percibe como un coste desfavorable y prohibitivo, sino como la inversión necesaria en un proceso de modernización económico-energética.

Por otro lado, si las grandes economías no colaboran en la respuesta a la emergencia climática, el resultado final será catastrófico para todas ellas. El temor a un desenlace muy negativo, tanto en sus propias sociedades como a nivel de la seguridad y estabilidad internacional, ya pesa más que las posibles ventajas del *free riding*. En consecuencia, los tradicionales planteamientos acerca de «quién soporta la carga de la respuesta al cambio climático» han quedado en gran medida obsoletos.

Ahora bien, junto a esos procesos positivos hay un tercero cuyos efectos se prevén complejos. Se trata del contexto internacional de confrontación geopolítica entre las grandes potencias surgido a partir de 2017. La rivalidad estratégica ha reaparecido tras el breve momento unipolar posterior a la autoimplosión de la URSS en 1992, a la que siguió la etapa denominada «guerra contra el terror» posterior a los atentados del 11 de septiembre de 2001. Así, a partir de 2017 la contención hacia China ha pasado a ser el eje definidor de la política exterior de Estados Unidos. Por su parte, la invasión rusa de Ucrania y la consiguiente guerra han señalado un punto de inflexión en las relaciones entre Europa y Estados Unidos con Rusia, relaciones que se han adentrado en una dinámica de choque frontal (no militar). Y hay que añadir que poco antes de la invasión, los gobiernos de China y Rusia firmaban una declaración política de largo alcance estratégico dirigida a redefinir en una dirección multipolar el orden mundial liberal surgido tras la finalización de la Segunda Guerra Mundial.

Por un lado, el contexto de rivalidad no va a favorecer acuerdos climáticos cooperativos entre las grandes potencias, a diferencia de lo ocurrido, por ejemplo, en 2014 con el acuerdo alcanzado entre los presidentes de Estados Unidos y China previo a la cumbre del clima de París (2015). En un marco de rivalidad estratégica las potencias tienden a instrumentalizar también sus posicionamientos climáticos en función de consideraciones de política exterior y seguridad. Por ello, a pesar de los esfuerzos de la Administración del presidente Joe Biden de ubicar en un silo aparte la necesidad de acuerdos climáticos con China, la posición de Pekín ha sido no favorecer dicha estrategia. Sin embargo, por otro lado, el actual contexto geopolítico refuerza la importancia de la independencia energética de los países, a la que se considera una vulnerabilidad que afecta a la propia seguridad nacional. Dado que las exportaciones de petróleo y gas se utilizan como vectores de poder, los países importadores (Europa, China, India, etcétera) buscarán acelerar su transición hacia sistemas basados en energías renovables dado su carácter autóctono.

Esa serie de procesos, algunos positivos y otros negativos, son corrientes de fondo que van a configurar el contexto internacional en el que deberán producirse los avances en respuesta a la crisis climática.

El libro se divide en tres partes. La primera explica las características y consecuencias de la crisis climática. Con cada actualización por parte del IPCC, los mensajes han sido cada vez más alarmantes. Impactos que en los años noventa se creía que podrían ocurrir a mediados de este siglo XXI ya se están manifestando. Se argumentan las principales razones por las que la crisis del clima es el asunto que debe definir nuestro tiempo, tal y como lo han afirmado los tres últimos secretarios generales de las Naciones Unidas, Kofi Annan, Ban Ki-moon y António Guterres. El análisis de los impactos se aborda no sólo a nivel global sino también territorial por medio de una selección que incluye Oriente Medio y Norte de África, el subcontinente indio, China, el Sahel y África Occidental, América Central y el Caribe y la Europa del Sur.

La segunda parte se centra en la geopolítica climática desde el convencimiento de que la respuesta a la crisis sólo prosperará si las principales potencias hacen de ello una prioridad internacional. Las grandes potencias se han adentrado en una dinámica de rivalidad estratégica, en consecuencia, la lógica del poder, la lucha por la hegemonía y las políticas de suma cero amenazan con ocultar con su densa niebla la prioridad que demandan las urgencias climáticas y ecológicas de la Tierra. En ese sentido se analiza el horizonte energético y climático de China, Estados Unidos, Rusia, India y la Unión Europea, potencias que conjuntamente son responsables de más de la mitad de las emisiones totales de gases de efecto invernadero, por lo que su papel resulta decisivo a la hora de reconducir la situación. Son, además, actores centrales del sistema energético y sus posicionamientos respectivos son variables clave en la evolución de dicho sistema.

China tiene un interés vital en la transformación de su sistema de energía, ya que es un país muy dependiente de las importaciones de petróleo y gas. Su adquisición no sólo afecta de forma importante a la balanza de pagos, sino que dicha dependencia se percibe como una debilidad estructural en su seguridad nacional, percepción agravada tras comprobar la vulnerabilidad de Europa frente al gas procedente de Rusia a raíz de la crisis desatada por la invasión de Ucrania. El liderazgo de China es consciente de que en un escenario de crisis grave Estados Unidos podría bloquear los flujos de petróleo y gas que llegan a sus puertos por vía marítima. Asimismo, mientras que sus dirigentes políticos han señalado el rumbo hacia la neutralidad en carbono en el horizonte 2060, la dependencia del carbón sigue siendo muy elevada, ya que supone el 56 por ciento del mix energético y el 65 por ciento de la generación eléctrica. Las contradicciones y dificultades para traducir el objetivo de descarbonización a largo plazo en medidas concretas de mitigación a corto plazo (2030) condicionan la trayectoria del país asiático, tal y como corrobora su plan nacional (*intended national contribution*) presentado a las Naciones Unidas con ocasión de la cumbre de Glasgow.

El caso de Estados Unidos es igualmente complejo. Hoy en día es un país autosuficiente en términos energéticos como consecuencia de la revolución del *shale gas & shale oil*. Su dinamismo empresarial le ha llevado a participar en la revolución tecnológica de las renovables, el hidrógeno verde, el almacenamiento de la energía, etcétera, una de las líneas que están reconfigurando el mundo de los negocios. Es, al mismo tiempo, un país ideológica y políticamente fracturado. Dada la posición anticientífica en la que se ha instalado desde hace años el Partido Republicano, el compromiso del gobierno federal con la agenda climática depende de quién ocupe la Casa Blanca. La presidencia del demócrata Joe Biden ha dado un importante paso al regresar al Acuerdo de París, aprobar el objetivo de neutralidad climática para 2050 y comprometerse a reducir las emisiones un 50-52 por ciento en 2030 con respecto a las del año 2005. Sin embargo, dichos compromisos podrían quebrar con un cambio político en el gobierno federal o con posibles bloqueos en el Congreso si los republicanos recuperan la mayoría en una o en ambas cámaras. En consecuencia, el liderazgo climático de Estados Unidos depende de sus ciclos políticos nacionales y, por lo tanto, su continuidad no está garantizada. Asimismo, si bien la Administración de Biden ha situado la respuesta a la crisis climática entre sus prioridades nacionales e internacionales, dado que el eje definidor de la política exterior es la contención hacia China, las posibilidades de implicar a Pekín en acuerdos climáticos sustantivos se encuentran seriamente condicionadas.

Rusia es un petroestado y como tal su economía es altamente dependiente de la explotación de los hidrocarburos, ya que alrededor del 40 por ciento de sus recursos fiscales se obtienen del petróleo y el gas. Es, junto a Arabia Saudí, el actor clave en la preservación del *statu quo* del sistema energético fósil. Al mismo tiempo, parte de su élite política y económica confía todavía en que el cambio climático, en un balance de pérdidas y ganancias, reporte a su país beneficios estratégicos como la apertura a los mares del norte (ya que no permanecerán helados buena parte del año) y la mejora de las estepas siberianas para la producción agrícola. Antes de la invasión de Ucrania su enfoque respecto a la transformación global de la energía preveía que, a lo largo de los próximos años, fuese el país de referencia a la hora de suministrar a Asia el gas con el que sustituir el carbón en los usos industriales y energéticos. Confiaba, asimismo, en continuar proporcionando petróleo a países asiáticos, africanos y latinoamericanos cuyos ritmos de descarbonización serán notablemente más lentos que en Occidente. No obstante, con la guerra de Ucrania Rusia ha cruzado el Rubicón, y el bloqueo económico y financiero al que ha quedado sometida por parte de Occidente, así como la extraordinariamente importante decisión de la Unión Europea de desvincularse del gas y petróleo ruso para 2027, obligan al régimen de Vladímir Putin a reformular su estrategia energética global. A partir del punto de inflexión que ha supuesto la invasión, toda posibilidad de colaboración del Kremlin con la agenda climática internacional ha quedado pulverizada.

India es la única potencia cuyo nivel de desarrollo económico per cápita se sitúa por debajo de la media mundial. Es, al mismo tiempo, la tercera mayor economía nacional (medida en términos de poder adquisitivo relativo), tras China y Estados Unidos Asimismo, se dispone a ser en pocos años el país más poblado del mundo con mil quinientos millones de personas hacia 2027. En consecuencia, dado el poder de su demografía y su estado de desarrollo, tiene el potencial para hacer descarrilar los esfuerzos de la comunidad internacional si las demandas energéticas que precisará durante los próximos años y décadas se satisfacen mayoritariamente con combustibles fósiles. En todo caso, en la cumbre de Glasgow el presidente Narendra Modi prometió la neutralidad climática de su país para 2070, dos décadas después de la fecha que demanda la ciencia del clima. India insiste (y con razón) en sus muy bajas emisiones por persona (por debajo de la media mundial) y en su pequeña contribución relativa a las emisiones históricas. El posible adelanto de la fecha de neutralidad precisará como contrapartida importantes programas de ayuda económica y tecnológica por parte de las instituciones financieras internacionales y de las economías desarrolladas.

La Unión Europea tiene, al igual que China e India, un claro interés estratégico en avanzar hacia una menor dependencia energética del exterior por razones no sólo económicas (en 2021 las importaciones de energía les costaron a las arcas de los países comunitarios una media mensual de 23.700 millones de euros, es decir, 284.000 millones anuales) y climáticas, sino de seguridad. A raíz de la mencionada invasión de Ucrania la dependencia europea del petróleo y gas procedentes de Rusia ha pasado a considerarse una vulnerabilidad estratégica y Rusia una amenaza de seguridad a largo plazo. En respuesta, la Comisión Europea ha puesto en marcha la planificación correspondiente para cortar toda dependencia de los combustibles fósiles rusos para el año 2027 y ha apostado por acelerar la transición energética del subcontinente. Asimismo, la Unión Europea es la única gran potencia que presenta una trayectoria comprometida y responsable hacia el cambio climático a lo largo de los últimos treinta años. En ese tiempo, ha conseguido reducir de manera importante sus emisiones (un 25 por ciento respecto a 1990) mientras que su economía crecía un 62 por ciento en términos reales. Tras ese proceso de maduración y construyendo sobre el Pacto Verde Europeo y la Ley Europea de Cambio Climático, Europa está en condiciones de hacer de la respuesta a la emergencia climática el eje central de su proyección exterior.

La tercera y última parte del libro analiza, en primer lugar, el alcance y la relevancia de la transformación del sistema energético global. Desde la Revolución industrial, las energías fósiles han formado la espina dorsal del sistema económico. Una vez que las tecnologías renovables son ya más coste-eficientes en el ámbito de la generación eléctrica, el proceso de cambio se ha vuelto imparable. El mundo se encamina hacia un nuevo orden de la energía y las repercusiones de esa transformación son numerosas y muy importantes.

En segundo lugar, la necesidad de conducir el sistema climático hacia lo que las Ciencias de la Tierra denominan un valle de estabilidad, con la finalidad de mantener el incremento de la temperatura media global en 1,5 grados. Y este objetivo sólo será viable si se alcanza la neutralidad mundial en carbono para 2050 y la del resto de los gases de efecto invernadero poco después.

Sin duda se trata de un objetivo muy ambicioso, pero, tal y como se ha comprobado en los años transcurridos desde la cumbre de París, la respuesta de los países puede acelerarse dando pie a cambios sustanciales en poco tiempo. La presión ciudadana y de la comunidad de la ciencia es fundamental. Si se asume con seriedad la probable activación de procesos de retroalimentación incluso para incrementos de la temperatura cercanos a 1,5 grados, tras lograr la mencionada neutralidad se habría de reducir la concentración de CO_2 en la atmosfera hasta estabilizarla por debajo de las 350 partes por millón (ppm) mediante soluciones basadas en la naturaleza. Se precisarán, en consecuencia, programas masivos de reforestación, así como mejoras de la capacidad de sumidero de los suelos, la agricultura y los humedales.

En tercer y último lugar, se propone pensar el siglo XXI a la luz de la emergencia climática y ecológica planetaria. Se trata de un hondo problema cultural, un estar-en-el-mundo propio de una civilización que ha concebido su relación con la naturaleza, con la Tierra y su biosfera, en términos de dominación y depredación, en lugar de preservación, cuidado e interdependencia.

El mensaje final es que si bien la ciencia ha realizado la aportación crucial a la hora de explicar las causas de la crisis climática, sus consecuencias y su dinámica, la respuesta a la misma pertenece a un ámbito diferente. Hace referencia a qué sociedad queremos, sobre qué valores aspiramos a construirla, en qué lugar situamos conceptos como justicia y equidad, qué mundo queremos legar a los jóvenes, a nuestros hijos y a las generaciones venideras, qué importancia otorgamos a que desaparezcan cientos de miles de especies biológicas que comparten con nosotros la Tierra. En otras palabras, afecta al núcleo político y moral de nuestra sociedad.

El día de mañana se nos juzgará por la actitud con la que afrontamos esta amenaza existencial. Si la comunidad internacional no es capaz de reconducir la crisis del clima, el futuro que entregaremos a los jóvenes, a nuestros hijos y a las generaciones venideras será «un mundo en llamas». Si la crisis climática no es reconducida, miles de millones de personas que han nacido y nacerán en el siglo XXI crecerán condicionados de manera muy negativa por la misma. No lo podemos aceptar. Esta es la lucha decisiva de nuestro tiempo.

Primera parte

LA MAYOR AMENAZA
DE NUESTRO TIEMPO

Límites ecológicos planetarios

Más que en ningún otro periodo de nuestra historia, nuestra especie necesita que trabajemos juntos. Enfrentamos formidables retos ambientales: el cambio climático, la seguridad alimentaria, la sobrepoblación, la extinción de especies, las epidemias, la acidificación de los océanos, etcétera. Considerados de forma conjunta nos recuerdan que nos encontramos ante el momento más peligroso en la historia de la humanidad.

STEPHEN HAWKING,
«This is the most dangerous time for our planet»[1]

La Tierra funciona como un único sistema complejo e integrado en el que los diversos componentes interactúan entre sí a través de múltiples procesos. Los océanos, la atmósfera y los suelos, así como los seres vivos, interactúan de manera ininterrumpida. En décadas recientes ha emergido un conocimiento científico sobre la Tierra más comprehensivo que en el pasado, así como sobre sus procesos abióticos y bióticos. Ese conocimiento ha permitido identificar, analizar y cuantificar los límites ecológicos planetarios, presentando un marco de referencia que ayuda a transitar desde la comprensión de los problemas ambientales globales a la formulación de posibles soluciones. Disciplinas como la Ecología científica, las Ciencias de la Tierra y el estudio de los Sistemas Complejos han realizado una aportación decisiva a esa comprensión renovada.

TRAYECTORIA DE COLISIÓN

La Revolución industrial cambió de forma drástica la relación de nuestra especie con la biosfera. *Homo sapiens*, con una población de 7.800 millones de personas y un poder económico-tecnológico abrumador, se ha convertido en una fuerza ecológica de alcance planetario. El cambio climático de origen antropogénico es la manifestación más preocupante de la dinámica de colisión con los límites ecológicos. Asumirlos implica consecuencias económicas, políticas y culturales muy importantes. Desde hace dos siglos y medio, la economía se ha desarrollado sobre la idea implícita de que la naturaleza no representaba un factor limitador. Solo *el infinito* estaba a la altura de las aspiraciones materiales de la sociedad moderna. El modelo de economía de mercado que ha prevalecido está basado en la premisa de una naturaleza ilimitada, *casi* infinita, un horizonte de crecimiento y expansión siempre renovado. Y lo cierto es que desde mediados del siglo XVIII hasta aproximadamente los años sesenta del siglo XX, siempre hubo nuevas tierras que labrar, nuevas fronteras que conquistar, nuevos espacios que saturar, nuevos mercados en los que crecer y prosperar.

La crisis climática y ecológica pone de manifiesto que el tiempo de la desmesura ha finalizado. Los límites ecológicos planetarios se erigen ante nosotros como una realidad inapelable. De ello depende nuestra propia supervivencia. El sistema económico deberá reconocerlos y aceptarlos. La ecuación del crecimiento ya no puede establecerse sobre la base exclusiva de los clásicos factores de producción: capital, tecnología y mano de obra. Ahora es preciso introducir el concepto de límite. En lo que se refiere a la crisis climática, el límite que es preciso respetar es la concentración de CO_2 en la atmósfera. La actual, 415 partes por millón (2021), supera la que ha existido en los últimos tres millones de años.

El análisis de los límites ecológicos lo inició a comienzos del siglo XXI un equipo de científicos liderados por Will Steffen y Johan Rockström, vinculados entonces al Instituto de Resiliencia de Estocolmo. Sus trabajos han identificado, definido y cuantificado el espacio de seguridad ecológica que ha caracterizado la era del Holoceno. En ellos han analizado nueve subsistemas –cambio climático, nuevas entidades introducidas en la biosfera,[2] destrucción de la capa de ozono troposférico, acumulación de aerosoles en la atmósfera, acidificación de los océanos, flujos biogeoquímicos (fósforo y nitrógeno), consumo de agua dulce, cambios en los sistemas terrestres e integridad de la biosfera (incluye la desaparición de especies y el empobrecimiento del *pool* genético)– con sus correspondientes umbrales de seguridad, zonas de amortiguación y límites ecológicos.

En el caso del cambio climático, una concentración de CO_2 en la atmósfera por debajo de las 350 partes por millón se corresponde con la zona de seguridad. Es un nivel de concentración semejante al que ha prevalecido en el periodo del Holoceno, el tiempo en que la especie humana se ha multiplicado, ha prosperado y ha desarrollado las civilizaciones. Entre las 350 y las 450 ppm se adentra en una zona de peligrosa desestabilización e incertidumbre. A medida que la concentración de dióxido de carbono se incrementa la alerta climática se acentúa. En la actualidad, avanza a gran velocidad hacia el umbral de seguridad (450 partes por millón) que daría inicio a la zona de muy elevado riesgo. Y es que la concentración de 450 ppm se asocia, aproximadamente, con un incremento de la temperatura media de la superficie de la Tierra de 2 grados. Traspasado ese umbral, el mundo se adentrará en un territorio ignoto, no conocido en los últimos tres millones de años, de consecuencias potencialmente catastróficas.

El modelo de los límites planetarios identifica el espacio de seguridad ecológica en el que es posible preservar el bienestar de las sociedades, protegiendo las condiciones que han prevalecido a lo largo de los últimos 11.600 años. La ciencia conoce con notable precisión la mayoría de los parámetros que han caracterizado esa época.[3] Según Steffen y otros, existe una jerarquía de dos niveles entre los nueve ámbitos mencionados. El cambio climático y la integridad de la biosfera son los dos elementos determinantes (*core boundaries*) del sistema Tierra, existiendo una relación jerárquica entre ellos y el resto. Ambos componentes son tan importantes porque tienen el potencial de conducir al conjunto del sistema a un nuevo estado en el caso de que sus límites sean transgredidos de forma persistente (véase el apartado Trayectoria Tierra Invernadero). Tanto el clima como la integridad de la biosfera operan al nivel de la totalidad del sistema Tierra, habiendo coevolucionado entre ellos a lo largo de cuatro mil millones de años. De hecho, señalan los autores:

Las transiciones entre los diferentes periodos de la historia de la Tierra se establecen en función de cambios sustanciales en el clima, en la biosfera o en ambos al mismo tiempo. Por el contrario, la transgresión de los límites en los otros ámbitos, si bien puede suponer un impacto muy importante para el bienestar de las sociedades, por sí misma no estaría en condiciones de conducir al conjunto del sistema Tierra a un nuevo estado.

El marco de referencia de los límites planetarios permite integrar los principales problemas ambientales de alcance global bajo un mismo marco analítico y conceptual, identificando y explicitando las interacciones entre los diferentes ámbitos. Por ejemplo, reconducir la crisis climática precisa descarbonizar el sistema energético, actuar sobre la conservación de los bosques primarios, preservar la salud de los océanos y modificar las prácticas agrarias para favorecer el efecto sumidero de los suelos agrícolas. Dicho marco de referencia permite, además, un análisis cuantitativo de la mayoría de los problemas ambientales globales, lo que resulta decisivo para establecer puentes entre la comprensión de los mismos y la formulación de soluciones viables y pragmáticas.

LA ESTABILIDAD CLIMÁTICA
DEL HOLOCENO

El sistema climático es una manifestación de la cantidad, distribución y balance neto de la energía procedente del Sol en la superficie de la Tierra. La cantidad de energía establece las condiciones generales para la vida. En el actual estado del sistema Tierra, el rango disponible de temperaturas en la superficie del planeta, así como el de las presiones atmosféricas, permite que las tres fases del agua estén presentes de manera simultánea, con el hielo y el vapor de agua desempeñando papeles cruciales en los diversos mecanismos de *feedback* existentes. Asimismo, la distribución de la energía en función de la latitud, tanto sobre los continentes como sobre la superficie del océano y en el interior del mismo, desempeña un papel decisivo en la circulación de los dos grandes fluidos: el océano y la atmósfera. Estas características físicas sistémicas proporcionan los determinantes espaciales para la distribución de la vida, así como para la estructura y el funcionamiento de los ecosistemas.

La temperatura media de la superficie de la Tierra se ha incrementado 1,1 grados respecto a la existente en tiempos preindustriales. En regiones como el Ártico ha sido notablemente mayor, 2,8 grados. La causa directa de la desestabilización del clima se debe a la masiva emisión de gases de efecto invernadero desde la Revolución industrial. Entre 1750 y 2020, las emisiones totales han sido aproximadamente tres millones de millones de toneladas de CO_2 equivalente (3 billones de tCO_2eq), de las que aproximadamente el 40 por ciento ha sido emitido en los últimos treinta años. De esa cantidad total, alrededor de 2.370.000 millones de toneladas han sido de dióxido de carbono. Según Waters y otros: «El nivel actual de emisiones de carbono a la atmósfera (aproximadamente 9.000 millones de toneladas al año) es probablemente el mayor de la era cenozoica (los últimos sesenta y seis millones de años)».[4]

El dióxido de carbono, CO_2, es el principal gas de efecto invernadero tanto por las cantidades emitidas como por su mayor permanencia en la atmósfera.[5] El 90 por ciento de todo el dióxido de carbono emitido entre 2010 y 2019, provino del sistema energético fósil, mientras que el otro 10 por ciento se originó en los cambios acaecidos en los usos del suelo, en especial la deforestación. Asimismo, alrededor del 44 por ciento del CO_2 antropogénico emitido desde la Revolución industrial ha permanecido en la atmósfera, mientras que el resto se ha repartido entre los dos grandes sumideros naturales: los océanos y los bosques/suelo. Tal y como ya se ha señalado, su nivel de concentración ha alcanzado en 2021 las 415 ppm. Este dato es muy relevante, ya que refleja el resultado neto del nivel de emisiones y el comportamiento de los sumideros naturales.

A lo largo del tiempo profundo que suponen los 3.800 millones de años de vida sobre la Tierra los cambios en el clima han sido una de las fuerzas motrices en su evolución. El clima está siempre en continua transformación. Su dinámica interna es de enorme complejidad e incluye comportamientos estocásticos. Los cambios en el clima han ocurrido en escalas temporales que abarcan desde cientos de millones de años –por ejemplo, los debidos a movimientos tectónicos como el surgimiento de cordilleras a consecuencia de la colisión entre continentes– hasta ciclos de decenas de miles de años en respuesta a las diversas combinaciones de la geometría axial y orbital de nuestro planeta en relación con el Sol. En una escala más breve se encuentran las alteraciones debidas a modificaciones en las corrientes marinas que distribuyen el frío/calor entre los océanos, los cambios debidos a las variaciones en las manchas solares, o los ocasionados por las oscilaciones circulatorias de El Niño y La Niña. En una escala temporal aún más reducida se encuentran las alteraciones como consecuencia de las erupciones volcánicas.[6]

Hace diecisiete mil años, las plataformas de hielo que cubrían buena parte de Europa y del norte de América comenzaron a retroceder como consecuencia del aumento de la temperatura, anunciando el fin de la última glaciación.[7] Posteriormente, hace 11.600 años comenzaría el Holoceno,[8] cuya principal característica climática ha sido la estabilidad. La temperatura media a lo largo de este tiempo ha sido de 15 grados y las variaciones regionales de siglo en siglo han sido de ± 1 grado, si bien en escalas temporales menores y a niveles locales las variaciones han sido en ocasiones superiores.

La estabilidad climática del Holoceno contribuyó de manera decisiva al surgimiento y consolidación de la agricultura, la más decisiva de las transiciones en la ecología humana. En esas condiciones, nuestros antepasados pudieron desarrollar, generación tras generación, el conocimiento que se precisaba para la continua selección de las semillas con el objetivo de que las cosechas fuesen cada vez mayores y mejores. La transición desde los clanes cazadores-recolectores a los asentamientos estables orientados hacia la agricultura fue un proceso complejo que se prolongó a lo largo de varios miles de años y se vio favorecido por la estabilidad del clima.

Sobre ese telón de fondo, las diversas regiones del mundo han desarrollado sus zonas de confort climático en las que han evolucionado y madurado sus ecosistemas específicos. Esas zonas están delimitadas por pequeños rangos de temperatura y precipitaciones. Una variación de 1-2 grados sobre la media regional a largo plazo, así como un exceso o déficit de pluviosidad, puede desestabilizar el funcionamiento de los sistemas naturales finamente sintonizados con dichos umbrales. En consecuencia, cambios aparentemente menores en la media de la temperatura y/o la pluviosidad ocasionan efectos muy significativos en las poblaciones humanas como la disminución de las cosechas, la menor disponibilidad de agua y el empobrecimiento de los servicios de los ecosistemas (Guiot y Cramer, 2016).

El epidemiólogo australiano Anthony J. McMichael, experto en la relación a largo plazo entre el clima y la salud humana, ha explicado cómo la escasez de alimentos y las hambrunas han causado los mayores exterminios de gente a lo largo de la historia agraria de la humanidad. Muchas de las hambrunas que acontecieron en el pasado se debieron a cambios climáticos naturales. Si bien es cierto que detrás de esos episodios se encuentra un complejo mosaico de causas no sólo naturales, sino económicas, sociales y políticas –como explicó en su día el economista indio y premio Nobel Amartya Sen–, la base para una buena cosecha está siempre en la fertilidad del suelo, la temperatura adecuada y la disponibilidad de agua, y esos factores dependen directamente del clima. Al incidir en esos parámetros básicos, el cambio climático será determinante en la seguridad alimentaria del futuro, en especial para los sectores y las personas más vulnerables. Y es que un aumento persistente por encima de los 1,5-2 grados afectará a los patrones regionales de temperatura y precipitaciones. En esas circunstancias, cientos de millones de personas que sobreviven practicando una agricultura de subsistencia, o en las periferias marginales de las grandes urbes de los países en vías de desarrollo, se verán sometidas a un estrés formidable que pondrá en peligro no sólo su bienestar y salud, sino su propia supervivencia.[9]

Además, el cambio climático supone un generador y multiplicador de conflictos en aquellas regiones cuya estabilidad política e institucional es ya frágil. Así, el Grupo de Crisis Internacional, en su informe de 2021 sobre los diez conflictos más graves que perviven en el mundo, ha incluido el cambio climático como factor de riesgo internacional. Por supuesto, la relación entre las presiones e impactos derivados de la crisis del clima y los conflictos no son simples ni unívocas. Interaccionan en una compleja red de relaciones de causa y efecto con numerosos factores económicos, sociales, institucionales, geopolíticos, etcétera. Queda, sin embargo, fuera de discusión que la crisis climática crea el contexto en el que todas las contradicciones y tensiones se agravan y multiplican. Como ha señalado el Secretario General de las Naciones Unidas, António Guterres, no es coincidencia que entre los quince países considerados más vulnerables ante la crisis climática, ocho de ellos hayan conocido recientes operaciones de mantenimiento de la paz por parte de las Naciones Unidas. Así, la incidencia del cambio climático ha quedado incluida en resoluciones del Consejo de Seguridad sobre el lago Chad, Somalia, la República Democrática del Congo, Mali y Sudán. Dichas resoluciones reconocen la correlación existente entre los impactos derivados de la crisis climática y la estabilidad y seguridad regional.

Ahora bien, sería un error deducir de lo anterior que la crisis climática va a impactar exclusivamente en los países pobres. Nada más lejos de la realidad. Los impactos son y serán sin duda asimétricos, pero todas las regiones del planeta se verán afectadas. Los megaincendios de Australia, Portugal, Grecia y la Costa Oeste de Estados Unidos; el calor extremo de 2021 en Canadá; las inundaciones de Alemania, Bélgica y China en 2021; la letal ola de calor de 2003 en Europa y la de 2010 en Rusia; las graves inundaciones de Nueva York o huracanes como el Katrina que arrasó Nueva Orleans, son ejemplos de lo contrario. Si bien es cierto que la capacidad de adaptación de las diferentes sociedades es muy desigual en función de sus niveles de desarrollo económico y de su fortaleza institucional, es igualmente cierto que si «el buque del clima se hunde», quienes viajan en primera clase también terminarán en el fondo del mar.

OCÉANO, HIELO, CALOR Y FUEGO

El ascenso de mares y océanos

Una parte importante de las emisiones de dióxido de carbono generadas desde la Revolución industrial ha sido absorbida por los océanos (entre el 20 y el 30 por ciento desde 1980, IPCC 2019), lo que ha provocado un incremento de su acidificación.[10] Además, los océanos han acumulado el 96 por ciento del calor extra generado por el cambio climático. En consecuencia, se ha producido una expansión térmica del agua, una de las causas del incremento de la altura media de los mares estimada en 20 centímetros desde comienzos del siglo XX hasta el presente.

La mencionada expansión térmica explica aproximadamente el 50 por ciento del incremento del nivel del mar que ha tenido lugar desde 1971 hasta nuestros días; la pérdida de hielo de los glaciares ha sumado otro 22 por ciento, mientras que la desintegración de las capas de hielo y los cambios en el almacenamiento del agua en los continentes han supuesto el 20 y el 8 por ciento respectivamente. A partir del año 2006, la pérdida de hielo de los glaciares se ha convertido, sin embargo, en la causa principal del aumento del nivel del mar.

Estudios de la National Oceanic and Atmospheric Administration de Estados Unidos (NOAA, 2016) indican que, desde que están disponibles las tecnologías satelitales de medición, 1993, el incremento medio anual ha sido de 3,2 mm, el doble que la media del siglo XX.[11] De hecho, entre 2006 y 2018 el ascenso ha sido de 3,7 milímetros por año (IPCC, 2021).

El efecto de ese continuo incremento del nivel del mar será generalizado y tendrá múltiples consecuencias. Numerosas zonas bajas quedarán sumergidas; miles de acuíferos cercanos a la línea de la costa se verán salinizados; las llanuras de inundación y los deltas de los ríos se verán afectados. Por ejemplo, si el incremento del nivel del mar alcanzase un metro hacia finales de este siglo XXI, algo que se considera cada vez más probable, Bangladés quedaría colapsado, ya que cien millones de personas viven a una altura igual o menor de un metro sobre el nivel mar.[12]

Se estima que las veinte ciudades más vulnerables ante el ascenso del nivel mar teniendo en cuenta el número de personas afectadas y el valor del stock de capital potencialmente en riesgo son: Bombay, Guangzhou, Shanghái, Miami, Ho Chi Min, Calcuta, Nueva York, Osaka-Kobe, Alejandría, Tokio, Tianjin, Bangkok, Dhaka y Hai Phong.

Megaincendios

Incendios muy destructivos han asolado en años recientes diversas partes del globo. En septiembre de 2019, tras dos años de sequía, un fuego devastador se extendió por Australia a lo largo de siete meses destruyendo alrededor de 85.000 kilómetros cuadrados. Decenas de miles de personas tuvieron que ser evacuadas y miles de casas quedaron calcinadas. El impacto en la fauna fue devastador, se calcula que alrededor de mil millones de animales perecieron y otros dos mil millones se vieron afectados. Se estima que el 20 por ciento de los bosques del continente quedaron arrasados, lo que constituyó una de las mayores catástrofes ecológicas de la historia reciente de Australia.

Al año siguiente, los incendios de la Costa Oeste de los Estados Unidos fueron igualmente demoledores. En los estados de California, Oregón y Washington ardieron 20.000 kilómetros cuadrados, miles de casas quedaron destruidas, millones de personas respiraron aire tóxico y decenas de personas fallecieron. Un verano tórrido con temperaturas cercanas a los 50 grados creó las condiciones idóneas para la devastadora ola de incendios.

En 2021, enormes incendios volvieron a asolar diferentes partes del mundo provocando imágenes dramáticas en Argelia, Turquía, Grecia, Sicilia, Siberia, California... Se suman a los que tuvieron lugar en 2017 en Pedrogao Grande, Portugal, en junio de 2017, que provocaron sesenta y cuatro muertos, así como a los que han afectado gravemente a la Amazonía en años recientes. En palabras de los expertos Francisco Castañares y Marc Castellnou:[13]

> El fuego se mueve a velocidades de propagación increíbles [...]. Estas gigantescas intensidades térmicas e inusuales velocidades de propaga-

ción ya se dieron en los megaincendios forestales que describimos por primera vez en Chile y Portugal en 2017, que continuaron en Argentina, Sudáfrica y California en 2018 y en Bolivia y Siberia en 2019. Pero lo que realmente ha venido a dar proporciones bíblicas al episodio que se vive en Australia es su duración [...]. Pensábamos que el cambio climático traería más calor, lluvias torrenciales y situaciones extremas, pero nunca creímos que nuestros bosques se debilitarían y serían susceptibles de sufrir grandes plagas, tormentas e incendios. Plagas como la del *bark beetle*, con mortalidad de millones de hectáreas en Canadá y en Siberia; grandes tormentas de viento con millones de hectáreas de árboles derribados; y grandes incendios, megaincendios y teraincendios devastadores en diferentes partes del planeta, dejan ya poco espacio a la duda.

Calor abrasador

El fuego y el calor van de la mano. Diecinueve de los veinte años más cálidos desde que existen registros, 1880, han ocurrido en el siglo XXI. En junio-julio de 2021, en Portland (Oregón, EE.UU.) la temperatura alcanzó los 46,5 grados y en la localidad de Lytton, en la Columbia Británica (Canadá), los 49,6 grados. En el verano de 2021 se alcanzaron en Sicilia los 48,8 grados, el máximo del que hay constancia en la Unión Europea.

Asimismo, anticipando la nueva normalidad climática que se espera en la región de Oriente Medio, la Organización Meteorológica Mundial ha verificado que en el verano de 2016 los termómetros señalaron los 54 grados en Mitribah (Kuwait), los 53,9 grados en Basora (Irak) y los 53 grados en Dehloran (Irán). En el verano de 2016 los termómetros alcanzaron máximos de 51 grados en Phalodi (India). En el verano de 2017 la temperatura ascendió a 53,7 grados en la ciudad iraní de Ahwaz y en junio de 2019 se alcanzaron los 55 grados en la ciudad de Al Majmaah (Arabia Saudí).

Los investigadores Camilo Mora y otros, tras analizar 783 olas de calor que produjeron víctimas mortales humanas entre 1980 y 2014, han identificado los umbrales de temperatura y humedad más allá de los cuales la situación se vuelve letal para las personas.

Su conclusión es que, en la actualidad, el 30 por ciento de la población mundial se encuentra expuesto a condiciones climáticas que pueden implicar traspasar esos umbrales al menos veinte días al año. Según sus estimaciones, incluso en un escenario de fuertes reducciones de las emisiones ese porcentaje podría elevarse al 48 por ciento de la población humana en el año 2100.

Hielo, la canción del adiós

Una proporción muy elevada del agua dulce existente en la Tierra se encuentra almacenada en la criosfera. Dado que el hielo y la nieve reflejan una cantidad de radiación solar mucho mayor que los océanos y los continentes, la criosfera actúa como equilibrador natural del calentamiento gracias al aire frío que se genera en su superficie. La pérdida de hielo activa, en consecuencia, un mecanismo de retroalimentación positiva acelerando el cambio climático.

La transición hacia un nuevo estado en el sistema helado del Ártico está emergiendo.[14] En pocas décadas permanecerá libre de hielo durante cuatro o cinco meses al año. Dicho cambio tiene repercusiones muy negativas en el modo de vida de las comunidades nativas que han habitado la región durante siglos. Además, especies altamente adaptadas al ecosistema de hielo marino como focas, renos y osos polares se encuentran en situación de grave peligro. El incremento de la temperatura media en la región, 2,8 grados, ha sido muy superior a la media global y, en consecuencia, la superficie helada se ha contraído de forma drástica durante los meses de verano. Así, la extensión mínima de hielo en el mes de septiembre apenas ha alcanzado en años recientes los cuatro millones de kilómetros cuadrados, cuando hace tres décadas y media era de seis millones. Se estima que desde 1970 la masa de hielo ha perdido la mitad de su volumen.

Los modelos climáticos de los años noventa preveían que un impacto de semejante magnitud podría ocurrir hacia mediados del siglo XXI y, sin embargo, ya se está manifestando. La desaparición de la superficie helada del Ártico es uno de los mecanismos de re-

troalimentación positiva que ya se ha activado. Mientras que el
efecto albedo del hielo refleja el 50 por ciento del calor que recibe
del Sol, las aguas oscuras que lo sustituyen absorben el 90 por ciento de él, lo que contribuye a acelerar el deshielo de la superficie y
con ello la dinámica de la alteración del clima. La desaparición del
ecosistema del Ártico genera, también, cambios importantes en aspectos del clima global que han prevalecido en el Holoceno, al modificar los patrones que han guiado la distribución del calor entre
los trópicos y los polos en los últimos 11.600 años.[15] El calentamiento de las aguas del Ártico contribuye, asimismo, a la desintegración de las cercanas masas heladas de Groenlandia.

Las capas de hielo de Groenlandia y las del Oeste de la Antártida
están reaccionando a la alteración del clima perdiendo entre ambos
sistemas alrededor de 440.000 millones de toneladas de hielo al
año. Además, los glaciares del resto del mundo están perdiendo
otros 220.000 millones de toneladas anuales.

La superficie de Groenlandia es de 2,16 millones de km^2 y el 81
por ciento de ella se encuentra cubierta de hielo. La isla presenta
una longitud de 2.400 kilómetros en su dirección norte-sur y una
anchura de 1.100 kilómetros. La profundidad media del hielo es
superior a los dos kilómetros y la máxima de tres. El IPCC (2019)
estima que, entre 1992 y 2020, Groenlandia ha perdido un total
de 4.890.000 millones de toneladas de hielo. El aumento de la
temperatura por encima de los 1,5-2 grados activará un proceso
de desestabilización irreversible de esa gigantesca masa de hielo. Si
se cruzase ese punto de inflexión de forma continuada, se desen-
cadenaría un lento e irreversible proceso de desintegración de
sus 2.850.000 km^3 de hielo que, a lo largo de siglos, elevaría seis
metros la altura del nivel del mar, sumergiendo ciudades como Miami, Londres, Shanghái, Bombay, Bangkok, y muchas otras.

Asimismo, diversas voces desde la ciencia consideran probable
que se haya iniciado en el Mar de Amundsen un proceso irreversible de desintegración de la Capa de Hielo del Oeste de la Antártida
(Feldmann y Levermann, 2015; Khazendar y otros, 2016).[16] Los
estudios apuntan a que es probable que, una vez que ese sector co-
lapse, arrastre al resto de la Capa de Hielo del Oeste en un efecto
dominó, lo que conduciría en un proceso de siglos a un incremento

de la altura del nivel del mar de tres metros. Los registros muestran que la desintegración de la Capa de Hielo del Oeste de la Antártida ya ha ocurrido en el pasado en los intervalos interglaciares. La capa de hielo se contrae como resultado del deshielo de las plataformas que la rodean, ya que la desaparición de las mismas provoca una aceleración de los glaciares hacia el mar.[17] Concretamente, el IPCC (2019) estima que las Capas de Hielo de la Antártida han perdido 2.670.000 millones de toneladas de hielo entre 1992 y 2020. En definitiva, afrontamos un posible escenario sobre el que el reputado climatólogo James Hansen ha advertido lo siguiente:

> Si las capas de hielo de Groenlandia y del Oeste de la Antártida entran en un proceso irreversible de desintegración, no habrá un nivel estable del mar en ningún futuro previsible. Se habrá creado una situación de alteración continua, con calamidades intermitentes para miles de ciudades costeras. Dado que los océanos y las capas de hielo tienen tiempos de respuesta propios, los cambios en el nivel mar continuarán durante siglos.

CAMBIO CLIMÁTICO Y BIODIVERSIDAD

Los organismos vivos son actores decisivos en el ciclo global del carbono y desempeñan un papel crucial en las dinámicas de los principales gases de efecto invernadero. En esas dinámicas no sólo es importante la cantidad de organismos sino su variedad, su diversidad biológica. Así, por ejemplo, se ha comprobado que la riqueza de especies de algas unicelulares conocidas como diatomeas presentes en los océanos está estrechamente relacionada con la eficacia con la que es absorbido el carbono de la atmósfera y sedimentado en los fondos marinos. Asimismo, la variedad de tipos de suelo y sedimentos de flora y fauna, tanto en tierra como en los mares, desempeña un destacado papel en los ciclos biogeoquímicos de los nutrientes y del carbón. En consecuencia, la composición, variedad y abundancia de flora y fauna inciden de manera muy relevante en el secuestro natural del carbono y, en consecuencia, en la dinámica de la alteración del clima (IPBES-IPCC, 2021).

A lo largo de la historia de nuestro planeta, como hemos dicho, se han producido cinco grandes extinciones en la biosfera. La más letal tuvo lugar hace 252 millones de años. Se la conoce como la extinción del Pérmico-Triásico y supuso la desaparición del 96 por ciento de las especies del medio marino y del 70 por ciento de las especies terrestres. La hipótesis más aceptada apunta la causa a una intensa actividad volcánica a lo largo de un millón de años, la mayor de la historia del planeta. Como consecuencia de las erupciones, Siberia quedó cubierta por una gigantesca capa de lava de dos millones de kilómetros cuadrados de superficie. Se cree que el impacto de ese manto incandescente afectó a la antracita subyacente bajo la roca, incendiándola y provocando la emisión de ingentes cantidades de dióxido de carbono a la atmosfera. El consiguiente aumento de la concentración de CO_2 hizo que la temperatura de la atmósfera se elevara 6 grados centígrados por encima de la media actual, además de provocar un importante incremento en la acidez de los océanos que llevó a la extinción de las formas de vida que se habían dotado de conchas formadas por carbonato cálcico. Como consecuencia el 96 por ciento de las especies marinas se vieron abocadas a la extinción.

La gran velocidad a la que se ha inyectado CO_2 a la atmósfera en los últimos doscientos años con el consiguiente incremento en la acidificación de los océanos, ha suscitado la correspondiente alerta científica. Daniel Rothman, profesor de geofísica del MIT, ha explicado que si el dióxido de carbono absorbido por los océanos supera un cierto umbral, ya sea como resultado de un mecanismo repentino o a un ritmo más lento y constante, el sistema podría reaccionar con un efecto cascada de respuestas químicas que contribuirían a una acidificación extrema del medio marino. Hoy en día, los océanos están absorbiendo carbono a una velocidad más rápida que en la extinción final del Pérmico-Triásico. Ahora bien, las emisiones antropogénicas han tenido lugar los últimos doscientos cincuenta años, mientras que las grandes extinciones de biodiversidad ocurrieron tras decenas de miles de años de erupciones volcánicas. En todo caso, Rothman considera probable que si las emisiones de dióxido de carbono se mantienen al ritmo que ha prevalecido durante las últimas décadas se desencadene ese desajuste sistémico en el océano.

En la actualidad, se estima que el 70 por ciento de las tierras emergidas (sin contar la Antártida), así como el 87 por ciento de la superficie de los océanos han sido modificadas de forma significativa por la intervención humana. La desaparición de vida salvaje como consecuencia del dominio de *Homo sapiens* sobre la biosfera queda reflejada en el hecho de que el 96 por ciento de la biomasa de los mamíferos que hoy en día pueblan la Tierra está formada por los seres humanos y los animales domesticados a su servicio. Sólo el 4 por ciento del total corresponde a mamíferos salvajes. En otras palabras, la diversidad biológica se encuentra bajo asedio. Así, el 38 por ciento de las 44.838 especies conocidas de coral se encuentran en peligro de extinción; asimismo, el 14 por ciento de las aves, el 22 por ciento de los mamíferos y el 31 por ciento de los anfibios (Wilson, 2021).

La destrucción de hábitats naturales ha sido, con diferencia, la causa principal de la destrucción de la diversidad biológica. Así, mientras que en el año 1700 la extensión de los cultivos en el planeta era de aproximadamente diez millones de kilómetros cuadrados, tres siglos después se había multiplicado por cinco, alcanzando una superficie de cincuenta millones de kilómetros cuadrados, equivalente a la extensión conjunta de Norteamérica, Sudamérica y Australia, casi la mitad de las tierras habitables del planeta. Ese incremento en la superficie cultivada se ha llevado a cabo a expensas de bosques caducifolios, selvas tropicales, áreas de matorral, drenado de humedales, etcétera. La destrucción de esos ecosistemas en los que se almacenaba una gran cantidad de carbono ha contribuido, además de a la pérdida de biodiversidad, a elevadas emisiones de dióxido de carbono que han contribuido de forma significativa a la actual crisis climática.

No se conoce con precisión el número de especies existentes en la Tierra, pero se cree que el número total de especies dentro del dominio Eukarya (comprende plantas, animales, hongos y microorganismos eucariotas) asciende aproximadamente a 8,7 millones.[18] En el año 2015, el número de especies conocidas por la ciencia ascendía a dos millones (Wilson, 2021). Un informe reciente del Intergovernmental Science-Policy Platform on Biodiversity and Ecosystem Services (IPBES, por sus siglas en inglés) (2019) captó la atención de los medios de comunicación de todo el mundo al afirmar que un millón de especies (de ese total de 8,7 millones) se encuentra hoy en día en peligro de extinción.

Es especialmente preocupante el impacto que está produciendo el cambio climático en uno de los ecosistemas de mayor biodiversidad del mundo, los arrecifes de coral, también denominados selvas tropicales de los océanos por la variedad de especies que albergan. Se trata de sistemas ecológicos altamente sensibles al aumento de la temperatura de los mares, así como al aumento de la alcalinidad de sus aguas. Los corales son organismos simbióticos formados por animales calcáreos semejantes a plantas, que contienen una enorme cantidad de microorganismos unicelulares denominados zooxantelas, que son los que les proporcionan sus vivos colores. Las zooxantelas son microalgas fotosintetizadoras que suministran la energía y el material con el que se construye la estructura calcárea. Un incremento de sólo un grado de temperatura del agua y/ o un pequeño aumento de su grado de acidez pone en marcha un proceso de degradación por el que las microalgas abandonan el organismo calcáreo, provocando el fenómeno conocido como blanqueo de los corales.

Otro ecosistema de extraordinaria diversidad biológica que se resiente considerablemente de ello es la selva húmeda tropical, hogar de la mitad de las especies terrestres de la Tierra. Si bien la modificación de los usos del suelo para fines agroganaderos es la principal razón tras su degradación, los grandes incendios favorecidos por las sequías más severas y por un mayor calor ambiental se han convertido en un factor adicional de presión, singularmente sobre la Amazonía.

La interacción entre el clima y la diversidad biológica es de doble dirección. Los sistemas naturales desempeñan un papel esencial en los flujos de los gases de efecto invernadero. Según datos aportados por el IPCC (2019-b), la Agricultura, Bosques y Otros Usos del Suelo (AFOLU, por sus siglas en inglés) generaron, entre los años 2007 y 2016, el 13 por ciento del dióxido de carbono,[19] el 44 por ciento del metano y el 81 por ciento del óxido nitroso procedentes de las actividades humanas, lo que supuso un 23 por ciento de las emisiones de gases de efecto invernadero emitidas en esos años.

A lo largo de ese periodo, y en sentido contrario, los sistemas naturales terrestres capturaron 11,2 gigatoneladas de CO_2, es decir, el 29 por ciento del dióxido de carbono de origen antropogénico. En definitiva, los sistemas naturales finamente sintonizados con determinados rangos de temperatura y humedad verán cada vez más difícil resistir las presiones derivadas de la alteración climática, ya que se encuentran debilitados por otros factores de estrés como la destrucción de hábitats, la contaminación, la presencia creciente de especies invasoras, la caza furtiva y el comercio. Así, además de los arrecifes de coral y las selvas lluviosas ya mencionados, ecosistemas como la sabana están conociendo procesos de cambio en su vegetación como consecuencia de una mayor presencia de dióxido de carbono en la atmósfera; los de clima mediterráneo muestran una elevada vulnerabilidad frente a la crisis climática; los ecosistemas costeros se encuentran sometidos a un sinfín de presiones e impactos de origen antrópico que el cambio climático no hace sino agravar...

A la vista de las nuevas circunstancias, existe un creciente consenso en que los modelos de conservación de la naturaleza que han prevalecido a lo largo de los últimos cincuenta años no son suficientes para hacer frente a las consecuencias de la alteración del clima. En la actualidad, el 15 por ciento de la superficie terrestre y el 7,5 por ciento de los océanos se encuentran bajo alguna forma de protección, datos que suponen un formidable avance respecto a hace relativamente poco tiempo. Ahora bien, entre los criterios empleados para seleccionar dichos espacios naturales apenas ha figurado el cambio climático, por lo que se impone rediseñar las estrategias de conservación de hábitats y especies a la luz de esta decisiva amenaza.

TIERRA INVERNADERO

Steffen y otros han identificado los siguientes procesos que, una vez activados y mutuamente reforzados en un efecto cascada, podrían conducir a lo que han denominado trayectoria Tierra Invernadero:

Trayectoria Tierra Invernadero
Puntos de inflexión climática

Puntos de inflexión climática

Nueve puntos donde el aumento global de las temperaturas podría llevar a partes del sistema terrestre hacia cambios irreversibles

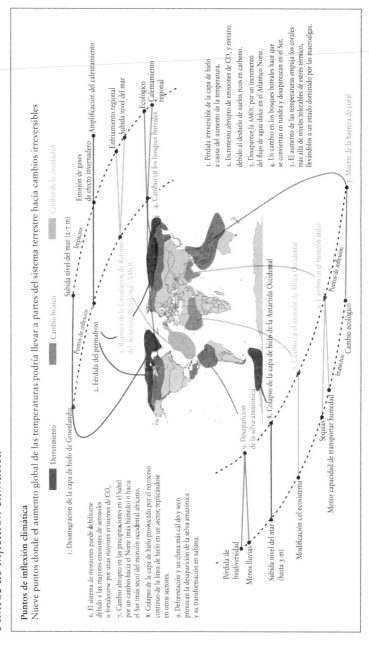

Derretimiento   Cambio biótico   Cambio de la circulación

1. Desintegración de la capa de hielo de Groenlandia
2. Pérdida del permafrost
3. Ruptura de la Circulación de Retorno del Atlántico Meridional (AMOC)
4. Cambio en los bosques boreales
5. Muerte de la barrera de coral
6. Cambio en el monzón indio
7. Cambio en el monzón de África Occidental
8. Colapso de la capa de hielo de la Antártida Occidental
9. Desaparición de la selva amazónica

6. El sistema de monzones puede debilitarse debido a las mayores emisiones de aerosoles o fortalecerse por unas mayores emisiones de CO₂.

7. Cambio abrupto en las precipitaciones en el Sahel por un cambio hacia el Norte (más húmedo) o hacia el Sur (más seco) del monzón occidental africano.

8. Colapso de la capa de hielo provocado por el retroceso continuo de la línea de hielo en un sector, replicándose en otros sectores.

9. Deforestación y un clima más cálido y seco provocan la desaparición de la selva amazónica y su transformación en sabana.

1. Pérdida irreversible de la capa de hielo a causa del aumento de la temperatura.

2. Incremento abrupto de emisiones de CO₂ y metano debido al deshielo de suelos ricos en carbono.

3. Desaparece la AMOC por un incremento del flujo de agua dulce en el Atlántico Norte.

4. Un cambio en los bosques boreales hace que se conviertan en tundra y desaparezcan en el Sur.

5. El aumento de las temperaturas empuja los corales más allá de niveles tolerables de estrés térmico, llevándolos a un estado dominado por las macroalgas.

- Pérdida del hielo ártico, disminución del correspondiente efecto albedo y amplificación del calentamiento regional. El punto de inflexión se sitúa en un incremento de la temperatura media de la atmósfera entre 1,0-3,0 grados. La velocidad de respuesta del sistema Tierra a este proceso es rápida. Es probable que el verano ártico carezca de hielo para 2040-2050.

- Reducción de la cubierta de nieve primaveral en el hemisferio norte, disminución del efecto albedo y amplificación del calentamiento regional. La velocidad de respuesta del sistema Tierra es rápida. La reducción de la cubierta de nieve ya es observable en la actualidad de forma generalizada.

- Deshielo del permafrost y consiguiente incremento de las emisiones de CO_2 (en condiciones aerobias) y de metano (en condiciones anaerobias).[20] Ante una situación de incremento de la temperatura media de la atmósfera de 2 grados, se estima que el incremento adicional de temperatura como consecuencia de este proceso será de 0,09 grados en el año 2100.

- Pérdida de las capas de hielo en Groenlandia, en el Oeste de la Antártida y en las zonas asentadas en tierra del Este de la Antártida. Se estima que el punto de inflexión para el colapso de esos sistemas se sitúa entre 1 y 3 grados. Traspasado ese *tipping point*, se prevé que en un proceso que durará cientos o incluso miles de años la altura media del nivel del mar aumentará entre tres y cinco metros como consecuencia del deshielo del Oeste de la Antártida; otros siete metros adicionales debido a la pérdida de hielo de Groenlandia; y hasta doce metros más a causa de la pérdida de hielo en el Este de la Antártida.

- Debilitamiento de la capacidad de sumidero de carbono de suelos y océanos. Ante un incremento de la temperatura media de la atmósfera de 2 grados, se estima que el incremento adicional de temperatura será de 0,25 grados para el año 2100.

- Incremento de la actividad respiratoria bacteriana en los océanos y consiguiente aumento de la emisión de CO_2 a la atmósfera. Ante un incremento de 2 grados, se calcula que el aumento adicional será de 0,02 grados para el año 2100.

- Colapso progresivo de la Amazonía como consecuencia de los incendios salvajes y consiguiente incremento de emisiones de CO_2.[21] Posible punto de inflexión para el ecosistema, entre 3 y 5 grados. El incremento adicional de temperatura estimado es de 0,05 grados para 2100.
- Desaparición progresiva de los bosques boreales como consecuencia de incendios y otros factores y consiguiente aumento de las emisiones de CO_2. Posible punto de inflexión del ecosistema boreal entre 3 y 5 grados El incremento adicional de temperatura estimado es de 0,06 grados para el año 2100.[22]

En definitiva, sumando los procesos de retroalimentación identificados se obtiene el siguiente resultado agregado (para el año 2100 y dado un aumento de 2 grados):

- Deshielo del permafrost, 0,09 grados.
- Debilitamiento de la capacidad de sumidero de suelos y océanos, 0,25 grados.
- Incremento de la capacidad respiratoria bacteriana de los océanos, 0,02 grados.
- Colapso progresivo de la Amazonía, 0,05 grados.
- Desaparición progresiva de los bosques boreales, 0,06 grados.
- Total, 0,47 grados.

El peligro de un efecto dominó es real. El sistema climático se adentraría en un proceso de desestabilización hasta encontrar un nuevo estado de equilibrio transcurridos varios siglos e incluso milenios en el escenario denominado Tierra Invernadero. Sería un escenario catastrófico para nuestro mundo. En palabras de Steffen, Rockström y otros:

> Un asunto especialmente crítico es que si el umbral de seguridad planetaria es traspasado hacia una trayectoria Tierra Invernadero, acceder a una trayectoria de estabilización del Sistema Tierra puede volverse muy difícil, no importa qué acciones adopten las sociedades humanas.

Superado ese umbral, los mecanismos de retroalimentación positiva existentes en el Sistema Tierra –más allá del control de los seres humanos– pueden volverse la fuerza motriz dominante en la trayectoria del sistema climático, a medida que los puntos de inflexión individuales de cada subsistema vayan creando un efecto cascada a través del tiempo y las correspondientes temperaturas cada vez más elevadas.

Por tanto, es imperativo que la comunidad internacional priorice reconducir al sistema climático hacia un valle de estabilidad en el que la humanidad pueda perdurar. Esa sería la principal función de una política de la Tierra.

2

Geografía de la vulnerabilidad

Entre 3.300 y 3.600 millones de personas viven en contextos altamente vulnerables al cambio climático.

IPCC, Grupo de Trabajo II, *Cambio Climático 2022.*
Impactos, Adaptación y Vulnerabilidad

Si el incremento de la temperatura sobrepasa de manera continuada los 1,5 grados, el calor creciente y la escasez de agua afectarán de forma negativa a las cosechas de trigo, maíz y arroz en zonas tropicales y templadas, lo que supondrá una mayor presión sobre la seguridad alimentaria en un mundo que crece a razón de setenta millones de personas cada año y en el que los incrementos de productividad agrícola son cada vez menores.[1] Y es que las cosechas dependen de unos rangos de temperatura y precipitación muy sensibles. A partir de 2030 la reducción de dichas cosechas comenzará a ser relevante y en la segunda mitad del siglo XXI, cuando la población alcance los 9.600 millones de personas, los efectos sobre los sistemas alimentarios serán muy negativos.

Las zonas más septentrionales de Francia, Islas Británicas, Alemania, Escandinavia, Polonia, Rusia, Corea, Japón, Canadá, entre otras regiones, recibirán lluvias suficientes como para mantener su producción agrícola. Ahora bien, países más meridionales conocerán una exacerbación de las sequías, sus climas locales se tornarán semidesérticos y la escasez de agua será cada vez más recurrente. Entre las regiones que se verán impactadas están amplias zonas de México, América Central y el Caribe, ambas orillas del Mediterráneo, Oriente Medio, Asia Central, el Sahel, gran parte del África subsahariana, así como las zonas cerealistas de Pakistán e India. Si bien todas las zonas geográficas del mundo se verán afectadas por la alteración del clima, la distribución de los impactos no será homogénea y algunas áreas sufrirán las consecuencias de forma más severa que otras.

ORIENTE MEDIO Y NORTE DE ÁFRICA

La región de Oriente Medio y Norte de África (OMNA) abarca la zona comprendida entre Marruecos e Irán e incluye Oriente Medio y el Magreb. Según la clasificación utilizada por el Banco Mundial la región integra veinte países: Arabia Saudí, Argelia, Baréin, Emiratos Árabes Unidos, Egipto, Irán, Irak, Israel, Jordania, Kuwait, Líbano, Libia, Marruecos, Omán, Palestina, Qatar, Siria, Túnez, Yemen y Yibuti.[2] Con una población cercana a los cuatrocientos millones de personas, su estructura demográfica es muy joven, ya que más de cien millones son menores de veinticinco años. El índice de fertilidad es uno de los más altos del mundo y se estima que la región duplicará su población para el año 2050.

Oriente Medio y Norte de África no constituye un espacio unificado. No existe una potencia hegemónica regional y carece de instituciones de integración (al estilo de la Unión Europea y la OTAN en el caso de Europa) que vertebren la región, si bien sí existe la Liga de Estados Árabes, que agrupa a la mayoría de los países mencionados pero cuyo nivel de integración es mínimo.

La climatología de Oriente Medio y Norte de África es de carácter seco. Desiertos como el Sáhara (el mayor del mundo), el de Arabia y el de Siria aportan un elemento muy reconocible a la idiosincrasia de la región. Entre los grandes ríos destacan el Nilo y el Tigris-Éufrates, a cuyas orillas se desarrollaron en la Antigüedad grandes civilizaciones hidráulicas, así como el Jordán. Los veranos son extremadamente cálidos y secos, con temperaturas diurnas que suelen superar los 40 grados. En las zonas de montaña, en las extensas orillas del Atlántico y en las de los mares Mediterráneo, Rojo, Caspio, Arábigo y golfo Pérsico, las temperaturas son más suaves debido al efecto moderador del mar.

Desde el punto de vista climático-ambiental el factor que unifica la región es la aridez.[3] Tal es así que numerosos escritores se han referido en el pasado a Oriente Medio y Norte de África como «el mundo seco», ya que una parte extensa de la región recibe muy pocas precipitaciones a lo largo del año, siendo de hecho la zona del mundo que dispone de menos agua natural per cápita. La disponibilidad media por persona y año se estima en menos de mil metros cúbicos, ocho veces menor que la media mundial. Dado el intenso crecimiento de la población y la creciente escasez de agua como consecuencia del cambio climático, se estima que su disponibilidad por persona y año se reducirá a la mitad hacia 2050. Los países de la zona tratan de paliar ese déficit mediante el uso de plantas desaladoras. Así, el 75 por ciento del agua desalada en el mundo se obtiene en la región, en especial en las naciones ricas que forman el Consejo de Cooperación del Golfo –Arabia Saudí, Kuwait, Qatar, Baréin y Emiratos Árabes Unidos–. OMNA es una zona económicamente poco desarrollada fuera de los países que poseen grandes recursos energéticos de petróleo y gas.[4]

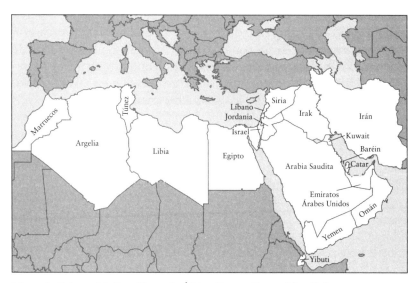

Mapa de Oriente Medio y Norte de África. Fuente: Banco Mundial.

La región de Oriente Medio y Norte de África es extremadamente vulnerable a los efectos del cambio climático. Los impactos más severos se asocian, en primer lugar, con el aumento de la intensidad y la frecuencia de las sequías. Según el National Intelligence Council de Estados Unidos (2017) más de treinta países (la mitad de ellos en Oriente Medio) experimentarán altos niveles de estrés hídrico en 2035, lo que incrementará las tensiones ya existentes. Un estudio realizado por científicos de la NASA sostiene que la sequía extrema que tuvo lugar en el levante mediterráneo (Israel, Jordania, Líbano, Palestina, Chipre, Siria y Turquía), entre 1998 y 2012, fue la más severa de la zona en novecientos años (Cook y otros, 2015).

En ese contexto tuvo lugar la sequía que padeció Siria entre 2006 y 2011 y que condujo al colapso de las cosechas y del sistema de vida de cientos de miles de campesinos, pastores y personas humildes que vivían en las zonas rurales. Como consecuencia, un millón y medio de personas emigraron del campo a unas ciudades que ya se encontraban al límite de su capacidad de acogida, dado que habían cobijado con anterioridad a un millón de refugiados iraquíes que huían de la guerra en su país. La situación económica y social se volvió, en consecuencia, muy inestable. La guerra civil siria, surgida en el contexto de la denominada Primavera Árabe, ha generado, tras once años, centenares de miles de muertos y más de cinco millones de refugiados fuera de sus fronteras, de los que alrededor de un millón y medio se dirigieron a Europa en 2015 y 2016. El caso de Siria muestra cómo en aquellos contextos caracterizados por instituciones débiles y/o no integradoras, demografías en explosión, grandes bolsas de pobreza y lucha por los recursos (agua, tierra arable y alimentos), las presiones derivadas de la alteración del clima incrementan los conflictos y las tensiones presentes en la sociedad, haciéndolos mucho más difíciles de gestionar.[5]

En segundo lugar, los impactos provendrán de una menor pluviosidad, mayor aridez y de un incremento en la variabilidad estacional de las precipitaciones. Según las estimaciones del IPCC (2013, 2014), las áreas situadas al norte de los veinticinco grados de latitud se volverán más secas, lo que afectará a Marruecos, Argelia, Túnez, Libia, Egipto, Líbano, Palestina, Siria, Irak e Irán, es decir, a una parte considerable de la región.[6] Estos cambios incidirán en una agricultura que, en gran medida, se basa en el agua de lluvia. Ese impacto será especialmente sensible porque Oriente Medio y Norte de África dispone de poca tierra cultivable. Ese factor, unido a la escasez de agua, hace que la zona dependa de la adquisición de alimentos en el extranjero, siendo la región del mundo que más cereales importa, sobre todo de Rusia. De hecho, las reservas de los acuíferos en países como Yemen, Arabia Saudí y Kuwait se están agotando.

En tercer lugar, las olas de calor extremo serán más intensas y recurrentes. Anticipando la nueva normalidad climática que se espera en la región, la Organización Meteorológica Mundial ha verificado que en el verano de 2016 se alcanzaron los 54 grados en Mitribah (Kuwait), los 53 grados en Dehloran (Irán) y los 53,9 grados en Basora (Irak). Asimismo, en el verano de 2017 el termómetro ascendió a 53,7 grados en la ciudad iraní de Ahwaz. En junio de 2019 se alcanzaron los 55 grados en la ciudad de Al Majmaah (Arabia Saudí). Temperaturas que rozan los límites de la tolerancia humana.

Diversas investigaciones consideran que hacia 2050, incluso en un escenario en el que el incremento medio de la temperatura global no sobrepase los 2 grados, apenas se podrá vivir en las ciudades de Oriente Medio durante los meses de verano (junio, julio, agosto y septiembre). Las temperaturas diurnas llegarán de forma habitual a los 45 grados y de forma ocasional superarán los 50 grados, permaneciendo muchas noches por encima de los 30 grados. Esas temperaturas y las tormentas de arena procedentes del desierto harán que numerosas ciudades de la región sean prácticamente inhabitables durante esa época del año, fuera de los entornos artificialmente climatizados y protegidos (Eltahir y Pal, 2015; Lelieved y otros, 2016).[7]

Por último, subirá el nivel del mar,[8] un impacto que será especialmente severo en el caso de Egipto. Un ascenso de medio metro respecto al nivel actual inundará buena parte de Alejandría, Damieta, Rashid y Port Said, ciudades situadas en el delta del Nilo, además de afectar por intrusión marina a los acuíferos cercanos a la costa. El 30-40 por ciento de las cosechas agrícolas del país se produce en las zonas del delta y del litoral y resultarán dañadas como resultado de la penetración del agua salada.

Egipto es un país clave en la región por su demografía (alrededor de cien millones de personas en 2020), tamaño, historia, cultura y poder militar, así como por ser la cuna del movimiento panarabista promovido por Gamal Abdel Nasser. Su viabilidad como país depende del Nilo por obtener el 95 por ciento del agua potable del río. En un escenario de mayores sequías, escasez de precipitaciones e incremento de la evapotranspiración, las tensiones sobre la gestión y el aprovechamiento de sus aguas aumentarán entre los países ribereños.[9] Sudán y Egipto, las dos naciones económica y militarmente más poderosas de la cuenca, se han beneficiado de acuerdos favorables firmados en el pasado. Ahora bien, la construcción de la gigantesca presa erigida por Etiopía en el Nilo Azul, iniciada en 2011 aprovechando la inestabilidad política y social en que se encontraba Egipto, está a punto de finalizar. El proyecto se ha presentado como símbolo del renacimiento de la nación etíope y su finalidad es la generación de energía eléctrica (6.500 MW), en buena medida para exportarla a los países limítrofes, en especial a Sudán. Este país ha apoyado a Etiopía en su proyecto. Cuando las autoridades egipcias quisieron reaccionar, la presa contaba ya con financiación internacional, la construcción se encontraba muy avanzada y el proyecto ya no tenía marcha atrás.

Las tensiones en torno al acceso al agua están, de hecho, en el centro de la rivalidad entre los Estados de la región. En 2019, el entonces director general de la FAO (ONU), José Graziano da Silva, se dirigió a los líderes políticos diciendo: «Los Estados árabes enfrentan una emergencia en su acceso al agua; necesitan coordinar una respuesta conjunta de manera urgente, ya que la previsión es que la disponibilidad de agua per cápita se reduzca a la mitad para el año 2050». El futuro, por lo tanto, se muestra inquietante. El Banco Mundial estima que en 2025 entre ochenta y cien millones de personas de la región sufrirán estrés hídrico crónico.

En definitiva, hay razones para considerar la región de Oriente Medio y Norte de África una de las más sensibles y vulnerables al cambio climático.

EL SUBCONTINENTE INDIO

La geografía del subcontinente indio está dominada por la cordillera del Himalaya, que, junto a la Meseta del Tíbet configura un sistema de grandes ríos que vertebran el norte de la región: el Indo, el Ganges y el Brahmaputra, a cuyas orillas viven centenares de millones de personas. Un elemento crucial en la climatología es el monzón de verano, que aporta, en el caso de la India, alrededor del 80 por ciento de las lluvias anuales. Las grandes cadenas montañosas del Himalaya, el Karakorum y el Hindu Kush forman una imponente barrera geográfica que limita el alcance del monzón hacia el norte, confinando sus precipitaciones en el subcontinente. El agua proveniente del monzón, así como la procedente del deshielo de los glaciares y de la nieve, forma la base del sistema hidrográfico del Asia meridional.

Las naciones que forman el subcontinente –Pakistán, India, Bangladés, Nepal, Bután, Sri Lanka y Maldivas– constituyen una población superior a los 1.850 millones de personas. A pesar del crecimiento económico que ha conocido la región desde finales del siglo xx, la pobreza sigue siendo relevante. Se estima que unos doscientos millones de personas viven en barriadas de chabolas (*slums*) en las grandes ciudades. La agricultura representa el 18 por ciento del producto interior bruto y ocupa a más del 50 por ciento de la población activa.

La regularidad del monzón es un factor crucial para la fertilidad de los campos y la alimentación de las personas. No hay consenso científico acerca de la repercusión del cambio climático en el sistema del monzón indio al no haberse detectado una tendencia inequívoca a lo largo del tiempo. Su legendaria regularidad tiene algo de misterio matemático. Se conoce con precisión los días que va a llegar a las diferentes ciudades del subcontinente –Goa, Calcuta, Bombay, Deli, Karachi etcétera–, una vez que ha llegado a Bangladés y el cabo Comorín hacia el 1 de junio. Dicha regularidad se halla en la base de la milenaria adaptación agrícola de la región a los ritmos de las lluvias. En la medida en que la alteración del clima pueda volver más erráticas las fechas, así como sus precipitaciones

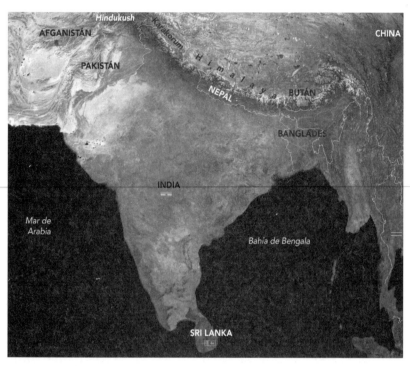

Mapa del subcontinente indio.

medias, las necesidades de adaptación serán considerables para centenares de millones de campesinos humildes que practican una agricultura de subsistencia.

La región muestra una vulnerabilidad muy importante a las presiones e impactos derivados de la crisis climática, incluso para incrementos de la temperatura media global de 1,5-2 grados. La razón es la enorme población que se halla expuesta a sequías persistentes y severas, a lluvias torrenciales, así como al incremento del nivel del mar y una mayor penetración en el litoral de los ciclones tropicales del golfo de Bengala.

La mayor frecuencia e intensidad de las olas de calor extremo durante los meses de verano ya es una realidad y se prevé que se agudice en los próximos años. Las llanuras cerealistas del Indo-Ganges de las que dependen más de doscientos millones de personas, podrían disminuir su producción debido a las temperaturas extremas, ya que por encima de los 35 grados disminuyen los rendimientos de las cosechas de trigo. Si las altas temperaturas se combinan con una mayor variabilidad de las lluvias, una menor disponibilidad estacional del agua de los ríos y una mayor persistencia de las sequías, el impacto en la producción agrícola será significativo.

En la segunda mitad de este siglo XXI, el retroceso de los glaciares del Himalaya y del Hindu Kush, junto a la menor extensión de la superficie nevada en las montañas, afectarán a la agricultura, a los modos de vida y al acceso al agua dulce de centenares de millones de personas de Pakistán, India, Bután, Nepal y Bangladés, dado que el Indo y el Brahmaputra dependen del agua procedente del deshielo.

El caso de Bangladés es el más dramático, ya que es uno de los países más vulnerables del mundo ante la crisis climática. Su superficie es de apenas 150.000 kilómetros cuadrados (la cuarta parte de la superficie de la Península Ibérica) y su población es de ciento setenta millones de personas. La geografía del país está vertebrada en torno a tres ríos –Ganges, Brahmaputra y Meghna– que forman un gran delta en el que el riesgo de inundaciones es muy elevado.[10] A ello, hay que añadir las olas de calor extremo y la escasez de agua fluvial durante los meses secos. Probablemente, hacia mediados de este siglo, veinte millones de personas se verán obligadas a abandonar el país emigrando a India, con la que comparte 4.000 kilómetros de frontera, o hacia otras naciones asiáticas.

Merece especial atención el sistema del río Indo.[11] Su cauce es compartido por tres potencias nucleares –China, Pakistán e India–, además de Afganistán. Desde 1947, año en que se creó Pakistán como nación, la hostilidad entre India y Pakistán ha desencadenado cuatro guerras, así como innumerables conflictos fronterizos a causa de la disputada región de Cachemira. Comprender las amenazas latentes derivadas del uso conjunto del sistema del río Indo precisa mencionar la dinámica demográfica de ambos países.

Cuando se creó Pakistán su población era de treinta y dos millones de personas. En 2020 había sobrepasado los doscientos veinte millones, de los que el 35 por ciento eran menores de quince años. Por su parte, la población actual de India es de 1.350 millones y ascenderá a 1.500 millones hacia 2027, convirtiéndose en el país más poblado del mundo. La explosión demográfica supondrá una disminución del agua per cápita disponible en una región en la que la agricultura es parte crucial de la economía y del empleo.

Pakistán depende del Indo, al igual que Egipto depende del Nilo. No sólo es su principal proveedor de agua dulce, sino que resulta fundamental para su industria pesada y su agricultura. El Tratado de las Aguas del Indo entre India y Pakistán, firmado en 1960 con la intermediación del Banco Mundial, otorgó a este último país el control de los tres ríos de la cuenca situados al oeste, mientras que India se hizo cargo de los tres situados al este. El acuerdo otorgaba a Pakistán el control del 80 por ciento de los caudales del sistema.

Ahora bien, los escenarios derivados del cambio climático generan mucha incertidumbre y la situación a largo plazo se ha vuelto muy incierta para Pakistán. Si el incremento de la temperatura media de la superficie global superase de forma continuada los 2,5 grados, a partir de la segunda mitad del siglo XXI se producirá una disminución importante del caudal del Indo como resultado de la contracción de los glaciares del Himalaya. A ello hay que añadir que cinco de los seis ríos del sistema transcurren por tierras de India antes de adentrarse en territorio pakistaní. La partición de 1947 dejó la mayoría de las fuentes en territorio indio mientras que cuatro de cada cinco granjeros que viven de las aguas del sistema fluvial son pakistaníes. Dados los escenarios derivados de la crisis climática, el hecho de que Pakistán carezca de control sobre el área geográfica en la que nacen los ríos de los que depende su existencia incrementa notablemente su vulnerabilidad.

MÉXICO, CENTROAMÉRICA Y EL CARIBE

América Central

América Central se encuentra ubicada en un estrecho istmo entre dos continentes y dos océanos, el Pacífico y el Atlántico, con un extenso litoral y numerosas zonas bajas costeras. La región está integrada por siete países –Belice, Guatemala, Honduras, El Salvador, Nicaragua, Costa Rica y Panamá–. Su extensión es algo superior a los 500.000 kilómetros cuadrados y cuenta con una población cercana a los cincuenta millones de personas.

Centroamérica es una región muy expuesta a los impactos derivados de la crisis del clima, por verse afectada a menudo por lluvias torrenciales, sequías, olas de calor, ciclones y los efectos de El Niño-Oscilación Sur (ENSO, por sus siglas en inglés). Una parte importante de la población vive en zonas inestables, con casas construidas en suelos de origen volcánico proclives a derrumbamientos. Dada la gran pobreza existente, los terrenos destinados a la construcción de viviendas son propensos a sufrir inundaciones y desprendimientos de tierra como consecuencia de las lluvias torrenciales y los ciclones.

El IPCC (2014) al analizar la región confirmó el incremento de la temperatura media, así como la subida del nivel del mar; la degradación del Sistema de Arrecife Mesoamericano; retrasos en el inicio de la estación de las lluvias y una mayor irregularidad; aumento de las temperaturas extremas; cambios en los volúmenes de agua de los ríos y menor disponibilidad de agua.

En el año 1998, el huracán Mitch devastó la región. Fue uno de los ciclones tropicales más intensos, ya que alcanzó los 290 kilómetros por hora. Se estima que perecieron doce mil personas y varios miles más desaparecieron. La mayor parte de los fallecimientos fueron causados por los aludes de tierra y lodo que se produjeron como consecuencia de las lluvias torrenciales que sepultaron pueblos enteros en Honduras y Nicaragua. El Mitch fue el huracán más mortífero de América Central desde el episodio del Gran Huracán que se vivió en 1780.

Los cambios en los patrones climáticos regionales están repercutiendo asimismo en la salud de las personas. Se han incrementado las enfermedades respiratorias y cardiovasculares, las transmitidas por vectores o por el agua –malaria, dengue, fiebre amarilla, leishmaniosis, cólera o enfermedades diarreicas–, así como hantavirus, retrovirus, enfermedades crónicas de los riñones y traumas psicológicos. La comunidad científica sostiene que los impactos derivados de la crisis climática aumentarán los riesgos para la salud de las personas, en especial las más pobres y vulnerables.

La creciente escasez de agua y el incremento del calor repercutirán en las cosechas. Se prevé una menor productividad del maíz, los frijoles y el arroz, que representan el 90 por ciento de la agricultura destinada al consumo interior que se practica en la región. La producción destinada a la exportación se verá igualmente afectada. Alrededor de millón y medio de personas dependen del café en Nicaragua, Guatemala, Honduras y El Salvador, un sector muy vulnerable a los impactos del cambio climático. De hecho, las temperaturas extremas y las lluvias intensas han generado un aumento de plagas y enfermedades que, en los últimos años, han afectado de lleno a las plantaciones cafeteras.

Caribe

La región del Caribe está formada por trece Estados insulares –Cuba, República Dominicana, Haití, Jamaica, Trinidad y Tobago, Bahamas, Barbados, Santa Lucía, Granada, Antigua y Barbuda, Dominica, San Vicente y las Granadinas, San Cristóbal y Nieves–, además de Belice, constituyendo una población de unos cuarenta millones de personas. Además, el Caribe comprende diecinueve territorios insulares pertenecientes a Holanda, Reino Unido, Francia y Estados Unidos, en los que viven otros siete millones de personas. Su situación geográfica lo hace especialmente vulnerable, por hallarse en medio de la trayectoria que, con frecuencia, siguen los huracanes tropicales.[12] Además, la población y la actividad económica se concentran en la costa, muy expuesta al aumento del nivel del mar. De hecho, la subida del nivel del mar y el aumento de la temperatura del agua están afectando a importantes ecosistemas como los manglares, los arrecifes de coral y las pesquerías. Dada la tendencia al incremento de la temperatura del agua y su creciente acidez es probable que, a mediados de este siglo, el Sistema de Arrecifes Mesoamericano se encuentre próximo al colapso, lo que supondría un desastre para el posicionamiento turístico de la región. Según estimaciones del Banco Interamericano de Desarrollo, el efecto combinado del aumento de la temperatura, el incremento del nivel del mar y la mayor variabilidad en las precipitaciones puede suponer un impacto económico para la región del Caribe de entre el 2 y el 4 por ciento de su PIB anual. Otro problema es la escasez de agua potable, cuyas restricciones son habituales entre la población.

México

México es, después de Brasil, el país más poblado de Latinoamérica, con ciento veinticinco millones de personas. Datos oficiales señalan que el 35 por ciento de la población vive en condiciones de pobreza y otro 33 por ciento con rentas muy bajas. El incremento de la temperatura media del país ha sido similar a la media global, si bien en las zonas del norte ha sido superior, con incrementos de 0,25-0,5 grados por década desde 1960.

A excepción de la zona tropical del sur, la mayor parte del país (especialmente sus zonas situadas al norte) y buena parte de las grandes urbes (en particular México capital con sus veinte millones de habitantes) se tornarán más secas y las sequías serán más frecuentes y severas. Se prevé que en el año 2030 la disminución media de las precipitaciones sea del 10 por ciento, si bien en la zona norte la reducción podría situarse por encima del 20 por ciento y en Baja California acercarse al 30 por ciento.

La población rural es la que presenta mayor vulnerabilidad junto con los sectores sociales muy pobres que viven en la periferia marginal de las grandes urbes. Cabe esperar, en consecuencia, que las presiones migratorias hacia Estados Unidos se intensifiquen de forma notable, así como los masivos desplazamientos internos dentro del país.

EL SAHEL Y ÁFRICA OCCIDENTAL

El Sahel es una región semiárida de transición entre el desierto del Sahara al norte y la sabana sudanesa boscosa al sur. La Organización para la Cooperación y el Desarrollo Económico (OCDE) define el Sahel como el área de África que se encuentra entre los 12° N y los 20° N, formando una franja de 5.400 kilómetros de largo, desde el océano Atlántico hasta el mar Rojo, y varios cientos de kilómetros de ancho. La región se caracteriza por su elevada aridez y por tener una sola estación lluviosa al año. Quince países del Sahel y África Occidental forman la denominada Economic Community of West African States (ECOWAS): Benín, Burkina Faso, Cabo Verde, Gambia, Ghana, Guinea, Guinea Bissau, Costa de Marfil, Liberia, Mali, Níger, Nigeria, Senegal, Sierra Leona y Togo.[13] La población es de trescientos ochenta millones de personas, mientras que en el año 1960 era de ochenta y cuatro millones, lo que ha supuesto el doble del crecimiento medio mundial.[14] La tasa de fertilidad es de hecho una de las más altas del mundo, 5,47 hijos por mujer,[15] y la edad media de la población es de sólo dieciocho años. Según los estudios demográficos de las Naciones Unidas, la población en el año 2030 será de quinientos dieciséis millones y en 2050 alcanzará los ochocientos millones. En definitiva, la región, al igual que el resto del continente africano, se encuentra inmersa en plena explosión demográfica.

Los datos del Banco Mundial y del Fondo Monetario Internacional indican que nueve de los quince Estados de ECOWAS –Liberia, Níger, Guinea, Guinea-Bissau, Togo, Mali, Burkina Faso, Gambia y Benín– figuran entre los veinticinco países más pobres del mundo. En ellos, una gran parte de la población se dedica a la agricultura de subsistencia y al pastoreo. Los agricultores viven en asentamientos estables en los que cultivan mijo, maíz y sorgo, criando al mismo tiempo animales domésticos. Los pastores se dedican al ganado y cultivan pequeñas parcelas de tierra a lo largo de sus rutas de trashumancia, moviéndose por lo general de norte a sur en la estación seca (de octubre a junio) y regresando a los pastos del norte durante la estación húmeda.

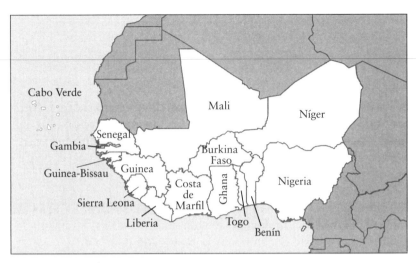

Mapa del Sahel y África continental.

En el Sahel y África Occidental las sequías han sido recurrentes e intensas y ha aumentado la frecuencia y la intensidad de las inundaciones (Riede y otros, 2016; Sylla y otros, 2016). Asimismo, en los veinte primeros años del siglo XXI las olas de calor han sido más cálidas, asiduas y extendidas que las que se produjeron en los últimos veinte años del siglo XX.

En las últimas décadas, la región ha conocido mayor estrés hídrico y una progresiva degradación del suelo de cultivo. El 98 por ciento de la agricultura depende de las lluvias estacionales, por lo que las alteraciones pluviales afectan a la agricultura y al pastoreo y, en consecuencia, a la seguridad alimentaria. Esos impactos interactúan con un sinfín de carencias económicas, sociales e institucionales, generando un entorno de gran vulnerabilidad. Además de la pobreza y la explosión demográfica otros factores que contribuyen a definir ese contexto de fragilidad son:

– Distribución no equitativa de la tierra.
– Gran inseguridad jurídica con respecto a la propiedad del suelo.

- Carencia generalizada de infraestructuras.
- Mercados poco desarrollados.
- Escasa gobernanza, instituciones débiles y corrupción endémica.

Si a ello se añade la escasa capacidad de los gobiernos e instituciones para gestionar debidamente los problemas relacionados con la utilización de los recursos naturales, así como para mediar en los recurrentes conflictos entre agricultores y pastores por el uso de las tierras, el resultado es una creciente erosión de la legitimidad de los Estados.

En las áreas más próximas al desierto del Sahara, es decir, de menor pluviosidad, la forma de vida tradicional es seminómada. Combina el cultivo de pequeñas parcelas con la cría de ganado en un sistema de trashumancia que aprovecha los pastos del norte durante la estación de las lluvias y las tierras del sur en la época de sequía. Se trata de una práctica que maximiza el uso de los recursos del medio natural y que se ha adaptado a las particularidades de los ecosistemas de la región a través de una experiencia desarrollada y perfeccionada a lo largo de muchos siglos. Sin embargo, en décadas recientes el incremento de asentamientos agrícolas estables y el uso creciente de tierras fértiles para el pastoreo han agravado las tradicionales disputas violentas entre ambas comunidades.

En Mali, estos conflictos han contribuido a fomentar el apoyo que las organizaciones yihadistas, vinculadas a Al Qaeda del Magreb Islámico (AQMI), han encontrado en años recientes entre miembros de la etnia Peul o Fulani que habita en el centro y en el sur del país. Dicha etnia forma parte de la amplia comunidad de pastores trashumantes que ha existido en el Sahel y África Occidental desde tiempo inmemorial y cada vez le resulta más difícil mantener su estilo de vida tradicional a causa de los impactos derivados del cambio climático y de una mayor competencia por los recursos (agua, tierras y corredores de trashumancia) con las comunidades agrícolas sedentarias.

El yihadismo ha aprovechado el descontento y la falta de oportunidades entre la juventud de la región para nutrir sus filas. Así, en la última década, organizaciones como AQMI y Boko Haram han expandido su alcance geográfico y su capacidad de desestabilización asesinando a decenas de miles de personas y obligando a desplazarse a zonas más seguras a varios millones más. Los islamistas radicales fueron capaces de generar una disrupción de los sistemas de salud y de educación, devastando las frágiles economías de Níger, Nigeria y Mali y al ocupar durante meses importantes ciudades y amplias franjas de territorio. En el caso de Mali, esa disrupción contribuyó al colapso del Estado en el año 2012 y Francia intervino militarmente en la región. No obstante, diez años después, en 2022, París se dispone a retirar sus tropas del país tras un golpe de Estado militar que ha reformulado la posición y alianzas de Mali. La progresiva retirada de las tropas europeas contrasta con la presencia de fuerzas mercenarias rusas (Grupo Wagner) cada vez más activas en la región.

En palabras del enviado especial Mohamed Ibn Chambas al Consejo de Seguridad de las Naciones Unidas en 2016:

> Las dos zonas (el Sahel y el África Occidental) están experimentando varios conflictos no resueltos, desde una renovada insurgencia en el delta del Níger, enfrentamientos mortales entre agricultores y pastores por el uso de recursos cada vez más escasos, hasta actividades terroristas en el norte de Mali y el nordeste de Nigeria, que se han extendido a los países limítrofes de Camerún, Chad y Níger. Estas amenazas vienen acompañadas del crimen organizado, el contrabando y el extremismo violento, problemas que se han visto exacerbados por las severas sequías que han asolado la región y que, como consecuencia del cambio climático, se han vuelto más frecuentes.[16]

La grave crisis humanitaria que entre 2013 y 2017 asoló la región del lago Chad fue provocada por la irrupción del grupo yihadista Boko Haram en el noreste de Nigeria. Su incursión en la zona circundante del lago Chad desestabilizó el sistema económico tradicional al obstaculizar, cuando no impedir, las habituales actividades agrícolas, pesqueras y ganaderas poniendo fin al intercambio comercial.[17] El sistema económico del que dependían de forma directa dos millones de personas y que proporcionaba los recursos alimentarios a otros diez millones que habitaban en el *hinterland* del lago se quebró, generando una situación de emergencia alimentaria que según las Naciones Unidas afectó a siete millones de personas. Las ondas expansivas de la insurgencia se extendieron al resto de países que bordean el lago Chad –Camerún, Chad y Níger–, afectando un total de treinta millones de personas. En los próximos años, la explosión demográfica y la pobreza extrema generarán un aumento de la demanda de tierras, agua, alimentos y empleos, todo ello en un contexto de aceleración de la crisis climática. Los gobiernos y las instituciones se verán sometidos a pruebas de estrés como no han conocido desde la creación de los Estados postcoloniales.

En esas circunstancias, es probable que las insurgencias terroristas reaparezcan de forma periódica tratando de capitalizar el descontento social, aprovechando las oportunidades que les brinden los países más vulnerables, así como la debilidad de las fronteras. Dado que la mayoría de los Estados se hallan ya al límite de su capacidad institucional para mantener la paz, la estabilidad y la seguridad, son probables escenarios en que las presiones e impactos derivados de la crisis climática acaben por desbordar los sistemas de mando y control de los Estados más frágiles, conduciéndolos al colapso y generándose vacíos de poder que podrían ser aprovechados por grupos insurgentes.

CHINA

China es un país inmenso de 9,6 millones de kilómetros cuadrados y una población de mil cuatrocientos millones de personas,[18] que se extiende desde Asia Central hasta el océano Pacífico a lo largo de 5.000 kilómetros. La climatología general depende de los monzones,[19] que traen viento seco y frío de las tierras siberianas en invierno y vientos templados y húmedos procedentes del subcontinente indio y del mar Meridional de China durante el verano. Una nación tan inmensa como China se caracteriza por la variedad de sus zonas climáticas.

Se trata de un amplio cinturón circundante formado por desiertos, mesetas y grandes montañas y una zona interior vertebrada por grandes ríos. Alrededor de 3,32 millones de km² son regiones desérticas o semidesérticas, siendo los desiertos de Gobi en el norte y Taklamakan en el noroeste los más importantes. Las mesetas y zonas de pastos se extienden desde Manchuria hasta el Tíbet, pasando por Mongolia Interior y el Turkestán Oriental. Las grandes cadenas montañosas de Tien Shan, Karakorum e Himalaya se yerguen al oeste y el sudoeste del país, erigiendo formidables barreras naturales que separan China de Asia Central y del subcontinente indio.

En la meseta tibetana, hoy en día una parte de China, nacen la mayoría de los grandes ríos de Asia, entre ellos el Indo, el Ganges, el Brahmaputra, el Amarillo, el Yangtzé y el Mekong, que atraviesan once naciones y proporcionan agua a dos mil millones de personas. El Yangtzé, el tercero más largo del mundo después del Nilo y el Amazonas, es una vía fluvial muy importante. En él se ha construido la gigantesca Presa de las Tres Gargantas y se ha puesto en marcha la construcción del megatrasvase denominado Proyecto de

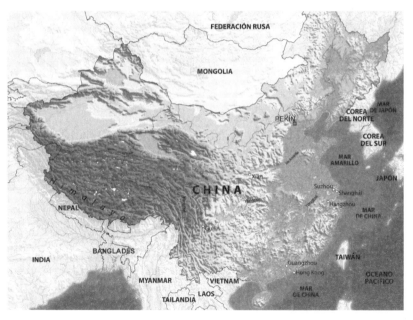

Mapa de China.

Transporte de Agua Sur-Norte. El río Amarillo, el segundo en extensión, fluye a través de la llanura norte y es la cuna de la civilización china. Ambos han sido muy explotados desde la Antigüedad para regadíos, industria y consumo doméstico. El tercero en importancia es el río de las Perlas, que como los anteriores transcurre íntegramente por territorio chino.

China es un país muy vulnerable a los impactos derivados de la alteración del clima. Durante los últimos cuarenta años (1980-2021), su modelo de desarrollismo salvaje –la grave contaminación del aire en las ciudades, el avance de la desertización, la extraordinaria densidad de población en las zonas fértiles de los ríos y los deltas y la compleja asimilación de la gran migración interna– ha abocado al país a una crisis ambiental que resulta ser un gran obstáculo para el avance de la economía y la prosperidad de la sociedad china en décadas venideras.[20] Los líderes políticos son conscientes de que el *gran salto adelante* que ha conocido su país desde que Deng Xiaoping impulsara, en 1979, la reorientación del modelo económico se ha llevado a cabo al precio de arrasar el medio ambiente y la naturaleza, poniendo en peligro la viabilidad futura del desarrollo.

Resulta significativo, en ese sentido, que en el año 2012 el Partido Comunista de China formulara en su estrategia nacional el desiderátum de «construir una civilización ecológica» y lo incorporase a la constitución. Asimismo, en el año 2014, el cambio climático y la contaminación del aire fueron declarados problemas de seguridad nacional en el primer National Security Bluebook presentado al Consejo Nacional de Seguridad por el presidente Xi Jinping.

La Tercera Evaluación Nacional del Cambio Climático, presentada en 2015, contó con la participaron de más de quinientos científicos chinos.[21] Según el informe, el incremento de la temperatura media entre 1950 y 2009 fue de 1,4 grados y se estima que, en un escenario de incremento medio global de 2 grados, China conocerá un aumento de la temperatura de 2,7-2,9 grados. El estudio señala que, en los últimos cincuenta años, las olas de calor extremo han aumentado en el este del país y que las precipitaciones han disminuido en el norte y el noreste, mientras que en el sur se han incrementado. La evaluación considera más que probable el agravamiento de las sequías, lo que exacerbará los procesos en curso de degradación del suelo, un problema de gran calado en Mongolia Interior y en la región circundante a Pekín. Una de las consecuencias de ello son las recurrentes tormentas de arena y polvo que, junto con la contaminación atmosférica, provocan graves impactos en la salud, como han comprobado en años recientes los habitantes de Pekín y otras grandes ciudades.

La meseta tibetana, conocida como la torre del agua de Asia, presenta la mayor concentración de agua dulce del planeta después de los polos. El 30 por ciento de la población mundial vive de los ríos que son alimentados por dicho sistema. De las aguas del deshielo del Himalaya se nutren diez de los grandes ríos de Asia. Sin embargo, no existen tratados sobre el uso compartido del agua ni entre China e India, ni entre China y Bangladés.

El retroceso de los glaciares es también un motivo de preocupación. En China existen 46.377 glaciares situados en los sistemas montañosos de Tien Shan, Karakorum, Kunlun Shan e Himalaya, de los que el 80 por ciento de los mismos ha reducido su superficie en las últimas décadas. Las zonas del sudoeste y el oeste son muy vulnerables a una disminución de los caudales de agua como consecuencia de esa contracción. Estudios del Banco Mundial consideran probable que el volumen de los glaciares disminuya hasta un 45 por ciento hacia finales del siglo XXI (Sall, 2013).

La progresiva contracción de los glaciares, la frecuencia e intensidad de las sequías, la disminución de las precipitaciones y la mayor variabilidad de las mismas, generan incertidumbre sobre la disponibilidad de agua en la segunda mitad del siglo XXI. Hoy en día, China es un país cuya disponibilidad anual de agua natural per cápita es de apenas 2.310 metros cúbicos, la cuarta parte de la media mundial. En las zonas secas del norte, la media es de 785 metros cúbicos, muy por debajo de los 1.000 metros cúbicos que, según las Naciones Unidas, delimitan el umbral de estrés hídrico severo (por debajo de esta cantidad se considera que hay muchas probabilidades de cortes en el suministro y disrupciones en la oferta). En las últimas décadas, para compensar la escasez relativa de agua se ha echado mano de los acuíferos, lo que ha conllevado una disminución drástica de sus niveles. Así, el experto en China David M.

Lampton escribe en su libro *Adónde va China*. *Los planes de futuro de los dirigentes chinos*:

> Las ciudades del norte están luchando por los recursos acuíferos: las zonas urbanas se enfrentan con las del norte rural y las provincias se enfrentan entre sí por el agua. En los últimos cincuenta años estos problemas no han hecho más que empeorar, ya que el índice de precipitaciones de toda la llanura (del norte) ha descendido. Cada vez más en todo el país, pero en especial en el norte árido y en el oeste, los líderes tienen que enfrentarse a contenciosos relacionados con los recursos acuíferos.

El incremento del nivel del mar y el consiguiente riesgo de inundación de amplias zonas del litoral es, asimismo, motivo de preocupación.[22] Según los informes del IPCC (2014) en el país asiático más de ochenta millones de personas están expuestas al ascenso del nivel del mar y a la penetración de las tormentas, encabezando el ranking de naciones amenazadas por ese impacto. El delta del río Yangtzé es una de las regiones que genera mayor inquietud debido al valor económico de las zonas que alberga y al elevado número de personas que la habitan. Asimismo, el centro y sudeste del litoral, concretamente las grandes urbes en torno a Liaoning, Pekín-Tianjin-Hebei, la península de Shandong y el delta del río de las Perlas. En este último, los riesgos de inundaciones son muy elevados. Un informe de la multinacional suiza de seguros Swiss Re, tras comparar 616 grandes centros económicos de todo el mundo, concluyó que la región del delta del río de las Perlas es la más vulnerable. La razón es el tamaño de la población amenazada como consecuencia de la penetración de las tormentas (tifones) y de la inundación de los ríos (Werz y Lauren, 2014).[23]

Otro problema que despunta en el horizonte es la incidencia que el cambio climático pueda ocasionar en las grandes obras de ingeniería hidráulica que se han erigido en tiempos recientes, en particular la presa de las Tres Gargantas (finalizada en 2011 tras dieciocho años de construcción), y el Proyecto de Transporte de Agua Sur-Norte, una faraónica canalización ya iniciada que se prevé que esté lista en el año 2050.[24] Ante los escenarios abiertos por la alteración del clima, la envergadura de ambas infraestructuras plantea

serias dudas acerca de la sostenibilidad a largo plazo de los caudales del río Yangtzé en su desembocadura. Y en ella se encuentra la
región de Shanghái, uno de los motores económicos del país.[25]
Finalmente, el cambio climático incidirá en la escasez de tierra
cultivable. China alimenta al 18 por ciento de la población mundial
con el 7 por ciento de las tierras arables. Aproximadamente el 60
por ciento de las cosechas se recogen en las llanuras de cereales del
norte (trigo y sorgo), una región que se caracteriza por su relativa
escasez de agua, mientras que en el sur y el sudeste se cultiva sobre
todo arroz. El gobierno ha hecho de la soberanía alimentaria una
prioridad absoluta de su modelo de desarrollo económico ante el
riesgo político y social que supone depender de terceros países para
la importación de alimentos.

Los dirigentes chinos son conscientes de que las hambrunas
campesinas estuvieron en la base de la mayoría de las revueltas sociales que a lo largo de la historia del país llevaron a diferentes dinastías a perder «el Mandato del Cielo». Dar de comer al pueblo ha
sido, en consecuencia, la principal política del Partido Comunista
de China desde la constitución de la República Popular China
en 1949. Habida cuenta de la creciente dificultad para autoabaste-
cerse y ante posibles escenarios disruptivos derivados del cambio
climático, el gobierno chino lleva años adquiriendo tierras fértiles
en África y América Latina.

EL SUR DE EUROPA Y LA PENÍNSULA IBÉRICA

El Sur de Europa es una región altamente vulnerable ante la crisis
climática, ya que sectores de gran importancia económica y ecológica como el turismo, la agricultura y los bosques resultarán seriamente afectados.

La Agencia Europea del Medioambiente, en su estudio *Change,
Impacts and Vulnerability in Europe. An Indicator-based Report*,
denomina a esta región «el Sur de Europa y el Mediterráneo, y está
formada por: Albania, Bosnia-Herzegovina, Croacia, Chipre, Eslo-
venia, España, Grecia, Italia, Malta, Montenegro, Portugal y Turquía. La mayoría de los países forman parte de las instituciones de

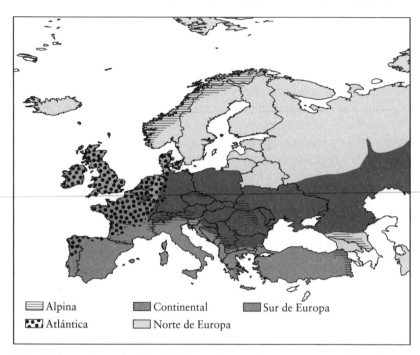

Mapa de las regiones climáticas de Europa. Fuente: Agencia Europea del Medio Ambiente.

la Unión Europea y el resto, con la excepción de Turquía, mantiene expectativas de integración.

El incremento medio de la temperatura en la región ha sido superior a la media global, habiendo alcanzado 1,5 grados con respecto a los tiempos preindustriales. Preocupa el aumento de la intensidad, la frecuencia y la duración de las sequías, lo que agravará la competición por los usos del agua entre la agricultura, la industria, el turismo y los hogares. El incremento del estrés hídrico contribuirá, asimismo, al aumento de la desertización.

Según los estudios realizados por la Agencia Europa del Medio Ambiente, la Europa del Sur es con diferencia la zona del subcontinente llamada a padecer mayores impactos derivados de la alteración del clima (EEA, 2017). En el caso de España, según datos de la

Agencia Estatal de Meteorología (Aemet), la duración del verano ya ha aumentado desde 1980 una media de cinco semanas.[26] La Agencia Europea del Medio Ambiente cita, entre otros, los siguientes impactos para la región:

- Incrementos importantes en las temperaturas extremas.
- Menores precipitaciones y caudales de los ríos.
- Mayor riesgo de sequías.
- Mayor riesgo de incendios forestales.
- Mayor riesgo de pérdida de diversidad biológica.
- Aumento en la competición por los usos del agua.
- Riesgos derivados del aumento del nivel del mar.
- Descenso significativo de los flujos de turismo durante los meses de verano, parcialmente compensados con un posible aumento en otras épocas del año.
- Menor producción agrícola y desplazamientos altitudinales y longitudinales de las zonas climáticas más idóneas para cultivos como el olivo y la vid.
- Mayor exposición a oleadas de refugiados climáticos procedentes del Norte de África, Oriente Medio y el Sahel.

El trabajo realizado por un grupo de científicos, liderado por el profesor Miguel Berdugo, de la Universidad Pompeu Fabra y publicado en la revista *Science* en febrero de 2020 constata que las respuestas de los ecosistemas de las regiones áridas ante un aumento del estrés hídrico no son lineales sino abruptas. Propiedades fundamentales como la productividad de la vegetación y la fertilidad responden de manera no lineal ante los incrementos de la aridez. El equipo ha comprobado la existencia de umbrales precisos en la dinámica de transformación de los ecosistemas estudiados, traspasados los cuales se degradan de manera cualitativa. Dado que las regiones secas se extienden por el 45 por ciento de la superficie emergida planetaria y que en ellas viven dos mil millones de personas, los impactos de la creciente aridez como consecuencia de la crisis climática serán muy notables.

En Europa, el mayor incremento en la frecuencia de sequías severas se espera en la Península Ibérica, lo que contribuirá al aumento de los procesos de desertificación en curso. De hecho, según datos de Aemet, en los últimos cincuenta años, la superficie de clima semiárido se ha incrementado en 30.000 kilómetros cuadrados. Las regiones más afectadas han sido Castilla-La Mancha, el valle del Ebro y el sureste de la península (Alicante, Murcia y Almería). Son áreas de clima mediterráneo que se han ido transformando en ecosistemas semiáridos. En las condiciones típicas del clima mediterráneo, explica Berdugo, el ecosistema se adecúa mediante adaptaciones en el tipo de vegetación, transitando hacia lo que se denomina una «matorralización», variedades más aptas para afrontar la creciente escasez de agua. Sin embargo, en las zonas del sudeste de la Península Ibérica y, en menor medida, en el este y centro peninsular, en las que la escasez de agua ya se encuentra en un nivel muy bajo, la respuesta ante un mayor estrés hídrico es la desertización. Es decir, desaparece casi la totalidad de la cubierta vegetal y se produce una disminución radical del número de especies. Teniendo en cuenta que la desertización afecta en diversos grados al 60 por ciento de la superficie de España y que islas como Lanzarote y Fuerteventura se encuentran asimismo amenazadas, este problema se configura como uno de los más relevantes que España ha de afrontar como consecuencia de la crisis climática.[27]

En el conjunto del Sur de Europa el impacto de mayor alcance vendrá mediado por la disponibilidad de agua, cuya demanda y consumo hay que analizarlos en relación con otros componentes económicos y sociales como son los cambios en los usos del suelo, la mayor extensión de la superficie de regadío agrícola, la presión extra derivada del turismo de masas y unos sistemas de gestión propios del pasado que no se han actualizado ante los escenarios derivados del cambio climático. La competición entre diferentes sectores económicos (hogares, industria, turismo, agricultura) por el acceso al recurso se intensificará y, en un entorno de creciente escasez, la agricultura se verá muy presionada para maximizar la eficiencia de su uso, al ser responsable del 80 por ciento del empleo de agua. Y es que el nuevo régimen climático que está emergiendo apunta a menores precipitaciones y a un aumento de la evapotranspiración como consecuencia de la mayor temperatura en superficie, lo que afectará al ciclo hidrológico. La mayor variabilidad de los flujos de los ríos durante los meses de verano y la menor seguridad que ofrecerán las aguas embalsadas a la hora de atender las demandas en momentos de escasez, aumentarán la vulnerabilidad. La agricultura se verá seriamente afectada.[28]

Por su parte, el incremento del nivel del mar y la mayor frecuencia de las lluvias torrenciales y las tormentas contribuirán a un aumento de las inundaciones costeras. Situaciones que en la actualidad se consideran excepcionales serán cada vez más frecuentes, puesto que, en el mar Mediterráneo, desde principios de los años ochenta, la temperatura superficial ha aumentado 0,34 grados por década, contribuyendo a generar las condiciones que favorecen dichas situaciones climáticas extremas (Aemet, 2020).

Finalmente, el estudio de Guiot y Cramer (2016) concluye que sólo un escenario de mitigación de emisiones coherente con el objetivo de no sobrepasar el incremento de 1,5 grados permitirá que los cambios en los ecosistemas del Mediterráneo permanezcan dentro de los niveles experimentados por la región a lo largo del Holoceno, y de no ser así, dichos ecosistemas se transformarán, a finales del siglo XXI, en algo sin precedentes en los últimos 11.600 años.

3

Anatomía de la crisis climática

El relativamente pequeño forzamiento radiativo de la actualidad ya está provocando un notable retroceso de los glaciares de montaña en todo el mundo y está afectando a la disponibilidad de agua potable; está desplazando las zonas climáticas, incrementando los incendios y las inundaciones, llevando a la desaparición al mar de hielo del Ártico y a los sistemas coralinos; está acelerando, asimismo, las pérdidas de hielo de Groenlandia y la Antártida provocando el aumento del nivel del mar; está incrementando la presión sobre muchas especies biológicas, amenazando con una extinción masiva de biodiversidad.

JAMES HANSEN,
Storms of My Grandchildren

EMISIONES SIN FRONTERAS

El cambio climático es global. No coincide el lugar en el que se generan las emisiones con la geografía en la que se producen los impactos. Como las emisiones carecen de fronteras, las naciones han tendido a externalizar al resto del mundo las suyas. En consecuencia, reconducir la desestabilización climática precisa la coordinación y colaboración internacional. Ahora bien, dada la diversidad de estadios de desarrollo económico y de sistemas políticos, con la consiguiente complejidad de los intereses nacionales respectivos, las dificultades para lograr avances de mitigación de emisiones en las tres últimas décadas han sido extraordinarias.

Existe un régimen climático multilateral asentado en las Naciones Unidas que ha proporcionado desde 1992 una arquitectura institucional a ese proceso cooperativo (Convención Marco de las Naciones Unidas para el Cambio Climático del que surgieron el Protocolo de Kioto[1] y el Acuerdo de París). Sin embargo, la existencia de dicho régimen no ha sido suficiente para reconducir la trayectoria de las emisiones globales, por lo que aún estamos lejos de asegurar que no se producirá una interferencia antropogénica grave en el sistema climático.

Al no existir instituciones globales dotadas de poder para exigir a los Estados nacionales una reducción de emisiones coherente con las demandas de la ciencia, la respuesta se ha basado en la buena voluntad de los países. No ha existido un alineamiento entre el carácter global de la crisis climática y el hecho de que sea el Estado-nación la institución en la que se organiza, en primera instancia, la voluntad política de las sociedades. Ese no alineamiento ha resultado decisivo en la respuesta a la crisis climática por parte de la comunidad internacional.

UN PROBLEMA DE JUSTICIA Y EQUIDAD

La crisis climática se plantea en términos morales[2] puesto que hay elementos decisivos de justicia y equidad en juego. Las consecuencias negativas afectan a todas las sociedades, ahora bien, las comunidades más pobres y vulnerables, precisamente las que menos han causado el problema, son las que sufren y sufrirán las consecuencias más devastadoras.

Así, Estados-isla del Pacífico y del Caribe se verán anegados por la elevación del nivel del mar: Tuvalu, República de Kiribati, Islas Salomón, Nauru, República de Maldivas, islas Bahamas, etcétera. Para esos países el cambio climático significa una amenaza existencial directa, ya que probablemente desaparecerán bajo las aguas. Asimismo, comunidades nativas como los inuit que habitan en el Ártico; o los veinte millones de personas humildes que habrán de emigrar del delta del Ganges-Brahmaputra en Bangladés si el mar sube un metro su nivel; igualmente los cientos de millones de personas del África subsahariana que padecerán una mayor presión sobre sus ya escasos recursos. En otras palabras, la crisis climática nos confronta con un gravísimo problema de justicia y equidad entre las naciones y las sociedades ya que, como se ha dicho en el capítulo anterior, muchos millones de seres humanos del Sur global van a ver agravadas sus ya difíciles condiciones de vida como consecuencia de los impactos derivados de la crisis del clima.

Al mismo tiempo, un incremento de la temperatura media de la atmósfera por encima de los 1,5-2 grados respecto a la existente en los tiempos preindustriales, implicará una alteración drástica de los parámetros climáticos que recibirán los jóvenes y las generaciones venideras, así como el resto de las formas de vida que comparten con nosotros la biosfera. Miles de millones de seres humanos que han nacido y nacerán en el siglo XXI heredarán un planeta climáticamente desestabilizado. Durante décadas parecía (más bien queríamos creer) que las alertas de la ciencia del clima hacían referencia a un futuro lejano. Sin embargo, este futuro ya está aquí, se ha hecho presente.

LA NO LINEALIDAD E IRREVERSIBILIDAD DEL SISTEMA CLIMÁTICO

El sistema climático no es lineal, es decir, no cabe esperar siempre una respuesta del sistema en la misma proporción en que aumenten las emisiones. Existen discontinuidades o puntos de inflexión que, una vez traspasados, distintos subsistemas bioclimáticos (mar de hielo del Ártico, arrecifes de coral, capas de hielo de Groenlandia, etcétera) comienzan a colapsar, en algunos casos con ritmos rápidos, en otros a lo largo de los siglos. Dichas discontinuidades ponen en evidencia que si se traspasa el umbral de 1,5 grados de forma permanente no puedan descartarse efectos en cascada. Por lo tanto, la prevención es una condición fundamental.

En ese sentido, cabe recordar que la temperatura media de la atmósfera ha aumentado ya 1,1 grados con respecto a los tiempos preindustriales. Como consecuencia de las emisiones que han tenido lugar en las dos-tres últimas décadas, aunque las emisiones cesasen por completo hoy en día la temperatura aumentaría como mínimo otros 0,2-0,3 grados debido al lapsus temporal existente entre el momento en que se realizan las emisiones, el incremento de la concentración en la atmósfera de gases de efecto invernadero y la respuesta del sistema oceánico-atmosférico al forzamiento radiativo mediante el aumento de la temperatura.

Por tanto, tal y como ha confirmado el informe del IPCC presentado en 2021, no es ya viable alcanzar el objetivo de 1,5 grados sin sobrepasarlo temporalmente en algún momento.[3] El IPCC estima que, incluso en el más positivo de los escenarios de mitigación de emisiones, ese incremento de 1,5 grados se alcanzará hacia mediados de la próxima década (en torno a 2035), si bien en un escenario de intensa descarbonización global podría descender hasta los 1,4 grados hacia finales del presente siglo.

Respecto a la irreversibilidad, el impacto de la crisis climática sobre mares y océanos no finalizará hasta mucho después de que hayan terminado las emisiones de gases de efecto invernadero, incluso después de que se haya estabilizado su concentración en la atmósfera. Por lo tanto, la incidencia en los glaciares y en las capas de hielo se mantendrá durante un periodo muy prolongado. Igualmente, debido a la inercia climática de los océanos y a la gran cantidad de calor que han acumulado, la temperatura de la atmósfera se mantendrá relativamente elevada durante siglos una vez que hayan finalizado las emisiones, e incluso tras disminuir el nivel de concentración de CO_2 en la atmósfera.

Además, tras estabilizarse la temperatura de la atmósfera, otros componentes del sistema climático tardarán mucho tiempo en encontrar su punto de equilibrio. Por ejemplo, la alteración de las regiones bioclimáticas, la extensión y profundidad de las placas de hielo en Groenlandia y en la Antártida, la temperatura del océano y la consiguiente subida del nivel del mar, son componentes del sistema que cuentan con sus propias escalas temporales. Los cambios en esos ámbitos perdurarán durante milenios. Estos procesos y alteraciones medidos en una escala humana serán, en consecuencia, irreversibles.[4]

LA ESCALA DEL SISTEMA ENERGÉTICO

Desde hace dos siglos y medio la explotación de los recursos fósiles (carbón, petróleo y gas) ha permitido a la humanidad un formidable avance económico, tecnológico y social, si bien este ha sido desigual entre países y regiones. El sistema energético ha proporcionado la espina dorsal a la civilización tecnoindustrial. La escala de dicho sistema le otorga una poderosa inercia.

Según los informes de BP, en 2018, se produjeron 8.000 millones de toneladas de carbón; se consumieron 95 millones de barriles de petróleo al día; se utilizaron 3.900.000 millones de metros cúbicos de gas. Sumadas esas cantidades, totalizaron 11.700 millones de toneladas equivalentes de petróleo (tep). A esas cifras de producción y consumo habría que añadir la red global de infraestructuras erigida en el último siglo: pozos de petróleo, pozos de gas, refinerías, gasoductos, minas de carbón, centrales de generación eléctrica, coches, camiones, aviones, barcos, así como la industria pesada basada en la utilización de combustibles fósiles como el acero, el cemento o el aluminio (véase capítulo 13).

La respuesta a la crisis del clima precisa sustituir progresivamente ese denso sistema fósil en torno al cual existen grandes intereses económicos y políticos, cuyo protagonismo ha sido decisivo a la hora de evitar o entorpecer la respuesta climática de los últimos treinta años. Si bien en las dos últimas décadas la transición hacia un nuevo sistema energético basado en fuentes renovables ha despegado con fuerza, todavía el 80 por ciento de la energía primaria mundial procede del carbón, el petróleo y el gas. La transformación del sistema energético en las tres próximas décadas (2050) supone, en consecuencia, un desafío formidable.

SEGURIDAD GLOBAL

Sobrepasar de manera continuada el umbral de los 1,5 grados posiblemente hará que diferentes Estados de Oriente Medio y Norte de África, el Sahel y África Occidental, el África subsahariana y el subcontinente indio, no puedan hacer frente a las presiones económicas, políticas y sociales que se verán incrementadas por la alteración del clima. En los casos de mayor fragilidad colapsarán. Entre 1980 y 2020, África ha duplicado su población. La población en 2020 era de 1.320 millones de personas. Incluso en el escenario demográfico más favorable, el incremento a mediados de este siglo xxi será de otros mil millones.[5] Esa expansión demográfica está teniendo lugar en un contexto en el que las presiones e impactos derivados del cambio climático están agravando la lucha por los recursos –agua, tierra cultivable y alimentos– entre naciones y grupos sociales. De los cincuenta Estados nacionales identificados por la OCDE en el año 2015 en situación de gran fragilidad, veintiocho eran africanos.

Más allá de África, los impactos sobre el acceso al agua potable en Oriente Medio serán cada vez más severos y el calor extremo hará que la región sea prácticamente inhabitable durante los meses de verano; asimismo, las llanuras cerealistas del Valle del Indo se volverán menos productivas al verse afectadas por las frecuentes olas de calor; la subida del nivel del mar y la penetración de los tifones tropicales en el golfo de Bengala llevarán la desolación a Bangladés; buena parte de los núcleos más prósperos y desarrollados de la costa este de China se verán anegados por la subida del mar y por las tormentas; millones de mexicanos y centroamericanos tendrán que abandonar sus campos como consecuencia de las sequías, y la presión sobre la frontera con el vecino del norte se incrementará; España, Italia, Grecia y otros países mediterráneos verán cómo parte de su territorio se desertiza; diversos Estados isla desaparecerán bajo las aguas del océano...

Asimismo, en un escenario climático caracterizado por un incremento persistente de la temperatura media por encima de los 1,5 grados los conflictos entre países y comunidades por el control de recursos como el agua se agravarán. Así, el informe *Key Global Trends* del USA National Intelligence Council (2017), en el capítulo del cambio climático señala lo siguiente:

Casi la mitad de las 263 cuencas internacionales de ríos carecen de acuerdos de gestión conjunta; asimismo, sólo una mínima parte de los

600 acuíferos internacionales cuentan con ese tipo de acuerdos. Además, la inmensa mayoría de los acuerdos carece de la flexibilidad necesaria para adaptarse a las nuevas exigencias derivadas del cambio climático, la pérdida de diversidad biológica o el empeoramiento de la calidad del agua. Las disputas existentes en cuencas clave como el Mekong, el Nilo, Amu Darya, Jordán, Indo y Brahmaputra, indicarán hasta qué punto las estructuras de gestión internacional existentes serán capaces de adaptarse a una era de mayor escasez de agua.

Otro tanto ocurrirá con la tierra fértil y los alimentos. Se agravará la lucha por esos recursos básicos y las relaciones internacionales se enrarecerán. En esas circunstancias, no es descartable que algunos países abandonen la búsqueda de acuerdos cooperativos para orientarse de forma exclusiva hacia su propia seguridad, quizás experimentando con diversas opciones de geoingeniería, lo que provocará mayor ansiedad en el resto. Algunas situaciones hipotéticas contribuyen a entender mejor los problemas de seguridad que se pueden presentar en un escenario de esas características.

Si a mediados del siglo XXI Pakistán –potencia nuclear enemiga de su vecina India– comienza a percibir que cada vez le resulta más difícil alimentar a sus (en ese momento) trescientos millones de habitantes como consecuencia de la degradación del sistema Indo y le surgen dudas razonables sobre su viabilidad como país, ¿qué reacciones cabrá esperar por parte de sus líderes políticos, militares y religiosos cuando la mayoría de las fuentes que alimentan al río Indo nacen en el Himalaya, en tierras que pertenecen a India? ¿Cómo afrontará Europa los flujos migratorios de millones de personas que se agolparán en sus fronteras procedentes del África subsahariana, el Sahel, África Occidental y el Norte de África, cuando un millón y medio de refugiados procedentes de la guerra civil de Siria generó enormes presiones sociales y políticas en 2015 y 2016, hasta el punto de favorecer la formación de gobiernos ultraderechistas y xenófobos en Hungría y Polonia y alimentar el relato que ha favorecido la salida del Reino Unido de la Unión Europea? ¿Quién ocupará el vacío de poder ante el posible colapso de Estados fallidos en el Sahel, en África Occidental y en el Cuerno de África? Sin duda, será el escenario ideal para los grupos yihadistas activos en la región.[6]

Estas preguntas y otras semejantes han conducido a los responsables de seguridad y política exterior de numerosos países a considerar el cambio climático una amenaza a su seguridad nacional. Ahora bien, cuando una mayoría de países se siente amenazada por un mismo problema el concepto de «seguridad nacional» no es ya suficiente. Afrontamos un problema de «seguridad global» que requiere la implicación del Consejo de Seguridad de las Naciones Unidas.

DEBATES

A lo largo de las últimas décadas se han celebrado importantes debates sobre el cambio climático. Dos de ellos me parecen especialmente relevantes:

La Economía y el horizonte temporal

Durante mucho tiempo el marco conceptual de la economía neoclásica convencional ha tenido, singularmente en Estados Unidos, una responsabilidad específica en la crisis climática como consecuencia de su enfoque miope sobre el horizonte temporal. Según su planteamiento estándar el valor económico de los impactos negativos que ocurrirán dentro de treinta, cuarenta o cincuenta años carece hoy prácticamente de relevancia. Al traer esos impactos al presente mediante el correspondiente cálculo de su valor actualizado neto, el coste monetario de los mismos es escaso (como resultado de la aplicación de los tipos de descuento). Por lo tanto, al ser el coste actual de los daños futuros pequeño, numerosos economistas, sobre todo en el mencionado país, defendieron durante décadas que no era preciso actuar de manera decisiva sobre las causas de la alteración del clima, favoreciendo la continuación del *statu quo* energético. Los académicos estadounidenses Naomi Oreskes y Erik M. Conway explican en su libro *Mercaderes de la duda* cómo, desde los primeros debates que tuvieron lugar en Estados Unidos en los años ochenta, economistas de referencia aconsejaban al gobierno federal (en contra de la opinión de físicos, ecólogos y climatólogos) que no aplicasen políticas climáticas ambiciosas. Enmendando ese dislate del pasado, desde la Economía *mainstream* se habla ya de la «tragedia del horizonte»,[7] algo sobre lo que la Economía ambiental había alertado hace décadas.

A la hora de valorar las diferentes alternativas sobre las trayectorias de emisiones capaces de alcanzar determinados objetivos climáticos, se han utilizado tradicionalmente dos metodologías distintas: el análisis de coste-eficiencia (CEA, por sus siglas en inglés) y el análisis de coste-beneficio (CBA). El análisis coste-eficiencia, CEA, identifica aquella trayectoria de emisiones que, alcanzando un determinado objetivo climático, minimiza el coste total de la transformación económico-energética correspondiente. Por su parte, el análisis CBA tiene como objetivo identificar la trayectoria óptima de emisiones que minimiza los flujos de gastos de abatimiento y los daños económicos infligidos por el cambio climático, todo ello debidamente descontado (valor actualizado neto). Un tercer concepto importante en este tema es el Coste Social del Carbono, que mide el daño neto total ocasionado por una tonelada extra de CO_2 por su agravamiento del impacto climático (Mundaca y otros, *Economics of 1.5 °C Pathways and the Social Cost of Carbon*, en IPCC, 2018). Los modelos económico-energéticos utilizados por el IPCC (2018, 2021) pertenecen a la familia de los CEA-IAM.

En ese sentido, todavía en 2017, dos años después de haberse aprobado el Acuerdo de París, William Nordhaus, economista de referencia en la aplicación de la metodología de análisis coste-beneficio junto a modelos de evaluación integrados (IAM, por sus siglas en inglés)[8] y premio Nobel 2018, publicaba un estudio titulado «Integrated Assessment Models of Climate Change», en el que su solución óptima económica a la hora de responder al cambio climático se lograba mediante un impuesto al carbono tan reducido que el incremento de la temperatura media global (sobre 1990) en el año 2100 era de 3,5 grados, es decir, un resultado extraordinariamente alejado del consenso acordado en París. En su libro *El casino del clima*, publicado en 2013, Nordhaus había escrito lo siguiente:

> Por lo general, aplico una tasa de rendimiento real del capital de alrededor del 4 por ciento en el caso de Estados Unidos y algo mayor

en el resto de los países. Si adopto el enfoque prescriptivo es porque el capital es escaso, porque hay inversiones alternativas muy valiosas y porque las inversiones climáticas deben medirse con el resto de las inversiones disponibles [...]. Invertir en frenar el cambio climático es una opción, pero también hay otras muchas encima de la mesa a menudo con altos niveles de retorno. No se puede ignorar esa realidad (pp. 207-208).

Por el contrario, el economista Nicholas Stern ha polemizado con los modelos que incluyen el análisis coste-beneficio (en el marco de los Integrated Assessment Models (IAM)), en gran medida popularizados a partir de los trabajos pioneros de William Nordhaus en 1991. En el capítulo «Cómo algunos análisis económicos han distorsionado los problemas», de su libro *Why Are We Waiting?*, Stern escribe lo siguiente:

> El problema central (de los CBA-IAM) es que asumen un nivel de crecimiento económico subyacente muy elevado, acompañado de daños relativamente modestos como consecuencia de grandes incrementos de la temperatura, así como riesgos muy limitados. Son meras asunciones sin una base de evidencia sólida y relevante que las avale. En consecuencia, esos modelos se basan en asunciones que implican que un cambio climático disruptivo causará relativamente daños menores a unas rentas que seguirán creciendo de forma muy importante. Por tanto, descartan que haya que adoptar medidas urgentes para reconducir el problema.

En su estudio publicado en 2007 por encargo del gobierno británico, *The Economics of Climate Change*, Nicholas Stern aplicó una tasa de descuento real del 1,4 por ciento, lo que posibilitaba una trayectoria de emisiones que conducía a evitar un incremento de la temperatura superior a los 2 grados. El acuerdo establecido en París en 2015 aprobó sus objetivos a partir de las propuestas formuladas por la ciencia del clima, haciendo caso omiso al enfoque propuesto desde el análisis coste-beneficio. Y es que cuando el diagnóstico de los climatólogos es que, por encima de los 1,5-2 grados, el mundo se adentrará en un escenario potencialmente catastrófico, la respuesta al problema no puede replicar la metodología convencional de dicho análisis, so pena de generar unos sesgos inasumibles.

En todo caso, habría que convenir con el filósofo Stephen Gardiner que es inapropiado centrar la discusión sobre los efectos a largo plazo de la desestabilización del clima bajo el prisma del tipo de descuento que se aplica en las transacciones financieras. Una cosa es valorar los retornos de dos inversiones alternativas para dilucidar cuál es más rentable y otra muy diferente tratar de cuantificar los impactos multidimensionales que se van a producir en los sistemas humanos y naturales por decenios y por siglos como consecuencia de la desestabilización del clima.

¿Qué valor económico se asigna a la sequía que asoló Oriente Próximo entre 1998 y 2012, la más grave en novecientos años según científicos de la NASA? Ese evento climático extremo provocó la emigración del campo a la ciudad de un millón y medio de personas humildes en Siria, lo que a su vez agravó la desestabilización política y social de un país que ya se enfrentaba a numerosos y graves problemas. ¿Cómo se asigna un valor monetario al posible colapso ecológico de la Amazonía ante un incremento de la temperatura por encima de los 3 grados? ¿Cuál a la inundación masiva de Bangladés, cuya subsistencia quedaría quebrada ante un incremento de un metro del nivel mar?

Es pura arrogancia intelectual pretender simplificar en agregados monetarios los efectos destructivos de una desestabilización del sistema climático cuyas consecuencias económicas, sociales, energéticas, sobre la salud de las personas, sobre los sistemas naturales, incluso sobre la seguridad de las naciones, se ramifican, multiplican y refuerzan entre sí hasta llegar a suponer una amenaza existencial para nuestro mundo. El hecho de que durante años argumentos basados en el análisis coste-beneficio primasen en las esferas decisorias de Estados Unidos por encima de las razones aportadas por climatólogos, físicos y ecólogos sólo se explica como la pátina de racionalidad que demandaba la no acción climática que defendían los grupos de interés adscritos al *statu quo* energético.

Capitalismo o clima, un falso dilema

Otro debate que también merece atención es el que presenta al sistema capitalista de libre mercado como causante principal de la crisis climática. Se trata de un planteamiento que no otorga ninguna credibilidad a que la economía de libre mercado pueda reconducir la situación. Insiste en que la voracidad por el crecimiento y el ansia de beneficio empresarial prevalecerán por encima de las medidas adoptadas por lo que califica de capitalismo verde. A nivel internacional la principal defensora de esta posición es la periodista y activista antiglobalización Naomi Klein, con su libro *Esto lo cambia todo. El capitalismo contra el clima*, de gran influencia en determinados sectores sociales y políticos.

En primer lugar, debo señalar que en su libro, Klein no menciona ni una sola vez la posición de la Unión Europea durante el periodo 1990-2015. No ha sido un descuido. Si se le otorga a Europa la relevancia que merece en la respuesta a la crisis climática, la lógica argumentativa y la tesis central del trabajo –*el capitalismo está en guerra con el clima*– se desmoronan. Klein construye su argumentación generalizando la experiencia (nefasta) ante la crisis del clima de Estados Unidos. Al hacerlo confunde la parte con el todo. La trayectoria de la Unión Europea no encaja en su relato, por lo tanto, no se le presta atención.

Frente a la experiencia errática de Estados Unidos hacia el cambio climático, la Unión Europea ha otorgado desde 1990 una gran relevancia política a la crisis del clima y ha actuado en consecuencia. Entre 1990 y 2019 ha reducido sus emisiones un 25 por ciento, mientras que su PIB se ha incrementado un 62 por ciento en términos reales. Además, existe el compromiso legalmente vinculante adoptado por el Consejo Europeo de reducir el 55 por ciento de las emisiones en 2030 y alcanzar en 2050 la neutralidad climática del subcontinente. Esos resultados se han logrado en una economía capitalista de libre mercado (en la que han participado más de 510 millones de personas, incluyendo al Reino Unido). Estos son datos empíricos que cuestionan la tesis de Klein.

En segundo lugar, hay que señalar que China es, desde 2007, el mayor emisor de gases de efecto invernadero. Sus emisiones equivalen, en la actualidad, a la suma de las de EE.UU., Europa e India. Es forzar mucho el argumento responsabilizar de esa trayectoria al neoliberalismo dominante. Es sabido que la economía china es una forma de capitalismo de Estado en un sistema político de partido único. Basar su despegue industrial y económico en el consumo masivo de carbón ha sido una decisión adoptada por el Partido Comunista de China con la intención de crecer económicamente a toda costa, sin importar el coste climático. En otras palabras, si bien es cierto que en Estados Unidos el neoliberalismo dominante entre 1980 y 2020 ha contribuido a su política climática errática, habría que añadir que la China comunista ha provocado durante ese tiempo tal aumento de las emisiones que ha acabado de desestabilizar el sistema climático global.

El contraargumento a lo anterior defiende que China no debería «responsabilizarse» de las emisiones asociadas a aquellos productos exportados y consumidos en otros países. Sin embargo, hay poderosas razones para apoyar el criterio defendido por el IPCC. La ciudadanía de un país no puede hacerse responsable de las emisiones de un sistema energético sobre el que no tienen ningún control. La Unión Europea, por ejemplo, si bien importa numerosos productos fabricados en China, carece de poder para decidir si los mismos se fabrican con un sistema energético basado en el carbón o en tecnologías renovables. Quien toma esa decisión es el Gobierno de China y es a él al que hay que atribuirle la exclusiva responsabilidad de las emisiones directas de su país. Lo contrario podría ser utilizado como una peligrosa cortina de humo. En todo caso, según datos de la web de referencia en este tema que basa sus análisis en las tablas input-ouput de los diferentes países, The Eora Global Supply Chain Database, la huella de carbono china en 2015 basada en el consumo propio de su sociedad fue de 10.600 millones de toneladas de CO_2, mientras que la huella de carbono generada en el territorio chino (criterio del IPCC) fue de 12.300 millones de toneladas de CO_2, una diferencia del 14 por ciento, relevante pero ni mucho menos decisiva para el debate planteado.

En definitiva, la causa directa de la alteración del clima ha sido y es el predominio de un sistema energético basado en la combustión de carbón, petróleo y gas. La única estrategia viable para reconducir el cambio climático pasa, en consecuencia, por la descarbonización de dicho sistema. Esa descarbonización se puede lograr mediante decisiones adoptadas tanto por gobiernos que basan su economía en el libre mercado, como por gobiernos cuyos modelos económicos son una variante del capitalismo de Estado. En definitiva, el dilema no es capitalismo o clima, sino energías fósiles versus neutralidad climática. Es importante afinar en el diagnóstico para acertar en la solución.

TEORÍA DE JUEGOS Y CAMBIO CLIMÁTICO

A la hora de entender las razones subyacentes que explican los avances que han tenido lugar en la respuesta a la crisis climática por parte de la comunidad internacional con posterioridad al Acuerdo de París (véase capítulo 5, cumbre de Glasgow), es conveniente acudir al marco analítico de la teoría de juegos. Aplicado al cambio climático, la matriz de pagos define los incentivos y desincentivos para una solución cooperativa de los Estados frente a dicho problema. Se trata de un marco que ayuda a clarificar los movimientos que han tenido lugar en los últimos años en la respuesta a la crisis del clima y por tanto a comprender mejor las fuerzas tras esa respuesta cada vez más afirmativa.

Según la formulación convencional predominante en los medios académicos y en los laboratorios de ideas y que permeó decisivamente las negociaciones internacionales durante los años noventa, así como durante los primeros quince años de este siglo (Acuerdo de París), «el juego del cambio climático» venía definido de tal manera que prevalecía la posición no colaboradora en su resolución (*free rider*). Estos eran los elementos fundamentales que definían los incentivos y desincentivos a la hora de acordar una solución colaborativa entre las potencias.

En primer lugar, el clima de la Tierra es un bien común del que nadie puede quedar excluido. Por lo tanto, las mejoras que se logren como consecuencia de la reducción de emisiones llevada a cabo por parte de una nación benefician a todos por igual. La atmósfera carece de fronteras, en consecuencia, ningún país puede apropiarse de los resultados de sus políticas de mitigación. En segundo lugar, las reducciones de emisiones suponen un coste económico, ya que se precisan tecnologías más caras que las convencionales. Ese esfuerzo implica detraer recursos que podrían utilizarse para promover un desarrollo económico que beneficiaría a las familias y las empresas. Es decir, la generación actual del país en cuestión que adopta las medidas climáticas sacrifica parte de su bienestar en beneficio de personas que vivirán dentro de treinta, cincuenta o cien años y, además, la mayoría de esas personas nacerán en terceros países con los que no se sienten vinculados. En definitiva, la pérdida de bienestar ocurre en un presente muy real, mientras que los beneficios derivados de la acción climática se pierden en un futuro incierto que además favorece a terceros.

En tercer lugar, teniendo en cuenta los puntos anteriores y dado que los Estados son actores racionales que se orientan de manera exclusiva hacia su propio interés (teoría realista de las Relaciones Internacionales), se reproduce una variante del dilema del prisionero en la que predomina la tendencia a no colaborar en la respuesta al cambio climático. ¿Qué gano yo (Estados Unidos) por sacrificarme reduciendo mis emisiones mediante el uso de tecnologías caras si países como China, India y Rusia no lo hacen? No sólo no consigo reconducir el problema (el 80-85 por ciento de las emisiones globales las generan otras naciones), sino que el resto de los Estados y en especial mis rivales geopolíticos se beneficiarán de mi ingenuidad. Leída la lógica del «juego climático» desde Pekín o Delhi, la pregunta es diferente ¿Cómo vamos a asumir nosotros, países en vías de desarrollo, el sacrificio económico que supone la mitigación de las emisiones si históricamente hemos contribuido menos a la creación del problema, si nuestras emisiones por persona son mucho menores que las de los países ricos y nuestras capacidades económicas y tecnológicas notablemente inferiores?

Dado que la lógica de una posible solución cooperativa quedó formulada en esos términos, durante una generación prevaleció la «posición racional no colaborativa» por parte de las potencias decisivas, en una variante del conocido como dilema del prisionero.[9] En consecuencia, se produjo una parálisis en la respuesta conjunta hacia la crisis climática y entre la fecha de la ratificación de la Convención Marco de las Naciones Unidas para el Cambio Climático, 1994, y la aprobación del Acuerdo de París, 2015, se perdieron dos décadas decisivas. Tanto Estados Unidos como China, cuyas emisiones conjuntas suponían alrededor del 40 por ciento de las totales, arrastraron con su inacción climática al resto de la comunidad internacional.

En ese tiempo, entre las grandes economías sólo la Unión Europea se apartó de ese marco mental y ello por buenas razones. Europa aceptaba «pagar una parte considerable de la factura de la respuesta climática» porque priorizaba atender al mensaje de la ciencia del clima sobre otras consideraciones. Además, sus líderes eran conscientes de que Europa tenía una responsabilidad añadida sobre las emisiones históricas y su elevado nivel de desarrollo económico y tecnológico le proporcionaba margen de maniobra para hacerlo. Su sociedad civil se encontraba concienciada y hacía valer sus demandas ante las instituciones comunitarias. El liderazgo climático venía acompañado de influencia y poder suave sobre otros países. Y, por último (pero no menos importante), le permitía a Europa ocupar la primera posición en la carrera tecnológica hacia la descarbonización que ya despuntaba en el horizonte. Confiaba en que el esfuerzo económico de hoy se tradujese en ventaja competitiva mañana.

En los últimos años, y en especial con posterioridad al Acuerdo de París, se han producido sendos cambios cualitativos, y la matriz de pagos climática ha quedado reformulada. El más disruptivo lo ha protagonizado la transformación de la energía. Hoy en día, y como resultado de los extraordinarios incrementos en la eficiencia de las tecnologías renovables, según la Agencia Internacional de la Energía es más económico generar electricidad con fuentes renovables, en especial solar, que hacerlo con combustibles fósiles en el 80 por ciento de los países. En consecuencia, es el propio mercado el que se orienta de forma natural hacia las tecnologías limpias.

En el sector de la generación eléctrica, sustituir fuentes energéticas fósiles por tecnologías renovables no es ya un coste, sino una inversión eficiente. Previsiblemente, en pocos años ocurrirá otro tanto en el ámbito de la movilidad y el transporte ligero. Como consecuencia de ese cambio, medio mundo participa en la actualidad en la carrera hacia las renovables para no quedar atrapado en un sistema energético fósil cuyo declive a largo plazo se asume como inevitable. Muchos Estados nacionales quizás no formulen sus políticas energéticas en clave de responsabilidad climática, pero «su propio interés racional» los lleva a formar parte de esa transformación hacia las energías limpias. Y es que las tecnologías renovables eléctricas no sólo baten en costes a las convencionales, sino que son más intensivas en empleo (en proporción tres a uno, según la Agencia Internacional del Trabajo), fortalecen la independencia energética y generan importantes externalidades positivas como la mejora de la calidad del aire. Orientarse hoy en día hacia las energías limpias es inteligente, eficiente y racional.

Otro factor que ha modificado la matriz de pagos es la amenaza de un resultado final catastrófico para todos. En el modelo convencional prevalecía la opción no colaborativa porque desde una óptica egoísta era «racional» para un Estado confiar en beneficiarse del esfuerzo realizado por terceros mientras uno mismo se desentendía del desempeño. Sin embargo, desde el momento en el que el cambio climático ha sido interiorizado como una amenaza de seguridad global, desde el momento en el que la comunidad de la ciencia considera probable la activación de puntos de inflexión para incrementos de la temperatura de tan sólo 1,5-2 grados, el juego ha quedado reformulado.

En la actualidad, se habla de emergencia climática planetaria, cuando no de amenaza existencial. La Administración de Joe Biden (como la de Obama en su segundo mandato) ha tratado la crisis climática como un asunto de seguridad nacional, así como de seguridad global. De esa manera, garantiza la implicación en la agenda climática no sólo del Departamento de Estado, sino de los Servicios de Inteligencia y los del Pentágono. Al incorporar al responsable climático al Consejo de Seguridad de la Casa Blanca, queda garantizada la conexión de dicha agenda con la política exterior, con la de seguridad y defensa, así como con la política económica (*high politics*). Asimismo, esa conceptualización del problema ha contribuido a que China, a pesar de las contradicciones que han caracterizado su trayectoria energética estos años, haya reformulado en los últimos años su posicionamiento estratégico hacia la crisis climática. La élite dirigente del país asiático es consciente de que un cambio climático descontrolado podría no sólo suponer un problema muy grave para sus intereses nacionales e internacionales, sino incluso comprometer la continuidad de la dinastía roja.

Los cambios que han tenido lugar en la mencionada matriz de pagos son estructurales y difícilmente reversibles. En consecuencia, la respuesta internacional a la crisis climática se ve más favorecida por esa corriente de fondo en comparación con hace una década. Se podría decir que las bases para una respuesta comienzan a perfilarse. El hecho de que ciento cuarenta naciones que representan el 90 por ciento de las emisiones mundiales hayan formulado el objetivo de su neutralidad supone un punto de inflexión.

Sin duda, definir la visión, elaborar la estrategia a largo plazo, incluso presentarla a las Naciones Unidas es sólo la primera etapa de un largo camino plagado de dificultades. Lo verdaderamente complejo va a ser transitar el sendero de la transformación energética a lo largo de los próximos diez, veinte, treinta años. Ahora bien, sentar las bases es crucial, ya que es lo que permite iniciar la andadura. En otras palabras, el proceso diseñado en París está funcionando. Ahora bien, todavía estamos muy lejos de asegurar el objetivo de 1,5 grados. La condición para lograrlo pasa por alcanzar la neutralidad mundial en carbono (CO_2) para mediados de este siglo y la del resto de los gases de efecto invernadero poco después. Es un objetivo ambicioso, pero está todavía a nuestro alcance.

La situación sobre el terreno, en todo caso, es muy compleja, ya que interactúan un sinfín de procesos en direcciones opuestas. Así, si bien los cambios analizados son importantes, también es cierto que treinta años después de la Cumbre de la Tierra (1992) y la consiguiente aprobación de la CMNUCC, la proporción de energía primaria global obtenida de los combustibles fósiles continúa en torno al 80 por ciento. Asimismo, a pesar de la retórica al uso, el nivel de ayudas y subvenciones a los combustibles fósiles por parte de los países desarrollados (OCDE) era en 2019 prácticamente igual en cifras absolutas que en 2010. Además, a lo largo de las tres próximas décadas una parte muy amplia de la humanidad va a acceder a lo que los sociólogos denominan clases medias, con sus demandas asociadas de bienes y servicios y sus emisiones correspondientes. Alrededor de dos mil millones más de seres humanos habitarán la Tierra en 2050 y la inercia del sistema económico-energético es enorme.

CIENCIA Y POLÍTICA

La ciencia del clima ha cumplido con su papel. Fue un acierto histórico la creación del Panel Intergubernamental de Expertos sobre el Cambio Climático (IPCC) en 1988, a iniciativa del Programa de las Naciones Unidas para el Medio Ambiente (PNUMA) y de la Organización Meteorológica Mundial (OMM). En estas tres décadas, la trayectoria rigurosa y comprometida de la comunidad científica ha sido un activo decisivo. Gracias a su desempeño, hoy en día la respuesta a la crisis del clima se sitúa en el centro del proyecto político de la Unión Europea, es una de las principales referencias de la agenda interior y exterior de la Casa Blanca del presidente Biden, está en la base de la aspiración hacia una civilización ecológica defendida por China y se encuentra en el centro de la actividad mul tilateral de las Naciones Unidas. La ciencia ha cumplido con su misión hacia la sociedad. Los ataques que ha recibido por parte de intereses ligados a los combustibles fósiles han sido constantes y furibundos. Sin embargo, en la mejor tradición de Galileo, Newton, Darwin y Einstein, la búsqueda honesta de la verdad ha prevalecido.

Ahora bien, de la comprensión y formulación de un problema a la implementación de las soluciones hay un abismo. La respuesta desde la política y la geopolítica a la crisis climática no ha estado hasta el momento a la altura de los mensajes de la ciencia. Cuando entran en escena los Estados irrumpen de manera inevitable otras variables, aquellas que tienen que ver con la dinámica del poder, así como con la defensa de los intereses nacionales percibidos desde un prisma no universalista, sino estratégico (en defensa en exclusiva del propio país y en detrimento de los rivales).

Es natural que los gobiernos de las naciones tengan interés en modular un proceso tan importante como es la transformación del sistema energético que soporta el funcionamiento de su economía, dada su importancia para las sociedades ante las que son responsables y cuya aprobación precisan para legitimarse y mantenerse en el poder. Sin embargo, la mayoría de las potencias decisivas que podían haber transformado la dinámica del cambio climático en las últimas décadas han fallado en su responsabilidad hacia la preservación del bien común. Y al permitir que el mundo se haya adentrado en una situación de emergencia climática han fallado también a su propia ciudadanía, en especial a los más jóvenes y a las generaciones venideras.

Segunda parte

RIVALIDAD ESTRATÉGICA Y CRISIS CLIMÁTICA. LA POSICIÓN DE LAS GRANDES POTENCIAS

4
Relaciones internacionales

De qué sirve trabajar en pro de una constitución civil conforme a leyes interindividuales, esto es, en pro de la organización de una comunidad, cuando esa misma insociabilidad que forzó a los hombres a obrar así es, de nuevo, la causa de que cada comunidad esgrima una libertad desenfrenada en sus relaciones exteriores, es decir, en cuanto Estado que se relaciona con otros Estados y, por consiguiente, cada uno de ellos tiene que esperar perjuicios por parte del otro, justo aquellos perjuicios que empujaron y obligaron a los individuos a ingresar en un estado civil sujeto a reglas.

IMMANUEL KANT,
Ideas para una historia universal en clave cosmopolita

La gobernanza de los bienes comunes de la humanidad emerge como uno de los desafíos críticos del siglo XXI. Afrontamos no sólo una emergencia climática planetaria, sino el colapso creciente de la diversidad biológica de la Tierra y la profunda degradación ambiental de sus océanos.

El sistema multilateral creado tras la Segunda Guerra Mundial presenta una debilidad en su *auctoritas* para afrontar los problemas de nuestro tiempo. El paso de los años ha hecho mella y una especie de fatiga de materiales afecta a las instituciones que vertebran dicho sistema. Al mismo tiempo, tras el breve momento posterior a la autoimplosión de la URSS en 1992 y la «guerra contra el terror» después de los atentados terroristas del 11 de septiembre de 2001, ha resurgido la competición entre las grandes potencias. La contención hacia China ha pasado a ser, desde 2017, el eje vertebrador de la política exterior de Estados Unidos. La invasión rusa de Ucrania y la consiguiente guerra de liberación del pueblo ucraniano ha hecho que Europa y Estados Unidos hayan respondido con una posición de absoluto rechazo hacia el régimen del Kremlin. En un momento histórico en el que se precisan dinámicas de colaboración entre las naciones para encontrar salidas viables a la crisis climática y ecológica, la mayoría de las potencias se han visto arrastradas a una dinámica a la que se ha denominado competición entre las grandes potencias (*great power competition*). La lógica del poder, la lucha por la hegemonía y la consiguiente rivalidad estratégica ocultan con su densa niebla la prioridad que demandan las urgencias climáticas y ecológicas de la Tierra.

Si Estados Unidos, China, India y la propia Unión Europea no hacen de ese objetivo una prioridad en sus agendas políticas y perseveran en esa dirección, difícilmente se culminará con éxito dicha transformación. En consecuencia, la inquietante pregunta es ¿será un mundo multipolar dominado por la competición entre las grandes potencias capaz de generar los consensos y colaboraciones imprescindibles para reconducir la crisis climática en las próximas décadas?

El éxito de la cumbre de París en 2015 vino precedido por el acuerdo de los presidentes de Estados Unidos y China en 2014. Hoy día, sin embargo, las relaciones entre ambas potencias se encuentran cercanas al punto de congelación. Si bien la Administración de Joe Biden trata de separar la necesidad de acuerdos climáticos con China de la estrategia global de contención, Pekín ha dejado claro que no es viable ubicar en silos incomunicados los diferentes ámbitos de las relaciones entre ambos países. Las señales procedentes de China han sido en ese sentido claras. El editorial del *The Global Times* «Washington cannot define China-US climate cooperation» del 2 de septiembre de 2021, alineado con la línea oficial del Partido Comunista de China lo expresaba así:

> Las expectativas de Estados Unidos que tratan de separar la cooperación en asuntos de clima del resto de las relaciones entre China y USA y que otorgan a la cooperación en ese ámbito un valor especial sin tener en cuenta la enorme complejidad de otros aspectos de la relación bilateral [...], parecen bastante absurdas. La estrategia de contención ha-

cia China ha dividido de forma severa al mundo y ha amenazado la seguridad a largo plazo de China. Hablando de manera objetiva, ha destruido los fundamentos que hubiesen hecho posible hacer juntos algo grande.

En consecuencia, ante la cumbre de Glasgow, China difícilmente iba a favorecer el intento de Estados Unidos de convertir la cita en la ocasión de proyectar su compromiso climático internacional recuperado tras la época de Donald Trump. Si a ello se añade la torpeza diplomática de publicitar la compra por parte de Australia de submarinos nucleares a Estados Unidos para fortalecer el anillo militar de contención a China en el marco de la alianza AUKUS (acrónimo de Australia, Reino Unido y Estados Unidos) apenas dos meses antes de la cumbre de Glasgow, las probabilidades de que China favoreciese el éxito de dicho encuentro asistiendo su presidente a la cita y presentando un ambicioso plan climático para 2030 eran posiblemente ilusorias.

Por supuesto, lo anterior no relativiza la responsabilidad de China acerca de sus propias decisiones. Lo que aquí se destaca es que no cabe pensar que la respuesta al cambio climático vaya a desarrollarse en el mundo real de las relaciones internacionales desconectada del contexto general definido por dicha confrontación. El Acuerdo de París fue posible porque en el seno de unas relaciones bilaterales constructivas las administraciones estadounidense y china trabajaron conjuntamente durante dos años, fuera de los focos, para hacer posible el acuerdo de sus líderes en noviembre de 2014. Es poco probable que en el actual marco de contención, China acepte los términos de las relaciones climáticas en los términos que, desde su perspectiva, considere que favorecen a Estados Unidos. La voluntad de forjar salidas colaborativas existe pero la rivalidad estratégica entre las potencias enturbia las aguas en las que se han de concebir y desarrollar los posibles acuerdos.

LA DISCIPLINA DE RELACIONES
INTERNACIONALES

Las Relaciones Internacionales, la disciplina que estudia las relaciones entre las naciones, con sus diferentes escuelas –realista, liberal-institucional, constructivista, crítica, etcétera– y debates se ha desarrollado a lo largo de los últimos cien años tratando de explicar las motivaciones que mueven a los Estados, proporcionando mapas conceptuales que sirvan a los políticos para orientarse en el mundo de las relaciones entre las naciones.

Hasta el momento, la disciplina de Relaciones Internacionales no ha propiciado el espacio intelectual necesario para incorporar a su conocimiento realidades como la crisis climática, el colapso de la diversidad ecológica, o la tragedia de los océanos. Sin embargo, desde hace más de cincuenta años, la Ecología científica y las Ciencias de la Tierra han ido sedimentando, con la ayuda de poderosas herramientas de computación y una minería de datos biogeofísicos, un notable corpus de conocimiento que ha documentado el proceso de destrucción de los sistemas naturales que soportan la vida de la Tierra y condicionan, en consecuencia, directa o indirectamente las relaciones entre las naciones. Los informes del IPCC lo han hecho respecto a la crisis climática.

En ese sentido, algunos académicos de las Relaciones Internacionales han expresado su insatisfacción con el hecho de que en sus modelos explicativos falten elementos como los límites ecológicos planetarios, el inicio de la Era de los Humanos (Antropoceno), la emergencia climática, o el creciente colapso de la biosfera, sin los cuales el estudio de las relaciones entre los países queda, en buena medida, desconectado del mundo biogeofísico real que sostiene las sociedades y sus economías.

La Escuela Realista

Según Leire Moure, las dos principales escuelas en Relaciones Internacionales han sido las denominadas: realista[1] y liberal. La Escuela Realista articulada por Edward Hallett Carr, Hans Joachim Morgenthau, Kenneth Waltz y otros ha tratado de describir el mundo de las relaciones internacionales «tal y como es», no «tal y como nos gustaría que fuese». Defiende que el mundo de las relaciones entre los Estados se caracteriza por la competición, el conflicto y la lucha por la hegemonía, ante la inevitable ausencia de una instancia global con poder para obligar al cumplimiento de las normas (entorno anárquico). En consecuencia, la relación entre los Estados es siempre estratégica y de suma cero. Los avances logrados por una de las partes lo son a costa de las otras. La invariabilidad de estas condiciones impide la emergencia de órdenes mundiales alternativos.

Reflexionando sobre el fracaso del idealismo wilsoniano que inspiró la Sociedad de las Naciones en el periodo entre las guerras mundiales, Carr focalizó la centralidad explicativa de su modelo a la búsqueda permanente del poder por parte de los Estados nacionales. No haberlo tenido debidamente en cuenta por parte del idealismo liberal fue, en su opinión, un grave error de juicio que permitió que se desencadenasen las circunstancias que abocaron a la Segunda Guerra Mundial. Desde la antigüedad, argumentó, la acumulación y gestión del poder es el rasgo principal que caracteriza la posición de los Estados.[2]

Esa formulación se actualizaría posteriormente con los trabajos de Morgenthau, quien explicaría las fuerzas subyacentes de ese comportamiento por las pulsiones propias de la naturaleza humana, como son su voluntad de sobrevivir, perdurar, propagarse y dominar, basándose en la concepción del hombre defendida por Thomas Hobbes en sus obras maestras *De Cive* y *Leviatán*. Dichas pulsiones básicas proporcionan leyes objetivas de comportamiento y son, por lo tanto, no contingentes. Los Estados, dirigidos por hombres a quienes guían esas fuerzas, perseverarán de manera invariable en su búsqueda de poder, hegemonía, control y prestigio. La naturaleza humana irreductible será, en consecuencia, la variable independiente del modelo realista clásico, la que desempeñará el rol explicativo principal.

La lucha por el poder en un entorno anárquico es el escenario que afrontan los estadistas, que piensan y actúan exclusivamente en términos de interés nacional, lo que se traduce invariablemente en un incremento del poder. No está en sus manos cambiarlo. Si lo intentan, guiados por motivos idealistas, otros Estados detectarán su debilidad y buscarán mejorar su posición. En la medida en que el entorno internacional se percibe siempre colmado de amenazas, la función del Estado es proteger y preservar la integridad física y territorial de la nación, así como los intereses políticos y económicos de la misma. El equilibro de poder entre las potencias surge como principio universal inevitable. La esperanza en una paz duradera descansa no en la extensión de valores democráticos o republicanos en la línea defendida por las corrientes liberales, sino en la existencia de un equilibrio de poder de carácter estable.

La Escuela Realista evolucionaría durante los años setenta hacia una formulación renovada mediante las aportaciones de Waltz, quien introdujo el concepto de equilibrio de base estructural (realismo estructural). En aquel periodo, el contexto no favorecía el predominio de la tradicional *realpolitik*, ya que la distensión dominaba el tablero internacional. La política económica ocupaba el centro del escenario, por lo que la actualización de dicha escuela reflejaba el signo de los tiempos. Aplicando la metodología de las ecuaciones diferenciales propia de la microeconomía a un entorno internacional caracterizado por un número limitado de potencias que, actuando de forma racional, compiten entre sí tratando de maximizar su propio interés, Waltz obtenía una suerte de equilibrio general del sistema. Dicho equilibrio prevalecerá en la medida en que no irrumpa un cambio estructural que obligue a su reformulación.

Robert Gilpin añadiría una nueva complejidad a las bases teóricas de la tradición realista con el concepto de realismo hegemónico. Según Gilpin, ha sido la hegemonía y no la anarquía el principio rector del sistema internacional en los dos últimos siglos. La estructura del sistema no es independiente del carácter benigno o no del *hegemón*. De hecho, diferentes potencias hegemónicas han desempeñado papeles muy diferentes a lo largo de la historia, por lo que no es posible extraer conclusiones generales válidas para todo tiempo y lugar. Se precisa una aproximación historicista a la realidad, ya que las características específicas de la potencia hegemónica serán una variable decisiva en el tipo de sistema internacional que prevalecerá en cada momento.

En definitiva, según la Escuela Realista los Estados nacionales son los actores centrales del sistema, en ningún caso las organizaciones internacionales, multilaterales o supranacionales. Los Estados utilizan las instituciones de manera instrumental en beneficio de sus propios intereses. La retirada de estas es siempre una opción. La salida del Reino Unido de una organización supranacional densamente tejida a lo largo de sesenta años como la Unión Europea sería un ejemplo. El abandono de Estados Unidos del Acuerdo de París bajo la presidencia de Donald Trump proporcionaría otro ejemplo de la relación instrumental entre los Estados y las instituciones internacionales. En ese sentido, la Escuela Realista defiende que dichas instituciones carecen de autonomía propia. Por ello, las de cooperación internacional surgen en áreas temáticas como el comercio, las comunicaciones, la pesca, el medio ambiente, etcétera (*low politics*), mientras que, salvo en muy contadas excepciones (OTAN), no lo hacen en las áreas ligadas a la seguridad, la defensa nacional o la política exterior (*high politics*).

La Escuela Liberal

La Escuela Liberal, por su parte, encuentra en las transformaciones ocurridas entre el siglo xvii (Paz de Westfalia) y el siglo xx el fermento y desarrollo de las ideas y valores que permitieron el surgimiento de Estados constitucionales y de derecho, el sistema económico de libre mercado y el surgimiento de la sociedad internacional.

El siglo que media entre 1689 y 1789 conoció tres revoluciones liberales que cambiarían de raíz la cultura política occidental: la Revolución Gloriosa de Inglaterra, que daría pie a una monarquía liberal parlamentaria; la guerra de la Independencia de Estados Unidos, que derrotaría al imperio británico e implantaría una república democrática; la Revolución francesa, que proclamaría la Declaración Universal de los Derechos del Hombre y del Ciudadano. En el ámbito económico, entre 1780 y 1850 se produjo asimismo una transformación sin precedentes, la Revolución industrial, inspirada en valores liberales y cuyas consecuencias económicas, sociales y tecnológicas acabarían por transformar el mundo hasta sus cimientos.

En cuanto a las raíces filosóficas de la mencionada Escuela Liberal, destacan pensadores como John Locke con su énfasis en el imperio de la ley, el Estado de Derecho y la protección de la propiedad privada; Immanuel Kant, con sus reflexiones cosmopolitas sobre la paz entre las naciones; Jeremy Bentham, padre del utilitarismo; y su heredero intelectual John Stuart Mill, economista y filósofo. Los principales postulados del liberalismo son los siguientes (Grasa, 2015):

- Una concepción positiva de la naturaleza humana, en particular en el terreno moral, y su posibilidad de mejora merced al uso de la razón.
- Una creencia arraigada no sólo en el progreso científico-tecnológico, sino en el político-social, herencia de las convicciones surgidas de la tradición ilustrada.
- Una sólida convicción en la capacidad de progreso de los Estados y de las sociedades, a condición de que sus instituciones sean las adecuadas y no queden capturadas por intereses extractivos de sectores poderosos.
- Una idea firme acerca de que las preferencias de los Estados cuentan, y que vienen determinadas por el predominio de ciertos grupos sociales en lugar de otros. La sociedad internacional puede progresar como consecuencia de la influencia de los cambios en las mismas, para lo que la opinión pública tendrá un papel primordial.
- Por último, una arraigada convicción de que las relaciones entre las naciones son más cooperativas que conflictivas. Existen bases reales para que la sociedad internacional pueda progresar hacia mayores niveles de paz, justicia y democracia.

En definitiva, los elementos diferenciales de la Escuela Liberal giran en torno a conceptos como las instituciones democráticas nacionales, el respeto de los derechos humanos, la prevalencia de la esfera privada (libertades de los modernos), la limitación al poder de los Estados para inmiscuirse en ese ámbito y la importancia de las instituciones y regímenes internacionales. La filosofía política liberal ha defendido que las naciones liberales y democráticas no se enfrentan con guerras entre sí.[3] Ha argumentado, asimismo, que el cometido principal de las naciones liberales, en cuanto a su política exterior se refiere, es impulsar que los países cuenten con instituciones democráticas capaces de otorgar a sus pueblos la posibilidad de vivir en libertad y organizar de manera legítima su representación política. Sostiene que la mejor manera de evitar conflictos entre países es mediante el incremento del comercio internacional, de manera que se vaya tejiendo una red de intereses compartidos, y asimismo mediante la circulación de capitales y personas con el fin de fortalecer su mutua interdependencia. En ese sentido, la mencionada Escuela ha tratado siempre de evitar que la preservación de la paz dependa de un equilibrio inestable de poder. Antes bien, ha promovido instituciones multilaterales orientadas a velar por la paz, la seguridad y el desarrollo, con sus reglas, estructuras y procedimientos. Las instituciones deben lograr que los inevitables desencuentros entre las naciones sean debidamente reconducidos en las mesas de negociaciones mientras aún se encuentran en una fase embrionaria.[4]

La Escuela Liberal prevaleció en los periodos posteriores a las dos guerras mundiales, cuando la tarea principal era la reconstrucción física y moral de los países y del orden internacional. Aportaba un modelo basado en la cooperación, la colaboración y el respeto a las normas. Incluso al finalizar la Guerra Fría vivió un renovado auge, cuando se habló de la creación de un Nuevo Orden Mundial. Y es que en los años noventa, el realismo se vio en retirada. No pudo predecir ni la autoimplosión del comunismo soviético, ni las oleadas democratizadoras que recorrieron el mundo, ni el crecimiento del comercio internacional, ni el papel que habían adquirido las organizaciones y regímenes internacionales. Ese periodo liberal quedó, sin embargo, cortado de raíz con el ataque terrorista a las Torres Gemelas de Nueva York en 2001 y la consiguiente «guerra contra el terror» como eje definidor de la política exterior de Estados Unidos en los años siguientes.

La construcción de la Unión Europea sería, hasta el momento, el ejemplo políticamente más relevante de un experimento institucional construido sobre bases liberales, complementadas con las importantes aportaciones de justicia social, equidad y solidaridad procedentes de la socialdemocracia europea.[5] La tupida red de relaciones tejida a lo largo de más de seis décadas ha creado una entidad de nuevo cuño que, sin llegar a ser los Estados Unidos de Europa, ha conocido la mayor transferencia de soberanía de los Estados nacionales hacia una entidad supranacional. El hecho de que una guerra entre las naciones de la Unión Europea sea hoy en día inconcebible en un continente con una historia de mil años de conflictos es un poderoso argumento a favor de las tesis kantianas y rawlsianas de que entre las naciones democráticas y liberales maduras la guerra no es nunca una opción.

Liberalismo institucional

La corriente conocida como liberalismo institucionalista que se desarrollaría a partir de los años setenta del siglo XX trató de capturar la dinámica de desarrollo económico internacional que estaba conociendo el mundo. Además del comercio y las finanzas, comenzaban a operar en una nueva escala las empresas multinacionales. Lo hacían desde una lógica geográfica global que aprovechaba las economías de oportunidad que ofrecían los diferentes países, dinámica que acabaría conociéndose como globalización. Se trataba de un proceso alentado por el pensamiento liberal al considerar que las ganancias económicas globales del sistema eran crecientes y que, en consecuencia, se generaba una mayor utilidad general, a pesar de que algunos países o sectores sociales podían resultar relativamente menos favorecidos. La presidencia iliberal de Donald Trump en Estados Unidos entre 2016 y 2020 supuso, sin embargo, una enmienda a la totalidad de ese planteamiento. Lo que importaba no eran ya las ganancias generales del sistema económico, sino las particulares de Estados Unidos, *America First*.

El liberalismo institucional insiste en la existencia y fortalecimiento de instituciones internacionales para abordar temas de ca-

rácter global. Y es que buena parte de los problemas más graves
que han emergido en las últimas décadas –climáticos, ambientales,
terrorismo, narcotráfico, migraciones, trata de personas, etcétera–
escapan a la actuación aislada de los Estados, incluidos los más
poderosos. Las dinámicas colaborativas que desarrollan las instituciones internacionales son imprescindibles para avanzar en la resolución o al menos mitigación de dichos problemas.

Las instituciones tienen la función de reducir la incertidumbre
inherente a un sistema internacional siempre en estado de flujo,
cuando no anárquico, algo especialmente importante para las expectativas de desarrollo económico y comercial. Y es que en torno
a las instituciones convergen las expectativas de los actores. Por
medio de sus normas, escritas y no escritas, se produce una cierta
estabilización de las tensiones al generarse un terreno de juego en
el que los Estados pueden interactuar en una relación de suma
positiva.

Convergencia

En las últimas décadas, se ha producido una cierta convergencia
intelectual entre las corrientes más centristas de ambas escuelas hegemónicas. El denominado neoliberalismo de las Relaciones Internacionales, liderado por Robert Kehoane y por Joseph Nye, refor-
muló los elementos centrales de su escuela aceptando elementos
hasta entonces considerados propios del pensamiento realista. Se
aceptó que en aquellos contextos internacionales en los que el asunto dominante es la seguridad, la Escuela Realista explica mejor la
dinámica de los acontecimientos y, en consecuencia, prevé los posibles desarrollos. Se aceptó, asimismo, la preeminencia de los intereses de los Estados, así como su papel central en las relaciones
internacionales. La puesta al día incluyó también el uso de la teoría
de juegos y la formulación tradicional de la microeconomía, tal
y como lo hacía la Escuela Realista.

En otras palabras, el neoliberalismo incorporaba la convicción
de que las instituciones internacionales tienen sus raíces en las realidades del poder y de los intereses nacionales. Integró el concepto

del Estado como agente egoísta racional que opera en un mundo en el que los acuerdos no se pueden hacer cumplir jerárquicamente. Por lo tanto, concluían, la cooperación interestatal se producirá sólo cuando los Estados nacionales tengan suficientes intereses en común. En palabras de los académicos Barbé y Soriano (2015):

> La utilización de la teoría de juegos, de la teoría de la elección racional y la demostración de que la cooperación institucional podía ser explicada desde la lógica del poder y de los intereses de actores independientes (los Estados), hizo posible la unión intelectual racionalista entre neorrealismo y neoliberalismo. La teoría de juegos permite integrar conflicto y cooperación en un mismo marco analítico, en lugar de mantener la disciplina dividida entre aquellos que estudiaban el conflicto, especialmente las crisis y las guerras, y aquellos que estudiaban la cooperación y las instituciones.

Como consecuencia de la reformulación y convergencia entre el neoliberalismo y el neorrealismo, la teoría dominante en las Relaciones Internacionales pasaría a ser una combinación de ambas aproximaciones en lo que se conocería como enfoque racionalista.

Cuestionamiento

No obstante, ya en el siglo xxi, la propia disciplina de Relaciones Internacionales ha sido cuestionada por cualificados practicantes. Según Gideon Rose –editor durante muchos años de la prestigiosa y centenaria revista estadounidense Foreign Affairs–, la razón última ma seguramente tiene que ver con la dificultad para explicar acciones de los Estados siempre contingentes e históricamente condicionadas, en las que causas más objetivas o estructurales se combinan inextricablemente con elementos como la calidad del liderazgo, la situación interior específica de cada país en un momento determinado, etcétera, en una madeja multidimensional en la que apenas resulta viable discernir relaciones de causa y efecto y variables independientes. Diferentes narrativas de los mismos hechos son disputadas por otras escuelas, sin poder destilar unos modelos explicativos que sirvan de fiables mapas de orientación para contextos y situaciones diferentes.

En su artículo «Foreign Policy for Pragmatists», Gideon Rose incluye un apartado al que significativamente titula «Auge y caída de la teoría de las Relaciones Internacionales», y señala cómo, tras trescientos años de debate, los pesimistas (herederos de Hobbes) darían pie a la Escuela Realista y los optimistas (herederos de Locke) a la Escuela Liberal. Tras la Segunda Guerra Mundial, académicos de ambas corrientes prometieron zanjar el debate recurriendo a metodologías y análisis más rigurosos, sofisticados y cuantitativos que en el pasado. Sin embargo, sentencia Rose (*Foreign Affairs*, marzo-abril de 2021):

El conocimiento prometido no llegó a materializarse y fue difícil valorar si, en realidad, se había producido en la disciplina un avance intelectual sólido sobre bases firmes. Como consecuencia de ese fracaso, en el siglo XXI se han puesto en cuestión las propias premisas básicas (*status claims*) tanto del realismo como del liberalismo y en general de la teorización racionalista (de las relaciones internacionales), desde dentro de la propia disciplina.

EL PAPEL DECISIVO DE LOS ESTADOS EN LA RESPUESTA CLIMÁTICA

La principal característica de los grandes problemas ecológicos que han emergido a partir de la segunda mitad del siglo XX es que afectan a la Tierra en su conjunto. Sin embargo, la organización del poder político es territorial, se vehiculiza por medio de los Estados nacionales, con la relativa excepción de la Unión Europea cuyo componente transnacional es muy importante. Por ello, se precisa la creación de marcos de entendimiento y negociación de carácter internacional, por medio de convenciones y acuerdos aprobados al amparo del sistema multilateral de las Naciones Unidas.

En esa interacción compleja entre el alcance global de los problemas, el carácter territorial del poder político y la existencia de instituciones y procesos internacionales de negociación y consenso, el elemento decisivo a la hora de impulsar la respuesta a la crisis climática es la posición de los Estados nacionales. Ninguna otra instancia dispone del poder y la legitimidad ante sus sociedades para acometer las medidas transformadoras que se precisan. La comunidad epistémica de la ciencia ha sido fundamental para comprender el problema y orientar la solución. La economía de mercado, la tecnología y la innovación son, sin duda, imprescindibles. Ahora bien, el que la respuesta a la crisis climática consiga la fuerza, la amplitud y la velocidad necesarias dependerá de las decisiones de los Estados nacionales, tanto en su ámbito interno como en su política exterior.

La Historia enseña que una transformación como la que precisa la emergencia climática necesita la implicación de las potencias (al menos de una parte significativa de ellas) para que los cambios puedan acometerse a tiempo y cristalizar de forma profunda y duradera. Europa, China y Estados Unidos son, hoy en día, los actores clave en el concierto internacional, con Rusia e India desempeñando asimismo papeles relevantes. De las cinco, solamente la Unión Europea (con la colaboración del Reino Unido), está en condiciones de desplegar un liderazgo climático estable, sin fisuras y con visión a largo plazo. En la última década, Estados Unidos ha sido un líder climático formidable cuando el Partido Demócrata ha ocupado la Casa Blanca, pero la experiencia de dos abandonos del régimen climático es una realidad que se ha de mirar de frente. China, por su parte, está comprometida con la agenda climática y es un actor decisivo en el sistema multilateral. Ahora bien, su dependencia energética del carbón es un pesado lastre que le impide avanzar al ritmo que demanda la ciencia del clima.

La transición hacia una política de la Tierra no puede llevarse a cabo *sin* los Estados, mucho menos *contra* ellos. Plantearlo en esos términos sería un gravísimo error que conduciría a un callejón sin salida. Además, es preciso recordar que los Estados democráticos son una conquista histórica, ya que es a través de ellos que la sociedad garantiza su autorrepresentación política y que sus normas constitucionales protegen los derechos fundamentales.

Es ilusorio pensar que los Estados vayan a ceder en su orientación preferente hacia sus intereses nacionales. Es ante su sociedad ante quien han de responder políticamente en primera instancia, ya que de ello depende su legitimidad y pervivencia. No se trata, por lo tanto, de que desaparezca esa orientación sino de ir desplazando ese centro de gravedad hacia posiciones colaborativas, cooperativas, para afrontar juntos una amenaza climática de carácter existencial.

La idea de una política de la Tierra busca reflejar esa preeminencia dirigida a la preservación de bienes comunes de la humanidad, como es el clima. Cuando incendios devastadores se extienden desde Siberia hasta California, pasando por Grecia, Turquía, Portugal, Italia, Argelia y España, provocando muerte y desolación, cuando inundaciones catastróficas se suceden desde Alemania y Bélgica hasta China e India provocando centenares de víctimas y daños cuantiosos, cuando sequías devastadoras provocan pobreza y destrucción en el África subsahariana, cuando las temperaturas extremas rozan los límites de la tolerancia humana desde el Oriente Medio y el este del Mediterráneo, hasta el oeste de Canadá y el subcontinente indio... es el momento de despertar.

No hay ninguna garantía de que los dirigentes de los Estados decisivos entiendan el alcance de lo que está en juego y actúen en consecuencia. Existen precedentes históricos en los que los líderes políticos del momento no acertaron a comprender a tiempo las amenazas que se cernían en el horizonte y condujeron a sus sociedades a la catástrofe. La Primera Guerra Mundial es el primer ejemplo que me viene a la memoria. Se ha dicho que los dirigentes de las naciones europeas actuaron en 1914 como «sonámbulos» y que cuando despertaron la entera civilización europea había colapsado en un océano de autodestrucción.

5

Tiempo de sonámbulos

El nuevo informe sobre el clima (IPCC, 2021)
es un código rojo para la humanidad.

ANTÓNIO GUTERRES,
secretario general de las Naciones Unidas

PRIMEROS PASOS DE LA CIENCIA
DEL CLIMA, 1960-1990[1]

En 1957, Roger Revelle, profesor de la Universidad de Harvard, aprovechando la declaración del Año Internacional de la Geofísica, consiguió financiación para ejecutar un programa de observación de la concentración de CO_2 en la atmósfera. La estación científica fue instalada en la cumbre de Mauna Loa, la más alta de las dos montañas volcánicas de la Isla Grande de Hawái, que, por encontrarse en medio del océano y alejada de focos industriales y urbanos, ofrecía las mejores condiciones de ausencia de contaminación local. El joven científico contratado para llevarlo a cabo fue Charles David Keeling. Un año más tarde, comenzaba a lanzar globos aerostáticos para medir la presencia de CO_2 en las muestras de aire.

Desde 1958 hasta la actualidad, las mediciones de Mauna Loa han proporcionado la serie temporal más larga de la concentración de CO_2 en la atmósfera y se han convertido en un ejemplo del rigor y la perseverancia con que trabaja la ciencia.[2] Poco tiempo después del inicio del programa de investigación, la tendencia estaba clara: el nivel de concentración de CO_2 en la atmósfera aumenta cada año. En 1774, cuando el escocés James Watt mejoró de forma notable el motor de vapor de agua ideado por el inglés Thomas Newcomen dando un fuerte impulso a la Revolución industrial, la concentración de CO_2 en la atmósfera era de 280 partes por millón. Al iniciarse las mediciones en Mauna Loa la concentración era de 320 ppm. En 2021 ha alcanzado las 415 ppm.

A la vista de los datos obtenidos, ya en los años sesenta, la comunidad científica de Estados Unidos comenzó a tratar los riesgos de la alteración antropogénica del clima. En 1965, la Cámara para la Contaminación Ambiental del Comité Asesor Científico del Presidente de Estados Unidos alertó al presidente Lyndon B. Johnson sobre el tema, y este lo mencionó en uno de sus discursos: «Esta generación ha alterado la composición de la atmósfera a escala global mediante materiales radioactivos y el aumento constante de dióxido de carbono procedente de la quema de combustibles fósiles». Por su parte, en 1975 el biólogo de la Universidad de Stanford, Stephen H. Schneider, fundó la revista científica interdisciplinar *Climatic Change* de la que fue editor hasta su fallecimiento.[3]

En 1988, el entonces director del Centro Goddard de Estudios Espaciales de la NASA, James Hansen, fue llamado a declarar ante un Comité del Senado de los Estados Unidos donde afirmó: «Con un grado de confianza del 99 por ciento se puede afirmar que la atmósfera de la Tierra se está viendo afectada por la emisión de gases de efecto invernadero de origen humano y el planeta ha entrado en un periodo de calentamiento a largo plazo» (Hansen, 2009). Con su testimonio, el cambio climático salió de los restringidos círculos científicos y llegó a la opinión pública norteamericana e internacional.

Ese mismo año, 1988, la Organización Meteorológica Mundial y el Programa Medioambiental de las Naciones Unidas aprobaron la creación del Panel Intergubernamental de Expertos sobre el Cambio Climático (IPCC), que en 1990 emitió su primer informe de síntesis. Poco tiempo después, 1992, tuvo lugar la Cumbre de la Tierra en Río de Janeiro, donde se aprobó la Convención Marco de las Naciones Unidas para el Cambio Climático (CMNUCC), que sería refrendada en 1994 por más de ciento cincuenta naciones, incluyendo Estados Unidos. El objetivo último de la Convención es lograr la estabilización de las concentraciones de gases de efecto invernadero en la atmósfera a un nivel que impida interferencias antropogénicas peligrosas en el sistema climático.

LA GENERACIÓN PERDIDA, 1994-2015

Con respecto a las décadas anteriores en las que se produjeron importantes avances, las transcurridas entre 1994 y 2015 representaron, desde el punto de vista del cambio climático, una generación perdida. En ese periodo la política climática internacional naufragó en un mar de desencuentros, y las emisiones globales se dispararon muy por encima de lo que preveían los modelos climáticos en los años noventa.

El bloqueo en la diplomacia internacional era debido a las posturas encontradas de las dos mayores economías nacionales y principales emisores, Estados Unidos y China. Estados Unidos justificaba su inacción aduciendo que, sin la implicación de China, no había solución posible al cambio climático y que los esfuerzos de la industria y la economía norteamericana no iban a tener resultado. Así, si el país asiático no daba un paso al frente, Estados Unidos no estaba dispuesto a asumir un compromiso de mitigación importante. Por su parte, la estrategia de China se basaba en el concepto «ganar tiempo», evitar que las consideraciones climáticas se interpusieran en su despegue económico-industrial asentado en el uso masivo de carbón.

Ese bloqueo en las negociaciones favoreció que las emisiones creciesen de un modo imparable. Entre 1990 y 2015 aumentaron un 44 por ciento. En esos años tuvieron lugar hitos importantes como la mencionada Cumbre de la Tierra, 1992, y la Convención para el Cambio Climático; se aprobó el Protocolo de Kioto en 1997; se celebraron veinte Conferencias de las Partes (COP); se presentaron cinco informes de síntesis por parte del IPCC; se publicaron estudios de las principales Academias Nacionales de Ciencias, así como manifiestos de premios Nobel, etcétera. Sin embargo, pese a esa incesante actividad científica y diplomática, las emisiones seguían aumentando. De hecho, el carbón –el más contaminante de los combustibles fósiles y el mayor generador de emisiones– se convirtió a lo largo de la primera década del siglo XXI en el principal componente del mix energético global; incluso en algunos círculos económico-energéticos se hablaba sin pudor del «rey carbón». La principal responsabilidad política de ese «tiempo perdido» debe atribuirse al Gobierno y al Congreso de Estados Unidos. La falta de «acción» climática de ese país entre 1994 y 2013 (inicio del segundo mandato de Barack Obama) generó las condiciones subyacentes que favorecieron el desinterés hacia el problema por parte de China, quien encontraría en la posición de Estados Unidos la excusa perfecta para no preocuparse por el aumento de sus emisiones. Para ser aún más concretos, de hecho esa falta de responsabilidad política frente a la crisis climática le corresponde al Partido Republicano. En palabras del premio Nobel de Economía, el norteamericano Paul Krugman:[4]

> ¿Por qué no ha tomado el mundo medidas contra el cambio climático, y por qué sigue sin actuar a pesar de que el peligro se hace cada vez más evidente? Naturalmente, hay muchas causas; la acción no iba a ser fácil. Pero hay un factor que destaca: la oposición fanática de los republicanos estadounidenses, que son el principal partido negacionista del cambio climático en el mundo. Debido a esta oposición, Estados Unidos no sólo no ha proporcionado el liderazgo que habría sido necesario para la acción mundial, sino que se ha convertido en una fuerza contraria a la misma.

Eso no significa que deban minusvalorarse las contradicciones en las que también incurrió el Partido Demócrata entre 1990 y 2013. Los representantes demócratas en el Congreso y en el Senado de estados con intereses vinculados a los combustibles fósiles, incluyendo la posición de importantes sindicatos industriales y de transporte, se resistieron durante tiempo a apoyar la agenda climática. Es ya historia que en el 2001 el Senado de Estados Unidos votó contra la ratificación del Protocolo de Kioto con un resultado 95-0. Ni un solo voto, republicano o demócrata, apoyó la ratificación del acuerdo climático internacional.

EL ACUERDO DE PARÍS

La cumbre del clima de París (2015) fue precedida de una movilización por parte de amplios sectores de la sociedad civil internacional. Líderes de las principales tradiciones religiosas y espirituales, responsables de ciudades y regiones, dirigentes empresariales, sindicatos internacionales, organizaciones no gubernamentales, medios de comunicación, artistas, literatos, cineastas, actores y un largo etcétera se movilizaron para lograr que la cumbre fuese un éxito. Tres años antes de la cumbre del clima de París, la política climática internacional se encontraba varada. Tras el fracaso diplomático de Copenhague, en 2009, las negociaciones se hallaban en un limbo y las emisiones aumentaban de forma acelerada. El cambio real se inició en enero de 2013, al iniciarse el segundo mandato de Barack Obama. A partir de ese momento, europeos y norteamericanos intentaron acercar a China a una posición de responsabilidad e inclinar, así, la balanza hacia un escenario favorable. En ese sentido, el Acuerdo de París fue, en gran medida, el resultado de la convergencia de posiciones de las tres mayores economías y principales emisores: Estados Unidos, China y la Unión Europea. Las tres potencias decidieron sentar las bases de un acuerdo internacional que se apoyaba en las instituciones multilaterales de las Naciones Unidas, en cuyo seno se han desarrollado las negociaciones climáticas desde 1992.

El Acuerdo de París es legalmente un tratado internacional sometido a la Convención de Viena.[5] En ese sentido, el documento preveía su entrada en vigor y estaba sujeto a un proceso de ratificación habitual en los tratados (Bodle, Donat y Duwe, 2016).[6] Ahora bien, no forman parte de su contenido vinculante los planes nacionales en los que los gobiernos establecen su reducción de emisiones, ni los compromisos de ayuda financiera internacional asumidos por los países desarrollados.[7]

La cumbre del clima de París concluyó de forma positiva un proceso de negociaciones diplomáticas de casi una década de duración, destinado a proporcionar a la comunidad internacional un nuevo marco de referencia que sustituyese al establecido por el Protocolo de Kioto. El proceso se inició en Bali, en 2007, de donde salió la denominada «hoja de ruta de Bali». En 2009, la diplomacia climática fracasó en Copenhague, y fue rescatada con un nuevo enfoque en la cumbre de Durban (Sudáfrica) en 2011, tras los acuerdos logrados en la cumbre de Cancún en 2010. La denominada plataforma de Durban, promovida sobre todo por la Unión Europea, defendía la adopción de un acuerdo vinculante que implicase a todas las partes, no sólo a los países desarrollados como había ocurrido hasta entonces. Un elemento que favoreció el éxito de la cumbre de París fue la denominada «coalición de la gran ambición», formada por 79 países en vías de desarrollo –incluyendo al grupo de los menos desarrollados (LDC, por sus siglas en inglés) y al de los pequeños Estados insulares (SIDS, por sus siglas en inglés)– junto a la Unión Europea. A lo largo de la cumbre, la coalición atrajo a Estados Unidos y a Brasil, inclinando la balanza diplomática a su favor.

A la hora de valorar el impacto de la cumbre de París se ha de tener en cuenta el proceso político y diplomático preparatorio. Más de ciento ochenta gobiernos nacionales, incluyendo los de todos los países grandes emisores, presentaron a las Naciones Unidas sus correspondientes planes nacionales de mitigación. La evaluación de estos señalaba que, si se llevaban a cabo de forma satisfactoria, la trayectoria de las emisiones conocería una importante modificación respecto a la que había prevalecido entre 1990 y 2015. La nueva trayectoria conducirá a un incremento de la temperatura media de la atmósfera a finales de este siglo de 3 grados, en lugar de 4,5-5 grados. Es decir, representaba un paso importante respecto al periodo anterior si bien estaba todavía muy lejos de alcanzar el objetivo establecido por el propio Acuerdo de París. En ese sentido, el éxito de dicho acuerdo habrá de ser finalmente evaluado en función de los resultados de mitigación de emisiones a que dé lugar en los próximos años. Esa será la prueba definitiva de su idoneidad como instrumento normativo y político para reconducir la crisis del clima.

El mensaje de mayor calado estratégico surgido de la cumbre fue que la era de los combustibles fósiles había iniciado su fin. Es probable que el día de mañana los historiadores se refieran al Acuerdo de París como el momento en el que la comunidad internacional comenzó a articular la visión de un mundo alejado de las energías fósiles. Por supuesto, no se trataba de una formulación explícita, sino que se deducía de forma implícita de la afirmación de que las emisiones deben reducirse «hasta alcanzar en la segunda mitad de este siglo un equilibrio entre las emisiones antropogénicas por fuentes y la retirada de los gases de efecto invernadero por medio de los sumideros». No hay otra manera de lograr ese equilibrio si no es mediante la descarbonización sistemática de la economía mundial.

El objetivo del Acuerdo de París es lograr que el aumento de la temperatura media de la superficie de la Tierra se mantenga por debajo de los 2 grados y que, preferiblemente, no sobrepase los 1,5 grados. El objetivo de limitar el incremento de la temperatura a 1,5 grados se debió a la presión realizada por las naciones más vulnerables, en especial los pequeños Estados-isla del Pacífico y el Caribe, para los que la subida del nivel del mar supone una amenaza letal. El hecho de que figure en la parte vinculante del Acuerdo implica un mandato político de gran relevancia y ha dado pie a un importante informe especial del IPCC en 2018.

Uno de los aspectos más positivos del Acuerdo es que articula un proceso dinámico de mejora de los compromisos nacionales de manera que, considerados de forma conjunta, impliquen una mayor ambición en la mitigación de las emisiones globales. Para ello, se celebrarán cumbres al más alto nivel político cada cinco años. En 2023 se realizará la primera recapitulación general de los logros obtenidos y se contrastará con la trayectoria demandada por la ciencia del clima (cada país puede mejorar sus objetivos climáticos en cualquier momento).

Por su parte, la adaptación recibe una gran relevancia. Se trata de un reto global que afecta a todos los países. Mediante el Acuerdo de París se pretende fortalecer la capacidad adaptativa de las sociedades y países y reducir su vulnerabilidad. En ese sentido, es importante tener presente que un incremento de la temperatura media de 1,5-2 grados incluye tanto la superficie de los océanos como la de los continentes. En numerosas zonas del planeta los incrementos medios de la temperatura serán notablemente superiores. En algunas regiones, el incremento medio se situará por encima de los 3 grados, incluso más en verano. La adaptación será especialmente decisiva en el Sahel y África Occidental, en Oriente Medio y Norte de África, el subcontinente indio, China, Asia Central, Centroamérica y el Caribe, el Sudeste Asiático, África subsahariana y Sur de Europa. El Acuerdo recoge las demandas de ayuda económica de los países en vías de desarrollo, en especial los más pobres y vulnerables. Ellos serán los principales destinatarios de la contribución de 100.000 millones de dólares anuales a partir de 2020, que se incrementará a partir del año 2025, y que serán movilizados por los países ricos con recursos públicos y privados.[8] En ese sentido, el Acuerdo persigue la consistencia entre los flujos financieros internacionales, una trayectoria nacional de bajas emisiones en los países que reciban las ayudas y el fortalecimiento de la resiliencia de sus economías y sociedades. Ahora bien, el tratado no recoge instrumentos económicos como la eliminación progresiva de las ayudas a las energías fósiles o la asignación de un precio de las emisiones de carbono. Sin duda le hubiesen proporcionado dientes más afilados pero su incorporación no hubiese permitido su aprobación.

Respecto a los subsidios a los combustibles fósiles es preciso señalar que, desde el año 2009, los países del G-20 han reafirmado de manera regular su voluntad de proceder a la eliminación de aquellos subsidios considerados ineficientes y que provocan, en consecuencia, un consumo desmesurado de combustibles fósiles. Sin embargo, la labor de monitorización por parte de la Organización para la Cooperación y el Desarrollo Económico (OECD, por sus siglas en inglés) y de la Agencia Internacional de la Energía (IEA) muestra que esa eliminación ha sido, con algunas excepciones como la eliminación de los subsidios al carbón en la Unión Europea, más retórica que real.

Así, según los datos del Inventario 2020 de la OCDE, relativos a 50 países (incluyendo los 36 miembros de la OCDE más otros del G-20), las ayudas a los combustibles fósiles en 2019 aumentaron un 5 por ciento respecto al año anterior, alcanzando los 178.000 millones de dólares en apoyos directos e indirectos. La OCDE incluye sólo como ayudas las partidas presupuestarias directas y las exenciones fiscales. Si se aplica la metodología utilizada por la Agencia Internacional de la Energía, que incluye también los precios al consumo por debajo de los de referencia en las transacciones internacionales, la estimación obtenida conjuntamente por ambas instituciones alcanzaba ese año unas ayudas de 468.000 millones de dólares. Si se analiza la evolución de las ayudas a los combustibles fósiles por parte de las economías desarrolladas (OCDE) a lo largo de los diez años transcurridos entre 2010 y 2019 puede constatarse que no han descendido. Ha sido una década desaprovechada. El transporte y la producción de combustibles fósiles recibieron en 2019 la mayor parte de los subsidios, con un 30 por cien del total cada uno (OECD y IEA (2019); OECD (2021)).[9]

El Acuerdo de París otorga, asimismo, gran relevancia a la transparencia, el monitoreo, el reporte y la verificación de las emisiones. La credibilidad del proceso descansa en la confianza entre las partes. Todos los países deben presentar inventarios de emisiones cada dos años, excepto los menos desarrollados y los pequeños Estados insulares. Al mismo tiempo, todos ellos han de perseguir la implementación de sus planes nacionales y explicitar la ayuda financiera entregada y recibida; los inventarios serán supervisados por expertos internacionales. El sistema será en todo caso no punitivo, respetará la soberanía nacional y evitará presiones indebidas. Otro avance importante del Acuerdo fue acabar con la separación que quedó establecida en la Convención para el Cambio Climático y en el Protocolo de Kioto entre países desarrollados y el resto (en especial los emergentes). La separación estricta de obligaciones de mitigación entre los países del Anexo 1 del Protocolo de Kioto y los demás actuó, de hecho, más allá de las buenas intenciones, como una grave limitación.

En ese sentido, se puede afirmar que el Protocolo de Kioto, firmado en 1997 y ratificado en 2005, no fue útil para reconducir la crisis del clima. La separación entre las economías desarrolladas y los países emergentes no reflejaba ni la geografía de las emisiones, ni las tendencias dominantes. China, país a quien el Protocolo no exigió ninguna contención, duplicó sus emisiones en pocos años, pasando a convertirse en el mayor emisor mundial en cifras absolutas en 2007. En el año 2010, el país asiático ya emitía una cantidad equivalente a la suma de Estados Unidos y la Unión Europea. En otras palabras, el mayor incremento de emisiones de gases de efecto invernadero en cifras absolutas desde la Revolución industrial tuvo lugar en la primera década del siglo xxi, precisamente cuando entraba en vigor el Protocolo de Kioto y fue en gran medida protagonizado por China, país que había quedado fuera de los compromisos de mitigación. Una de las limitaciones del Acuerdo de París es la no obligatoriedad del cumplimiento de los planes nacionales por parte de los gobiernos respectivos. En ese sentido, no se contemplan mecanismos ni instrumentos con los que la comunidad internacional pueda exigir a un gobierno el cumplimiento de los objetivos formulados en su plan nacional. El lenguaje del documento evita compromisos estrictos señalando que los países *harán lo posible* por lograr los objetivos. El mensaje subyacente es que la presión de la opinión pública nacional e internacional, así como la ejercida por el resto de los países, favorecerán una actitud cumplidora. Otra carencia es la ausencia de medidas concretas de mitigación de emisiones en plazos precisos.

La metodología que hizo posible el Acuerdo de París fue el resultado de una aproximación híbrida. Combinaba la dinámica de abajo hacia arriba, los elementos sustantivos quedan en manos de los respectivos gobiernos nacionales, con los elementos formalmente vinculantes del tratado que imponen obligaciones procedimentales de arriba hacia abajo. En ese sentido, el modelo supuso un cambio importante respecto al Protocolo de Kioto. La fórmula que se impuso reflejaba de manera realista el hecho de que ni China, Estados Unidos o India (por mencionar algunos actores clave) estaban dispuestos a aceptar una tutela internacional sobre su mitigación de emisiones.

El Acuerdo de París se erigió sobre el principio de que cada Estado nación es soberano para decidir el alcance de sus compromisos climáticos y la manera de realizarlos. Mediante ese ejercicio de *realpolitik* se pretendió desactivar las recurrentes «justificaciones» para la inacción climática basadas en un supuesto interés nacional. En consecuencia, las contribuciones nacionales de mitigación de emisiones quedan fuera del tratado.

En definitiva, el Acuerdo de París supuso un importante paso adelante en el régimen climático internacional, si bien todavía se han de comprobar con hechos los resultados de mitigación en los próximos años.

LA CUMBRE DE GLASGOW

A raíz de la cumbre de Glasgow, en 2021, una sombría nube ha ocupado un amplio espacio mediático a la hora de valorar la respuesta de la comunidad internacional. Reflejando las contradicciones, inconsistencias y retrasos que sin duda han existido y existen en dicha cumbre, se la ha calificado, desde algunos ámbitos, de ser poco más que bla, bla, bla. Palabrerías. Si ese diagnóstico desesperanzador es aceptado acríticamente existe el riesgo de que amplios segmentos de la sociedad, en especial los jóvenes, se instalen en la desmotivación y el nihilismo al percibir que sus demandas climáticas caen en saco roto anegadas por intereses espurios. Sin embargo, ese diagnóstico es erróneo, carece de rigor. El proceso de París está funcionando.

Si bien los resultados logrados en Glasgow en cuanto a compromisos de mitigación de emisiones para el año 2030 han sido insatisfactorios, la respuesta a la crisis climática por parte de la comunidad internacional se va abriendo camino, con pasos sin duda lentos pero importantes. Así, tras finalizar la mencionada cumbre, ciento cuarenta naciones, incluyendo todas las grandes economías, se habían comprometido (algunas mediante ley, otras mediante decisiones políticas) con la neutralidad en carbono hacia mediados de siglo o poco después. El horizonte de un sistema energético sin combustibles fósiles, que quedó implícitamente perfilado en el Acuerdo de París (2015), ha comenzado a orientar la planificación energética de Estados Unidos, China, Reino Unido, Japón, Corea del Sur, Nueva Zelanda, etcétera, además de la Unión Europea. Incluso países que constituyen la columna vertebral del sistema fósil –Arabia Saudí, Rusia, Canadá, Australia (además de Estados Unidos)– han asumido el objetivo de neutralidad en carbono para 2050 o 2060. A ello hay que añadir que otros grandes emisores como Brasil (2050), Sudáfrica (2050), Indonesia (2060) e India (2070) se han sumado al citado objetivo de neutralidad, del que participan ciento cuarenta países que representan el 90 por ciento de las emisiones mundiales.

En otras palabras, la Unión Europea, con su decisión legalmente vinculante de avanzar hacia un continente climáticamente neutro en 2050, complementada con el European Green Deal como nueva estrategia de desarrollo económico, abrió un camino en el que, en poco tiempo, se han ido adentrando el resto de los países. La modelización llevada a cabo tanto por la Agencia Internacional de la Energía como por Climate Action Tracker, de los recientes planes nacionales presentados a las Naciones Unidas y de los objetivos de neutralidad, han concluido que, si esas decisiones se ejecutan debidamente, el incremento de la temperatura media de la atmósfera a finales del siglo XXI sería de 1,8 grados. Se trata de un aumento aún alejado del objetivo de los 1,5 grados pero, por primera vez, comienza a visibilizarse la posibilidad de permanecer en la franja de 1,5-2 grados. Ahora bien, es preciso reforzar todas las cautelas y mantener un sano escepticismo hasta que los anuncios de neutralidad se concreten en planes nacionales formalmente presentados a las Naciones Unidas y/o en normas legalmente vinculantes en los propios países, para lo cual es imprescindible mantener e incrementar la presión de la opinión pública internacional.

En los meses previos al Acuerdo de París, en 2015, la comunidad de la ciencia presentaba cuatro posibles escenarios de emisiones, denominados Representative Concentration Pathways (RCP) –RCP8.5 (muy elevadas), RCP6.0 (elevadas), RCP4.5 (medias) y RCP2.6 (mitigación)–, que conducían (a excepción del último) a catastróficos incrementos de la temperatura para finales del presente siglo. Hoy en día, los tres primeros escenarios pueden considerarse *casi* descartados. Asimismo, en 2015, los compromisos climáticos nacionales presentados a las Naciones Unidas con ocasión del Acuerdo de París abocaban a un incremento de la temperatura media de la atmósfera a finales de este siglo de 2,7-3 grados. Seis años después, los planes presentados en Glasgow y los objetivos de neutralidad conducen a un incremento de 1,8 grados. La diferencia es significativa. En otras palabras, el proceso diseñado en el Acuerdo de París está funcionando.

No obstante, la otra cara de la moneda es que el objetivo de limitar el aumento de la temperatura en 1,5 grados es, hoy, más difícil de alcanzar (si bien no imposible) como consecuencia de la falta de compromisos de mitigación en 2030 por parte de algunos grandes emisores, especialmente China. Dado que el presupuesto de carbono disponible en 2021 para mantener el incremento de la temperatura media en 1,5 grados era (véase capítulo 10) de 460 $GtCO_2$, se habrá prácticamente agotado para finales de esta década, ya que en la actualidad se emiten 40 GtCO$_2$ al año y el mayor emisor, China, ha decidido, de momento, no reducir sus emisiones antes de 2030.[10]

TRES DÉCADAS DE EMISIONES

La ciencia del clima no ha dejado de alertar, desde hace más de cincuenta años, sobre el efecto desestabilizador de las emisiones de gases de efecto invernadero en la química de la atmósfera. Los avisos y las alertas han sido constantes, sobre todo desde 1990, fecha del primer informe de síntesis del Panel Intergubernamental de Expertos sobre el Cambio Climático. El desinterés que suscitó este tema durante demasiado tiempo en la mayoría de las principales capitales ha desencadenado que, en la actualidad, el margen de maniobra para reconducir la crisis del clima sea considerablemente menor que si se hubiese reaccionado de forma responsable ante los primeros mensajes del IPCC.

Ahora bien, con anterioridad a 1990, el conocimiento científico sobre el cambio climático no era lo suficientemente sólido como para condicionar de manera decisiva las políticas públicas, ni los acuerdos internacionales. Es cierto que, al menos en Estados Unidos, desde 1965 se venía informando al ejecutivo nacional sobre este tema, si bien se trataba de análisis y evaluaciones en proceso de maduración. El primer informe de síntesis del IPCC, publicado en 1990, señaló el punto de inflexión y marcó el inicio de un conocimiento sistemático por parte de una autoridad científica independiente internacional. De hecho, 1990 es un año de referencia habitual en las publicaciones del IPCC. Por lo tanto, no puede considerarse igual *la responsabilidad* sobre las emisiones emitidas por los países, por ejemplo, durante la primera mitad del siglo XX, que las emitidas en el siglo XXI con pleno conocimiento de lo que está en juego

A lo largo del periodo transcurrido entre 1990 y 2019 las emisiones totales anuales de gases de efecto invernadero (sin incluir las procedentes de los cambios en los usos del suelo) han aumentado desde los 33.100 millones de toneladas de CO$_2$ equivalente (33,1 GtCO2eq) a 52.400 millones (52,4 GtCO2eq), un incremento del 58 por ciento. Veamos a continuación las emisiones de gases de efecto invernadero de los países grandes emisores más la UE.

Tabla 1. Trayectoria de las emisiones de gases de efecto invernadero (GEI) de los grandes emisores (sin incluir cambios en el uso del suelo). En miles de millones de toneladas de CO_2 equivalente (GtCO2eq).

	1990	1995	2000	2005	2010	2015	2019
China	3,9	5,0	5,3	8,2	11,3	13,0	14,0
Estados Unidos	6,1	6,4	7,0	7,1	6,8	6,7	6,6
UE-27+RU	5,7	5,4	5,3	5,3	5,0	4,5	4,3
India	1,4	1,6	1,9	2,1	2,8	3,4	3,7
Rusia	3,0	2,2	2,1	2,3	2,3	2,4	2,5
Mundo	33,1	34,3	36,3	41,6	46,5	49,8	52,4

Fuente: Elaboración propia con datos de Olivier y Peters, 2020 (Netherland Environmental Assessment Agency; Emission Database for Global Atmospheric Research, EDGAR).

Tabla 2. Trayectoria de las emisiones GEI per cápita de los grandes emisores (sin incluir cambios en el uso del suelo). En toneladas de CO_2eq/persona/año.

	1990	1995	2000	2005	2010	2015	2019
China	3,3	4,0	4,1	6,2	8,2	9,2	9,7
Estados Unidos	24,2	24,3	25,0	24,0	22,1	20,7	20,0
UE-27+RU	12,2	11,3	11,0	10,9	10,0	9,1	8,6
India	1,6	1,7	1,8	1,9	2,3	2,6	2,7
Rusia	20,6	15,1	14,6	15,7	16,0	16,2	17,4
Mundo	6,2	6,0	5,9	6,4	6,7	6,8	6,8

Fuente: Elaboración propia con datos de Olivier y Peters, 2020 (Netherland Environmental Assessment Agency; Emission Database for Global Atmospheric Research, EDGAR).

Tabla 3. Emisiones acumuladas de GEI de los grandes emisores (sin incluir cambios en los usos del suelo), por periodos de tiempo. Miles de millones de toneladas de CO_2 equivalente (GtCO2eq). Los porcentajes son sobre el total mundial en ese periodo.

	1990-2019		2000-2019		2010-2019	
China	253,2	20,3%	206,8	22,9%	129,0	26,0%
EE.UU.	201,1	16,2%	136,6	15,1%	66,8	12,5%
UE-27+RU	153,1	12,3%	98,5	10,1%	46,1	9,3%
Rusia	70,7	5,7%	46,4	5,1%	24,0	4,8%
India	70,4	5,7%	54,5	6,0%	32,8	6,6%
Mundo	1245,1	100,0%	903,8	100,0%	496,7	100,0%

Fuente: Elaboración propia con datos de Olivier y Peters, 2020 (Netherland Environmental Assessment Agency; Emission Database for Global Atmospheric Research, EDGAR).

Las emisiones entre 1990 y 2019 representan aproximadamente el 40 por ciento de las emisiones totales generadas desde la Revolución industrial. La crisis climática ha sido en buena medida provocada por las emisiones generadas con posterioridad al establecimiento y aprobación, en 1992, de la Convención Marco de las Naciones Unidas para el Cambio Climático, piedra angular del régimen climático internacional.

China ha sido responsable del 20,3 por ciento de las emisiones mundiales acumuladas a lo largo de las tres décadas y del 26 por ciento por lo que respecta a la última década. Sus emisiones en cifras absolutas se han multiplicado entre 1990 y 2019 por un factor de 3,5. Por su parte, Estados Unidos se desentendió de mitigar sus emisiones en la primera mitad del periodo analizado, 1990-2005, y estas se incrementaron de manera notable. No obstante, durante la segunda mitad, 2005-2019, la economía estadounidense ganó en eficiencia energética, protagonizando un importante cambio en su mix eléctrico en detrimento del carbón y en beneficio del gas y las renovables. En consecuencia, en esos años las emisiones descendieron casi mil millones de toneladas de CO_2 equivalente. Por su parte, las elevadas emisiones por persona reflejan el denominado «estilo de vida americano», muy despilfarrador de energía. En las tres décadas transcurridas entre 1990 y 2019, Estados Unidos ha sido responsable del 16,2 por ciento de las emisiones mundiales.

La Unión Europea ha protagonizado una constante disminución de sus emisiones a lo largo del periodo analizado. En términos per cápita sus emisiones actuales son menos de la mitad de las de Estados Unidos e inferiores a las de China, si bien siguen estando muy por encima de la media mundial. A Europa le corresponde el 12 por ciento de las emisiones totales de ese periodo. Las emisiones actuales de India son semejantes a las de China en 1990. Crecen de forma acelerada como consecuencia de la intensidad de carbono de su sistema energético, así como por el notable aumento de su PIB. Este año, 2022, posiblemente sobrepasen a las de la Unión Europea. Finalmente, el importante descenso de las emisiones de Rusia en la década de los noventa se debió al hundimiento de la economía, en especial el de su industria pesada, tras el colapso del sistema soviético. Entre 2000 y 2019 sus emisiones totales han permanecido más o menos estables. Las emisiones por persona de Rusia son extraordinariamente elevadas y reflejan las ineficiencias energéticas del país.

6

Estados Unidos, la nación fracturada

Dadme vuestras cansadas, vuestras pobres, vuestras apiñadas masas
que aspiran a respirar libres. Los peores despojos de vuestras abarrota-
das costas. Enviadme a los que no tienen casa, a los que ha arrojado la
tormenta: tengo mi lámpara levantada junto a la puerta dorada.

EMMA LAZARUS, poeta del siglo XIX.
(Palabras inscritas en la base de la Estatua de la Libertad).

Desde el cambio de siglo y los dramáticos atentados terroristas de
septiembre de 2001, la política exterior norteamericana (el ejercicio
de su hegemonía en la esfera internacional), en opinión de numerosos analistas, se ha caracterizado por una notable desorientación
estratégica. Apenas ha resultado discernible su hilo conductor en
temas críticos como las alianzas económicas y comerciales en el
Pacífico, la Alianza Atlántica, las relaciones con México, la posición con respecto a Irán, la apertura hacia Cuba, las relaciones con
China, el Acuerdo de París, la posición sobre Oriente Medio e
Israel, etcétera, por no mencionar el fracaso en las dos guerras sucesivas de Irak y Afganistán, así como el hecho de que la Gran Recesión iniciada en 2008 se desencadenase en Wall Street. En palabras
de Ben Rhodes, asesor de seguridad del presidente Barack Obama:

Los costes de las guerras posteriores al 9/11 han sido extraordinarios.
Más de 7.000 soldados americanos han muerto en Afganistán e Irak;
otros 50.000 han sido heridos en acto de servicio y más de 30.000 ve-
teranos de los diversos conflictos post-9/11 se han suicidado. Cientos
de miles de afganos e iraquíes han perdido su vida y unos 37 millones de personas (según estimaciones del Proyecto Costes de la Guerra

de la Universidad de Brown) han tenido que huir de sus lugares de
origen en las diversas guerras en las que ha intervenido Estados Unidos
con posterioridad al 9/11. Mientras tanto, el coste de esas guerras –y
del cuidado de quienes han combatido en ellas– se acerca a los siete
billones de dólares.

Obviamente, todas las administraciones han pretendido que Estados Unidos continúe siendo la «nación indispensable» y el poder
hegemónico del sistema internacional. Sin embargo, tras esa aspiración no ha existido una línea nítida que haya prevalecido a lo largo
de las dos décadas. No obstante, a partir de 2017 y con un claro
apoyo bipartidista, la gran estrategia ha pasado a centrarse en torno a la contención de China. En ese marco de referencia la posición
de Estados Unidos hacia el cambio climático se ha caracterizado
por una trayectoria errática, condicionada por el color político que
gobernaba en Washington.

TRAYECTORIA ERRÁTICA

El 1 de junio de 2017, el entonces presidente de Estados Unidos,
Donald Trump, apoyado por el Partido Republicano, decidió
desvincularse del consenso mundial sobre el clima acordado en París. El mensaje fue claro: nos desentendemos del régimen climático
internacional. En una intervención presidencial de treinta minutos,
no se mencionó ni una sola vez la ciencia del clima, cuya justificación se centró en repetir que el Acuerdo de París no era beneficioso
para la economía, las empresas, los trabajadores y los contribuyentes de Estados Unidos. En un momento de dicha intervención, se
llegó a afirmar que el Acuerdo, más que sobre el cambio climático,
trataba sobre una redistribución de rentas entre las naciones en detrimento de Estados Unidos, refiriéndose de forma explícita a las
supuestas ventajas obtenidas por China e India. Cincuenta años de
trabajo científico, la labor de miles de investigadores aglutinada en
los informes del IPCC, los posicionamientos de las Academias Nacionales de Ciencias más importantes del mundo, incluida la de
Estados Unidos, dos décadas de esfuerzo de la comunidad interna-

cional y de las Naciones Unidas para fraguar el acuerdo, quedaron reducidos a un intento de debilitar la economía, la industria y los puestos de trabajo del país americano. A comienzos del siglo XXI, cuando el Partido Republicano bajo la presidencia de George W. Bush se opuso a la ratificación del acuerdo internacional sobre el clima forjado en la ciudad japonesa de Kioto (1997), el argumento principal fue que toda implicación de su país sería infructuosa y perjudicial para sus intereses si no venía acompañada de una posición climática activa por parte de China. Años después, una vez que el país asiático hubo asumido una política climática comprometida aquel argumento ya no servía, pero daba igual, se buscó otro diferente. El caso era no favorecer la descarbonización del sistema energético y ganar otros veinte o treinta años de ilimitada explotación de los combustibles fósiles.

En ese sentido, cabe recordar que el marco conceptual que predominó en ese país durante los años noventa y la primera década del siglo XXI fue el de la teoría de la acción colectiva, en particular la ya mencionada teoría de juegos (véase capítulo 3). Se trataba de encontrar respuesta al tradicional problema del *free riding* a la hora de promover una solución cooperativa internacional para la gestión de la atmósfera de la Tierra. De hecho, la incorporación activa de China a una posición de responsabilidad climática no evitó que bajo la Administración republicana de Donald Trump, la Casa Blanca protagonizara un segundo abandono del régimen climático internacional, lo que demuestra que ahí no residía el problema.

Los académicos estadounidenses Michael Aklin y Matto Mildenberger explican cómo el argumento del *free riding* no era sino la racionalización argumentativa de una posición adoptada de antemano en función del juego de intereses económicos y políticos en cuestión:

> En última instancia, los argumentos sobre la condicionalidad (necesidad de que las economías emergentes cooperasen en la respuesta climática para que lo hiciese Estados Unidos) habrían de ser vistos más como un artefacto retórico que como una descripción de los motivos reales de los actores [...]. Los individuos que presionaban para dar marcha atrás en los compromisos climáticos adquiridos por Estados

Unidos (Protocolo de Kioto, Acuerdo de París) no eran «cooperantes condicionales», sino «no cooperantes incondicionales», debido a sus fuertes vínculos con los sectores económicos intensivos en carbono. Esas personas utilizaban la retórica de la «acción colectiva» para ayudar a legitimar su posición negociadora en el ámbito nacional.

Según los citados autores la clave para entender lo ocurrido en la política climática de Estados Unidos, tanto a nivel interno como en la esfera internacional, a lo largo de las tres últimas décadas (1990-2020) no estaba tanto en la mencionada teoría de la acción colectiva, sino en la teoría de los conflictos distributivos. Es decir, en la descarnada lucha de poder por parte de los intereses económicos y políticos vinculados a los sectores económicos intensivos en carbono (petróleo, carbón y gas) que veían amenazada su posición dominante. Los argumentos sobre la necesaria participación de China y otras potencias emergentes aportaban la conveniente racionalización discursiva, pero no reflejaban las verdaderas motivaciones de los actores implicados.

La decisión de Donald Trump sobre el Acuerdo de París ponía fin al compromiso climático que la presidencia de Barack Obama (2009-2016) había desplegado en su segundo mandato, momento en el que se fraguó el mencionado Acuerdo. El presidente demócrata había puesto fin, a su vez, a ocho años de presidencia republicana bajo el mandato de George W. Bush y su vicepresidente Dick Cheney. Fue durante esa administración conservadora cuando Estados Unidos protagonizó el primer *default* climático al no ratificar el Protocolo de Kioto. Afortunadamente, Estados Unidos es un país grande, complejo y diverso. Estados dinámicos e innovadores como California y Nueva York, ciudades liberales como Los Ángeles, Washington, Boston y San Francisco, el corazón tecnológico de Silicon Valley, la mayoría de la América corporativa, el movimiento ambiental y conservacionista, medios de comunicación de referencia, etcétera, no permanecieron impasibles ante la posición negacionista adoptada por la Administración de Trump.

De hecho, la ratificación por el Senado de la Convención Marco de las Naciones Unidas sobre el Cambio Climático en el año 1994, tras finalizar la presidencia de George H. W. Bush, ha sido el último acuerdo significativo sobre cambio climático entre ambos partidos. Desde entonces, la trayectoria de la política climática de la economía más importante del mundo ha sido errática. A diferencia de la experiencia de la Unión Europea, el negacionismo ha encontrado un gran eco social y político al otro lado del Atlántico, retrasando, cuando no impidiendo, la adopción de medidas relevantes de mitigación de sus emisiones. En consecuencia, es preciso analizar los orígenes de ese fenómeno y las fuerzas subyacentes que lo explican.

CUATRO DÉCADAS DE REVOLUCIÓN ULTRACONSERVADORA (1980-2020)

Apenas cuatro años después del escándalo del Watergate que obligó a dimitir al presidente republicano Richard Nixon, Ronald Reagan obtuvo la victoria. Supo aprovechar los errores de su predecesor tanto en política doméstica –la economía había entrado en recesión como consecuencia de los shocks del petróleo de 1973 y 1979– como en política exterior, donde la revolución islámica de Irán y el asalto de la embajada estadounidense supusieron un trauma nacional.

Ronald Reagan acertó a surfear la ola de conservadurismo social que había ido gestándose a lo largo de los años setenta como respuesta a los movimientos culturales progresistas de la década anterior. Esos movimientos habían supuesto avances sociales, como la sentencia del Tribunal Supremo de 1973 que legalizó el aborto y las políticas a favor de las minorías. En el ámbito medioambiental, Estados Unidos había conocido una edad de oro. En pocos años, se habían aprobado la Ley del Aire Limpio (1963), la Ley del Agua Limpia (1972) y la Ley sobre Especies en Peligro (1973), se había constituido el Día de la Tierra (1970) y se había creado la Agencia de Protección Medioambiental (1973).

En el movimiento conservador militante de los años ochenta convergieron dos corrientes ideológicas: la Escuela de Economía de Chicago, que incorporaba las ideas de Friedrich Hayek y de Milton Friedman, y se caracterizaba por la defensa a ultranza de la libre

empresa y por ser contraria a todo tipo de intervencionismo guber-
namental en la economía; y la derecha cristiana, que calificaba a los
activistas de los derechos civiles como extremistas que, no satisfe-
chos con haber logrado avances para la minoría afroamericana,
aspiraban a una agenda «radical» como el derecho al aborto, las
políticas de discriminación positiva hacia las minorías étnicas y el
matrimonio entre personas del mismo género. Las aparentes contradicciones entre un liberalismo económico acérrimo y un conservadurismo social extremo quedaron subsumidas en la aspiración a
ocupar el poder político por parte de un Partido Republicano que,
de la mano de Ronald Reagan, no sólo pondría en marcha ambas
agendas, sino que las vincularía e integraría en la narrativa más
amplia de la lucha contra el comunismo de la URSS, a quien califi-
caría de Imperio del Mal. La revolución conservadora estaba en
marcha y en sucesivas oleadas ha llegado hasta nuestros días.

La Escuela de Chicago defendía que la intervención del gobierno
en la economía no sólo era un error sino la causa principal del es-
tancamiento en que se encontraba el país. El énfasis se desplazaría
desde las políticas de demanda hacia las políticas monetaristas de
oferta. Se trataba de liberar sumas ingentes de dinero mediante reducciones de impuestos a las empresas y a las franjas más pudientes
de la sociedad, con la convicción de que esa masa monetaria (mone-
tarismo) se dirigiría hacia la creación de nuevos negocios y empresas que, a su vez, crearían puestos de trabajo y en consecuencia
nuevos contribuyentes. Así, la primera reforma fiscal redujo las tasas a las rentas más altas desde el 75 por ciento hasta el 50 por
ciento y la segunda reforma lo bajó al 28 por ciento. La progresivi-
dad impositiva fue eliminada. Paralelamente, para compensar la
disminución de ingresos se redujeron de forma drástica los programas sociales, así como las inversiones en educación, infraestructuras, reforma de las ciudades, investigación, etcétera.

Las desigualdades económicas se aceleraron dando pie a una
dinámica que, con altibajos, ha continuado hasta nuestros días y
que la presidencia de Joe Biden se ha propuesto finalizar con la
aprobación de un importante paquete de medidas sociales. Se acti-
vaba, así, el proceso que el escritor norteamericano George Packer
ha descrito magistralmente en su libro *El desmoronamiento. Trein-*

ta años de declive americano, y que de manera brillante ha quedado implícitamente recogido en la poderosa película *Nomadland*, dirigida por Chloé Zhao. El debilitamiento primero, el derrumbe después, de buena parte del entramado organizativo e institucional que había vertebrado y cohesionado a la sociedad norteamericana desde el final de la Segunda Guerra Mundial. La tupida red institucional y social erigida para proteger a los menos favorecidos se había adentrado en un proceso de desmoronamiento generalizado.

En 1994, la revolución ultraconservadora se reactivó por parte del líder republicano Newt Gingrich y su «Contrato para América», mediante el cual pretendía activar la agenda de «menos impuestos, menos gasto público, menos gobierno». Gingrich galvanizó las bases del Partido Republicano con una oratoria incendiaria que se alejaba del moderado conservadurismo del ala tradicional del partido. Sobre ese humus ideológico florecería, en la década siguiente, el movimiento populista Tea Party. Tras los dos mandatos demócratas de Bill Clinton, George W. Bush llegó al poder con una agenda económica, política y social heredera del programa de Ronald Reagan. En el ámbito de la energía, y de la mano de su vicepresidente Dick Cheney, se implantarían políticas incondicionalmente favorables a las energías fósiles, y Estados Unidos no ratificaría el Protocolo de Kioto.

A la vista de esos antecedentes, el abandono del Acuerdo de París en 2017 bajo la presidencia de Donald Trump no fue precisamente una sorpresa. Se inscribía en la trayectoria sostenida por el Partido Republicano a lo largo de los últimos veinticinco años. Mientras que el presidente George Herbert Walker Bush pertenecía a la élite republicana de Washington, caracterizada por un conservadurismo moderado, tanto Ronald Reagan como George W. Bush y Donald Trump pertenecían al denominado republicanismo del sur, muy influenciado por la derecha cristiana evangélica y cuya agenda económica, social y de política exterior se caracterizaba por ser disruptiva y radical. En el caso de Trump incluso supremacista blanca y antiliberal.

Entre las corrientes que han configurado el movimiento ultraconservador americano cabe mencionar a los libertarios radicales herederos de la mencionada Escuela de Chicago, que se opone a toda intervención del gobierno en la economía; la ya mencionada cristiana evangélica, que se opone al aborto y a la sexualidad entre personas del mismo género; la corriente populista representada por el Tea Party y las plataformas que rozan el supremacismo blanco. Todas ellas han desbordado una y otra vez a la corriente central representada por el antiguo *establishment* del Partido Republicano. Estas corrientes extremistas y sus laboratorios de ideas –Heartland Institute, Heritage Foundation, Cato Institute, Americans for Prosperity, Americans for Tax Reform, etcétera– han confluido, durante las últimas décadas, en una oposición a toda política que pudiera percibirse como contraria a las energías fósiles.

Así, la revolución que se inició en 1980 ha ido conociendo sucesivas oleadas cada vez más radicales. Tras la experiencia del Tea Party sería el momento de plataformas que se adentraban en el supremacismo blanco como Alt-Right (derecha alternativa) y Breitbart News de Steve Bannon, hasta llegar en 2021 al extremismo delirante de QAnon. Esa dinámica ideológica, política y social ha alimentado al movimiento trumpista cuyos sectores más militantes y radicalizados, bordeando un carácter abiertamente antisistema, protagonizaron en enero de 2021 el asalto al Capitolio para impedir el traspaso de poderes presidenciales. Mientras que en Europa esos grupos ideológicos se hubiesen organizado en partidos de ultraderecha, en un país con un sistema electoral mayoritario como el de Estados Unidos en el que las minorías políticas no tienen posibilidad de representación parlamentaria, se han convertido en corrientes militantes dentro del propio Partido Republicano. Y con los años lo han acabado capturando y poniendo al servicio de su agenda extremista y radical.

A la pregunta decisiva del *Who we are?* que flotó en la atmósfera de las elecciones presidenciales de 2020, la mitad de la ciudadanía norteamericana respondió otorgando su voto a alguien no sólo capaz de negar la ciencia del clima y la ciencia médica de las epidemias víricas, sino de negarse a reconocer su derrota electoral y alentar la ocupación violenta del Capitolio poniendo en entredicho normas esenciales de la tradición democrática norteamericana y debilitando, en consecuencia, sus instituciones. En definitiva, la presidencia de Donald Trump no ha sido un paréntesis, un ataque

pasajero de exuberancia irracional, sino que se inscribe en una trayectoria cuyas raíces culturales e ideológicas son profundas.

La situación política actual se presenta tan fracturada que un
destacado analista como Robert Kagan, quien durante décadas ha
sido un referente en política internacional para los conservadores
estadounidenses, ha escrito recientemente lo siguiente en su artículo
«Our constitutional crisis is already here»:[1]

> Estados Unidos va camino hacia la mayor crisis política y constitucio-
> nal que ha afrontado desde su Guerra Civil. Existe una probabilidad
> razonable de que en los próximos tres o cuatro años se desencadenen
> situaciones de violencia masiva, una ruptura de la autoridad federal y
> la fragmentación del país en enclaves rojos y azules en guerra entre sí.

Tratándose de un experto adscrito durante mucho tiempo al
Partido Republicano el aviso es toda una alerta.

EN EL AGUJERO NEGRO
DE LAS GUERRAS CULTURALES

Comprender por qué el país con más premios Nobel en ciencias, la
nación con las universidades y centros de investigación de mayor
prestigio del mundo y la que más conocimiento ha aportado al
cambio climático en el último medio siglo es prácticamente la única
nación que se ha alejado periódicamente del consenso sobre la ciencia del clima y ha roto dos veces con el régimen climático internacional, supone un desafío intelectual.

Las razones más inmediatas vinculadas a la influencia política de
los intereses especiales relacionados con los combustibles fósiles son
bien conocidas. Los historiadores Naomi Oreskes y Erik M. Conway han explicado cómo los intereses corporativos vinculados al
carbón y el petróleo han financiado con cientos de millones de dólares una estrategia mediática que ha replicado la que en su día adop-
taron las compañías tabacaleras: generar dudas y confusión en la
opinión pública. «La duda es nuestro producto», reconocería en su
día uno de los estrategas mediáticos de las compañías tabacaleras.

La primera línea de defensa ha sido cuestionar la propia realidad del cambio climático, negar el problema; la segunda, erosionar la credibilidad del IPCC; la tercera, generar dudas acerca de las premisas científicas de las investigaciones más relevantes. Cuando esas líneas de defensa han cedido ante las pruebas de la ciencia se acepta que esté ocurriendo una alteración del clima, pero no a causa de la intervención humana, sino a los ciclos propios del sistema climático. Una vez que esta línea de argumentación no se sostiene, el argumento se desplaza al coste económico y de empleo que supondría para la sociedad americana prescindir de las energías fósiles. En otras palabras, el negacionismo/obstruccionismo climático se manifiesta de forma poliédrica y presenta diferentes argumentos según las circunstancias. Todos ellos confluyen, no obstante, en la necesidad de evitar que las ciudades, los estados y sobre todo el gobierno federal adopten políticas públicas que colisionen con los intereses económicos ligados al carbón, el petróleo y el gas.

Ahora bien, la pregunta que permanece es por qué esa estrategia ha sido tan exitosa. Otros países tienen también fuertes intereses en la preservación del *statu quo* de las energías fósiles: Arabia Saudí, Rusia, Australia, Canadá, Irán, Irak, Venezuela, Nigeria, etcétera. Dejando aparte las dictaduras, en ninguna otra democracia ha cristalizado un movimiento anticientífico como el que se ha consolidado en el territorio estadounidense. Acercarse a las raíces de este fenómeno requiere, por lo tanto, explorar en aguas más profundas.

Tal y como ya se ha señalado, ha transcurrido una generación desde la última vez que en Estados Unidos se alcanzó un acuerdo bipartidista sobre la agenda climática, en 1994. Si las posiciones negacionistas han perdurado a lo largo de tantos años es porque se nutren de importantes fuentes ocultas. Sería, por tanto, una ingenuidad creer que esas posiciones van a cambiar en los próximos años. En la base del problema se encuentra el hecho de que el Partido Republicano ha sido colonizado por las corrientes más radicales y extremistas surgidas de la revolución ultraconservadora de las últimas décadas y esas corrientes han hecho de la oposición al cambio climático un elemento clave de su identidad. En otras palabras, el debate sobre la alteración del clima ha quedado atrapado en el agujero negro de las guerras culturales que se vienen librando en

Estados Unidos desde que el telepredicador Jerry Falwel fundó el movimiento «Mayoría Moral». La América progresista de la Costa Este y de la Costa Oeste, por un lado, y la América del Cinturón de la Biblia y otras regiones de la América profunda, por otro, apenas se encuentran y reconocen. No es casualidad que un debate central en la sociedad estadounidense hoy en día sea el de su identidad. Un amplio sector de la sociedad se resiste a aceptar que Estados Unidos no continúe siendo un país de familias blancas, raíces anglosajonas y creencias cristianas, sobre todo evangélicas y protestantes. Ser blanco, conservador y evangélico equivale para ellos a *ser americano*.[2] Hay otro sector, igualmente importante, que ve Estados Unidos como un *melting pot* de etnias, culturas y religiones, un crisol formado por sucesivas oleadas de inmigrantes procedentes de todo el mundo llegados al amparo de la Estatua de Libertad en busca de oportunidades. En definitiva, dos cosmovisiones, dos sentimientos de identidad y dos conjuntos de valores que se mezclan como el agua y el aceite. El país de Abraham Lincoln, Franklin D. Roosevelt y John F. Kennedy es, hoy en día, una nación fracturada como lo fue en tiempos de la Guerra Civil y en los de la guerra de Vietnam.

En ese clima de polarización extrema cada batalla política queda enmarcada en las guerras culturales de fondo que, por afectar a cuestiones consideradas esenciales, cuando no existenciales, apenas dejan margen para el diálogo, la transacción y el acuerdo entre contrarios. En una sociedad tan dividida, la pertenencia a un grupo social, cultural y/o religioso, caracterizado por una determinada constelación de valores y posiciones normativas, deviene un elemento decisivo en el sentimiento de identidad personal. Y la adscripción o afinidad a una fuerza política que supuestamente representa esos valores se convierte en un marcador de adscripción.

En contextos altamente polarizados, la mayoría de las personas tiende a apoyar de forma acrítica las posiciones y valores que definen a su grupo de pertenencia, alimentados por una permanente exposición a determinados medios de comunicación y plataformas sociales que insisten en que «nuestro grupo está siendo atacado y es preciso defenderlo». Andrew J. Hoffman ha diseccionado con precisión cómo en Estados Unidos la pertenencia a un determinado grupo cultural condiciona de manera decisiva la manera en que es percibido el cambio climático. Este debate no es sobre el dióxido de carbono, ni sobre el modelo energético y sus emisiones de gases de efecto invernadero, sino sobre las posiciones culturales enfrentadas y las diferentes visiones del mundo a que dan lugar, ya que también la ciencia del clima es aprehendida a través de esas lentes previas.

La psicología y la sociología coinciden en que los grupos se cohesionan en torno a una serie de símbolos e ideologemas, palabras propias de una determinada ideología a la que el individuo se siente adscrito. Pues bien, en esa América fraccionada la derecha más extremista ha convertido el concepto de cambio climático en un fetiche cultural que simboliza aquello que más detestan los conservadores norteamericanos, «el tipo de tema que sólo interesa a las élites liberales de la Costa Este y de California». En otras palabras, ha tenido éxito en desplazar el debate sobre el cambio climático, de un asunto esencialmente científico, explicable en términos de leyes físicas y químicas, a un concepto cultural, por lo tanto, subjetivo y opinable, contra el que definir y afirmar la propia identidad grupal.

Además, el alcance global de la crisis climática precisa de acuerdos internacionales, lo que entra en contradicción con los instintos primarios nacionalistas y antiuniversalistas de la derecha radical estadounidense. Una vez que ese desplazamiento ha arraigado, las personas que forman parte de esa amplia franja social que se siente adscrita a posiciones nacionalistas, conservadoras y cristianas evangélicas evita enfrentarse al consenso de su grupo, ya que hacerlo supone un coste personal mucho más significativo que enfrentarse al lejano e impersonal consenso científico sobre el clima.

Finalmente, solo quedaría añadir que el sistema político estadounidense permite que los intereses especiales ejerzan una gran influencia sobre los legisladores a través de los grupos de presión o lobbies, muchos de los cuales se han especializado en el ámbito energético, dado el importante volumen de dinero movilizado en defensa de los combustibles fósiles. Por todo ello, la resistencia política, económica y cultural hacia el cambio climático ha sido muy poderosa a lo largo de los últimos veinticinco años y no es probable que ceda en un futuro próximo.

MODELO ENERGÉTICO
Y POLÍTICA CLIMÁTICA

El principal cambio que ha tenido lugar en el modelo energético de Estados Unidos en los últimos años ha sido la revolución del *shale gas & shale oil*. Como resultado de ella, Estados Unidos es, en la actualidad, un país autosuficiente, apenas importa un 4 por ciento del petróleo, mientras que en el año 2008 importaba el 26 por ciento. Es, además, un importante exportador de gas. Dentro del sector eléctrico, el cambio más relevante ha sido el desplome del uso del carbón. La caída ha venido motivada por la estabilización de la demanda eléctrica y por la importante penetración de las tecnologías renovables.

El declive del carbón es casi con total seguridad irreversible. La presidencia de Trump invirtió mucho capital político para reactivar su declinante industria, tanto la extracción minera como las centrales térmicas. Sin embargo, dado que los fundamentales económicos apuntaban hacia su sustitución por gas y por las renovables, la pérdida de peso tanto en cifras absolutas como relativas ha continuado imparable. Así, mientras que en el año 2000 el carbón representaba el 23 por ciento del mix energético nacional, en el año 2018 había descendido al 12 por ciento. La pérdida de presencia del carbón ha sido la razón principal del descenso de las emisiones de gases de efecto invernadero, en el periodo comprendido entre 2005 y 2019.

Otro elemento importante en el modelo energético estadounidense es el amplio margen de maniobra que disponen los estados a la hora de moldear con políticas propias sus mercados de energía. A través de incentivos fiscales, programas de eficiencia, objetivos de mitigación de emisiones, apoyos directos a las renovables, etcétera, los estados han mantenido una política energética y climática menos errática que el gobierno federal. Más allá de las cambiantes directrices que llegaban de la Casa Blanca, han impulsado sus políticas en función de las señales competitivas que procedían de las diferentes tecnologías.

En definitiva, la transformación hacia la eficiencia y las renovables ha despegado, y está siendo impulsada por fuerzas de mercado que difícilmente tienen ya vuelta atrás.[3] Las posibles obstrucciones políticas afectan a su ritmo de desarrollo pero no alteran la dirección de la corriente principal. Al mismo tiempo, no se vislumbran posibilidades de que el Partido Republicano modifique su posición hacia la crisis climática, al menos en el horizonte del 2030. Sin embargo, se irá adaptando pragmáticamente a la dinámica de los negocios vinculados al despegue de las energías renovables y las tecnologías inherentes, sin desdecirse de su posición negacionista/obstruccionista, dado que la ha convertido en un elemento relevante de su identidad ideológica y cultural.

A modo de conclusión, en vista de la trayectoria de las tres últimas décadas no son pocos los países que, a pesar de su amistad y simpatía hacia la democracia norteamericana, han perdido la confianza en su liderazgo climático internacional. Aunque no lo formulen abiertamente consideran que, en este momento de su historia, Estados Unidos no reúne las condiciones de consenso nacional para ofrecer al resto de la comunidad internacional el liderazgo estable en el tiempo que precisa la emergencia climática. La dinámica de avances y retrocesos es a todas luces insuficiente y la experiencia del doble abandono del régimen climático internacional difícilmente será olvidada.

Al mismo tiempo, es preciso destacar que la comunidad científica norteamericana ha desempeñado un papel crucial a lo largo de los últimos cincuenta años. Nombres como Charles David Keeling, Stephen Schneider y James Hansen son referencias de primer nivel en la historia de la ciencia climática. Más allá de los obstáculos que ha encontrado por parte de los intereses especiales, la ciencia del clima ha mantenido en Estados Unidos el inquebrantable compromiso con la honestidad y la búsqueda de la verdad que caracteriza al espíritu científico. La ciencia climática internacional necesita, hoy como ayer, la implicación y colaboración de la comunidad investigadora norteamericana, a la que se le sigue reconociendo unos niveles de excelencia sin precedentes.

7

República Popular China, la dinastía roja

Es necesario desatar el nudo penetrando suavemente en el sentido de la situación. Entonces la transición hacia otras condiciones tendrá éxito.

«La preponderancia de lo grande»,
I Ching. El Libro de las Mutaciones

NACIÓN-CIVILIZACIÓN

China es, además de una nación, una civilización. Posiblemente la única que puede trazar de forma precisa una trayectoria desde el presente hasta un pasado que se remonta a más de cuatro mil años, a los tiempos de la dinastía histórica Shang (1766-1122 a.C.). Mientras que Estados Unidos se dispone a celebrar, en el 2026, el 250 aniversario de su nacimiento como Estado-nación, los eruditos identifican dieciocho dinastías[1] en China, algunas de las cuales abarcan periodos de tiempo más extensos que la existencia de la nación norteamericana.

En su libro *La venganza de la geografía. Cómo los mapas condicionan el destino de las naciones*, el analista geopolítico estadounidense Robert D. Kaplan afirma que China ocupa «la posición geográfica más ventajosa del mundo», al extenderse sobre una inmensa zona templada de Eurasia y contar con 14.500 kilómetros de litoral, incluyendo ambos trópicos. Es el país más extenso tras Rusia y Canadá, si bien a diferencia de ellos está densamente poblado desde la más remota antigüedad. China tiene fronteras con catorce Estados nacionales (Corea del Norte, Rusia, Mongolia, Tayikistán, Kirguistán, Kazajistán, Afganistán, Pakistán, Bután, India, Nepal,

Myanmar, Laos y Vietnam). La amenaza a lo largo de los siglos ha venido sobre todo de los pueblos de las estepas situados al norte y noroeste del país. La relación con los pueblos manchú, mongol, tibetano, así como con los pueblos túrquicos de la zona alta del desierto, ha sido uno de los elementos decisivos en el devenir del país. A lo largo de su historia, China ha dedicado su energía estabilizadora y su impulso organizador en la protección de sus fronteras (Gran Muralla), así como en la unificación, consolidación y desarrollo de su gran extensión geográfica. China ha sido siempre una potencia continental, lo contrario de una potencia marítima del estilo de Inglaterra en el siglo xix o Estados Unidos en la actualidad.

Sus grandes ríos –Amarillo, Yangtsé y el río de las Perlas– fluyen del oeste hacia el este, desde las tierras altas y áridas del interior hasta las fértiles y húmedas zonas agrícolas próximas al océano Pacífico. En el norte seco y frío se cultiva el mijo y el trigo, mientras que en el sur, húmedo y cálido, se cultiva sobre todo el arroz. La construcción del Gran Canal en el siglo vii permitió unir los ríos Amarillo y Yangtsé mediante una gran infraestructura hidráulica que vertebró la conexión entre las dos regiones en las que se concentra su población agrícola.

En términos geográfico-culturales la división decisiva de China ha sido la generada entre su núcleo central agrario y el litoral, por un lado, y la franja semidesértico-montañosa que rodea el país (mediante un arco geográfico que va desde Manchuria hasta el Tíbet, pasando por Mongolia y el Turquestán), por otro. Dado que en la historia cultural china «agricultura» equivale a «civilización», se deduce que la relación con los territorios periféricos no agrícolas nunca se ha establecido en términos de igualdad. Existe, además, una diferencia étnica entre los pueblos que habitan ambos espacios. Alrededor del 95 por ciento de la población es de etnia Han y ocupa el espacio central; el 5 por ciento restante lo constituye un mosaico de cincuenta y cinco etnias diferentes, entre ellas, los pueblos tibetanos (budistas), uigures (musulmanes), túrquicos (musulmanes) y mongoles (budistas) que habitan en las regiones montañosas y semidesérticas.

Uno de los objetivos estratégicos de la iniciativa conocida como *La Franja y la Ruta* (Belt and Road Initiative, BRI) es, además de proyectar poder e influencia en Eurasia, vertebrar la relación centro-periferia mediante infraestructuras lineales de transporte y energéticas, favoreciendo una mayor integración de las regiones en las que anida una poderosa tendencia hacia la autonomía, cuando no hacia la independencia.[2] Experiencias como la construcción del Gran Canal les han enseñado a las élites políticas que, mientras los destacamentos militares tienden a mantener una presencia efímera en las regiones periféricas, las carreteras, las conexiones por ferrocarril, las canalizaciones de agua y las redes de energía permanecen prácticamente para siempre. A pesar de que las fronteras actuales de la República Popular China incluyen Manchuria, Mongolia Interior, el Turquestán Oriental y el Tíbet, es decir, las mesetas y pastos circundantes, la idea de nación que mantiene el Partido Comunista de China desde 1949 es la de recuperar la mayoría de los territorios que en el pasado formaron parte de la China imperial.

Mientras que su actual rival estratégico, Estados Unidos, no ha sido nunca invadido por una potencia extranjera, ni ha vivido en su suelo continental los resultados de las numerosas guerras en las que ha intervenido y ha protagonizado, a excepción de su propia guerra civil, China no sabe lo que es vivir una época extensa sin afrontar invasiones extranjeras. Así, en el siglo XIII sufrió la invasión de los pueblos mongoles dirigidos por Kublai Kan, quien tras proclamarse Gran Kan estableció en 1279 la dinastía Yuan que gobernó China durante casi cien años. Posteriormente, en el siglo XVII, las poblaciones manchúes del norte cruzaron la Gran Muralla y conquistaron el país, dando origen a la dinastía Qing, que duraría doscientos sesenta y siete años.

Durante esa dinastía, China conoció el zarpazo de las potencias coloniales con Inglaterra a la cabeza, seguida de Francia y Estados Unidos. Enfrentada a ejércitos más modernos, China, que se veía a sí misma como el Imperio del Centro, la nación-civilización protegida por el Cielo, perdió las dos guerras del Opio (1839-1842) y (1856-1857) y hubo de firmar los denominados Tratados Desiguales. Se iniciaría así «el siglo de la humillación» que tan honda huella ha dejado en la psicología de las élites políticas y culturales del país.

Rusia, por su parte, aprovechó la situación de debilidad en la que se encontraba la China imperial para, a partir de 1870, arrebatarle amplios territorios en las regiones del noroeste (700.000 kilómetros cuadrados), como un siglo después le recordaría Deng Xiaoping a Mijaíl Gorbachov con motivo de una visita del líder soviético a Pekín. Asimismo, Japón, que había protagonizado en la segunda mitad del siglo XIX un acelerado proceso de modernización económica, cultural y tecnológica venció a China en 1895 en la guerra por la soberanía de Corea. Poco tiempo después, 1900, tendría lugar la guerra de los Bóxers, de nuevo contra las potencias occidentales, de la que China volvió a salir derrotada. En ese tiempo de tribulaciones el Reino del Medio estuvo a punto de desintegrarse como nación unificada.[3]

Tras casi un siglo de derrotas y penurias, en 1911 tuvo lugar el derrocamiento de la dinastía imperial, lo que puso fin a una forma de Estado de veintidós siglos de antigüedad y supuso el nacimiento de la República China. En 1930, Japón, convertido en una agresiva potencia imperial militarista, invadió Manchuria y se lanzó a la conquista de China. Tras la Segunda Guerra Mundial en 1945 y la consiguiente derrota de Japón, se puso fin al frente unido entre nacionalistas y comunistas chinos contra la invasión extranjera y se reactivó la guerra civil. En 1949, Mao Zedong, líder del Partido Comunista de China, proclamó la República Popular China desde la Puerta de la Paz Celestial en la Ciudad Prohibida de Pekín.

Estas pinceladas ayudan a comprender mejor la singular experiencia histórica del país asiático. Sin duda, le proporcionan una perspectiva propia, difícilmente transferible, sobre los asuntos y procesos contemporáneos, incluido el de la crisis climática. Además, a ese siglo de invasiones extranjeras es preciso añadir la textura errática de importantes iniciativas adoptadas por el liderazgo del país durante las tres primeras décadas de la dinastía comunista. Así, entre 1949 y 1976, bajo el impulso personal de Mao Zedong, China conoció el Gran Salto Adelante y la Revolución Cultural Proletaria, procesos políticos, económicos y culturales que encadenados en el tiempo dejaron una estela de decenas de millones de muertos, la mayoría como consecuencia de la hambruna desatada por los gravísimos errores del Gran Salto Adelante.

Por su parte, la Revolución Cultural dejó una huella profunda en la psique de millones de chinos. En la actualidad, el gobierno y la sociedad no han sido aún capaces de afrontar de forma pública, serena y autocrítica ambos procesos, ya que el trauma perdura en la memoria nacional. Y es que a diferencia de las invasiones y guerras con otros países, esas dos décadas de destrucción fueron alentadas por el Gran Timonel. Además, los sucesos del 4 de junio de 1989 en la plaza de Tiananmen, en los que murieron cientos de personas como consecuencia de la brutal intervención del ejército para sofocar las protestas populares, generaron una crisis de legitimidad del Partido Comunista de China, en un contexto internacional en el que las experiencias de «socialismo real» en el Este de Europa y en la URSS colapsaban como un castillo de naipes.

Los dirigentes políticos del país asiático son conscientes de que fue un error histórico adormecerse en los laureles de la autocomplacencia y el aislamiento internacional en la primera mitad del siglo XIX, mientras que al otro lado de Eurasia triunfaba una Revolución industrial que iniciaría una nueva era en el devenir humano. El colapso del Imperio del Centro en 1911 supuso un dramático despertar. El emperador no era ya el depositario del Mandato del Cielo y China no era ya el centro del mundo. La antigua civilización había perdido su posición referencial y, con ella, su estar en el mundo. El aislamiento y el menosprecio hacia los denominados bárbaros había resultado una pésima estrategia. La República Popular China tomó nota de dicha experiencia traumática. Tras el periodo autárquico y revolucionario de Mao Zedong, China se integró decididamente en el sistema internacional guiada por la determinación de no cometer nunca más un error semejante.

Los líderes chinos saben que su país encara el siglo XXI con un viento de cola favorable. En apenas cuatro décadas el país ha protagonizado el mayor proceso de desarrollo económico de la historia, sacando de la pobreza a setecientos millones de personas. En el ámbito internacional ha pasado de ocupar los márgenes del sistema a situarse, junto a Estados Unidos y la Unión Europea, como una potencia global del siglo XXI. Las reformas promovidas por Deng Xiaoping pusieron fin a tres décadas (1949-1979) en las que, si bien China consiguió afirmarse en la escena internacional, hubo de afrontar desastres políticos y económicos como los ya mencionados, el Gran Salto Adelante y la Revolución Cultural del Proletariado, que condujeron a la sociedad a la pobreza y a la falta de confianza en sí misma.

EL ORDEN INTERNACIONAL

Históricamente, China ha abordado sus relaciones con el exterior alejada de una actitud misionera, ya que no ha pretendido difundir ninguna ideología, ni promover una forma específica de gobierno. No ha perseguido un ideal de progreso moral en las relaciones internacionales, sino que se ha limitado a practicar un realismo pragmático. A diferencia de Estados Unidos, que se ha visto a menudo a sí mismo como una nación imbuida de una misión universal en defensa de los ideales de libertad y democracia, China ha carecido de ese tipo de orientación.

Su retorno a la escena internacional tras el establecimiento de relaciones diplomáticas con Estados Unidos en 1972 y su incorporación al Consejo de Seguridad de las Naciones Unidas como miembro permanente con derecho de veto, se produjo en un contexto internacional muy diferente del modelo tradicional chino. Desde entonces, el país asiático acepta el principio westfaliano de soberanía e igualdad entre los Estados nacionales y es, de hecho, uno de sus más ardientes defensores.

Al mismo tiempo, China no se ve a sí misma como una nación más en la arena internacional, sino como depositaria de una antigua civilización. Se adapta al *statu quo* vigente surgido tras la Segunda Guerra Mundial, del que por cierto también se siente protagonista por figurar entre las naciones vencedoras en aquella contienda. En consecuencia, su posición combina adaptación y modificación. No pretende la ruptura con un orden económico e institucional simbolizado por entidades como las Naciones Unidas, el Banco Mundial, el Fondo Monetario Internacional o la Organización Mundial de Comercio, que tanto beneficio le han aportado en las últimas décadas. Ahora bien, tampoco considera que ese orden represente su máxima aspiración, tal como lo demuestran los debates que han tenido lugar en los últimos años entre sus élites políticas e intelectuales (Montobio, 2017).

El plan estratégico del Partido Comunista de China es lograr que, en el año 2049 (centenario de la creación de la República Popular), el país sea una economía avanzada, con un elevado nivel tecnológico y un amplio desarrollo social. El telón de fondo en el que se enmarca esa aspiración se denomina «el gran renacimiento de la nación china». En palabras de la historiadora Mariola Moncada Durruti en su artículo «El renacimiento chino y la mirada occidental»:[4]

En ese renacimiento [de la nación china] por supuesto está implícita la idea de la prosperidad material, pero sobre todo supone para China recuperar la confianza en su propia voz, ser capaz de definir su propia modernidad, y acabar así con el último eslabón colonial con Occidente, el de arrogarse este último la autoridad de definir los paradigmas culturales en los que se inscribe el desarrollo de la humanidad.

El gobierno ha mantenido una orientación pragmática hacia la economía a lo largo de estos últimos cuarenta años, adoptando reformas de manera incremental y evitando disrupciones como las que se promovieron en la Rusia poscomunista. En la estela de la enseñanza legada por Deng Xiaoping «cruzar el río sintiendo las piedras bajo los pies», el país ha ido moviendo las fichas del tablero económico con una pericia reconocida por sus opositores occidentales.

De todo ello se desprende que no hay precedentes para esperar del resurgimiento de China una posición agresiva e imperial hacia otros países, más allá de los contenciosos que mantiene por la delimitación de sus históricamente cambiantes fronteras. Algunos de estos contenciosos son, sin duda, muy importantes y han tenido una honda repercusión en la opinión pública internacional, como el que mantiene con el pueblo tibetano y su gobierno en el exilio y, más recientemente, los graves acontecimientos ocurridos en Hong Kong, donde las medidas autoritarias del régimen han puesto fin al modelo de «un país, dos sistemas» sobre el que se estableció la devolución de la colonia británica. Han sido igualmente graves las violaciones de derechos humanos hacia la etnia uigur de mayoría musulmana en el oeste lejano del país. Y son, asimismo, muy sensibles sus disputas en el mar del Sur de China y en el mar del Este de China, y de manera singular el enconado problema de Taiwán.

CONTENCIÓN ESTRATÉGICA

La competencia entre grandes potencias abrió a partir de 2017 un nuevo escenario en las relaciones entre Estados Unidos y China. La guerra comercial y la disputa sobre la tecnología 5G han sido sólo la punta del iceberg de una estrategia integral por parte del país americano hacia China, dirigida a obstaculizar, cuando no impedir, que el país asiático se convierta en una potencia en condiciones de cuestionar su papel hegemónico en el orden mundial. El giro ha cristalizado en documentos oficiales como la *Estrategia de seguridad nacional*[5] y la *Estrategia de defensa nacional*.[6] Si bien la presidencia de Joe Biden iniciada en 2021 ha modulado las aristas más agresivas de esa política, no la ha modificado en sus aspectos sustantivos. Estados Unidos trata de preservar la hegemonía que ha ejercido con posterioridad a la Segunda Guerra Mundial y China es vista como el único adversario capaz de cuestionarla. Dicho enfoque de las prioridades de la política exterior cuenta con un amplio apoyo bipartidista y, en consecuencia, ha venido para quedarse.

A la vista de la imbricación de China en la economía global, así como de su defensa de la estabilidad del sistema internacional multilateral, su falta de implicación en el derrocamiento de regímenes y gobiernos extranjeros y en guerrillas revolucionarias, se puede afirmar que su contestación a la hegemonía estadounidense desde que se incorporó a la Organización Mundial de Comercio se ha llevado a cabo por medio de una competición tecnológica, comercial y económica que, en términos históricos, podría calificarse de convencional. Por supuesto, se precisan numerosos e importantes cambios en el establecimiento de un terreno de juego más justo y equilibrado en la competición económica, tal como lo ha demandado la Unión Europea en años recientes. Otra cosa distinta, sin embargo, es la estrategia de contención que influyentes círculos estadounidenses aspiran a que se convierta en el equivalente de la que Estados Unidos puso en marcha con respecto a la URSS en tiempos de la Guerra Fría.

De hecho, más allá de las inevitables ambigüedades diplomáticas, solamente Australia, Canadá y Reino Unido, que hace tiempo han renunciado a una política exterior propia, han secundado completamente y sin fisuras la estrategia de contención estadounidense. La mayoría de los países se ha abstenido educadamente a la hora de tomar abiertamente partido a favor o en contra de China. Y ello no sólo porque las razones subyacentes resulten claras, sino porque los lazos económicos y comerciales con el país asiático son muy importantes.

Días antes de la invasión militar rusa de Ucrania se publicó un importante comunicado conjunto entre los presidentes Vladímir Putin y Xi Jinping.[7] Las dos potencias daban forma a su aspiración a una reconfiguración del orden mundial en una dirección más multipolar, es decir, hacia un menor poder relativo de Estados Unidos y sus aliados occidentales. En todo caso, la invasión ha creado una situación incómoda para China, que teme verse afectada por la masiva política de bloqueo económico y financiero que Occidente ha puesto en marcha contra el país eslavo. La Europa comunitaria es su primer socio comercial. De hecho, el volumen de sus relaciones comerciales con la Unión Europea y Estados Unidos es diez veces mayor que el que tiene con Rusia. En todo caso, la guerra en el corazón de Europa ha generado un punto de inflexión en la situación geopolítica de alcance global. Tanto el gobierno de Pekín como los estrategas del Partido Comunista de China y los del Ejército Popular analizan en profundidad la reacción mundial a la agresión, así como el sistema de sanciones y la unidad de Occidente. El delicado contencioso con Taiwán es el telón de fondo de ese interés.

POLÍTICA CLIMÁTICA

El pensamiento tradicional estratégico chino fue desarrollado para enfrentar enemigos convencionales. *El arte de la guerra* de Sun Tzu sigue siendo una referencia en dicho pensamiento, pero la alteración del clima, en la que China tiene una responsabilidad decisiva, precisa un enfoque distinto, ya que en este caso no hay un enemigo externo al que derrotar. El enemigo, si se puede hablar en esos términos, es el sistema energético fósil que ha estado en la base de su despegue económico-industrial. Se precisa, en consecuencia, una nueva forma de pensar.

Responsabilidad de China en la crisis climática

La actual situación de emergencia climática es en gran medida consecuencia directa del crecimiento de las emisiones de gases de efecto invernadero que ha tenido lugar en China con posterioridad a su incorporación a la Organización Mundial del Comercio en el año 2001. El incremento de emisiones en el país asiático –entre 1990 y 2019 ha pasado de 3.900 millones de toneladas de CO_2 a 14.000 millones– ha sido la consecuencia inevitable de cimentar su despegue económico-industrial en el uso masivo del carbón. Se ha producido en un periodo en el que la ciencia del clima ya se había asentado y, por lo tanto, ya se conocían los efectos de la combustión de carbón en la desestabilización del sistema climático. En otras palabras, China ha externalizado al mundo el impacto de su modelo energético. El hecho de que Estados Unidos mantuviese en ese periodo una trayectoria errática ante la crisis climática no puede oscurecer su responsabilidad. Y es que, con posterioridad a 1990 –fecha del primer informe de síntesis del IPCC–, se sabía a ciencia cierta que el uso de carbón a gran escala en una economía industrial como la china no podía sino acelerar el nivel de emisiones y, en consecuencia, la concentración de CO_2 en la atmósfera.

Según las proyecciones del Banco Mundial, China incrementará su producto interior bruto anual por persona desde los 10.000 dólares (2021) a más de 12.536 dólares en 2023, umbral en el que el Banco Mundial sitúa el cambio al grupo de rentas altas, es decir a los económicamente desarrollados. Dado que buena parte de las responsabilidades atribuidas a los diferentes países en los acuerdos climáticos, así como la narrativa utilizada por las autoridades chinas, se relacionan con su nivel de desarrollo, cabe esperar que el hecho de franquear dicho umbral tenga una influencia positiva en su posición en las negociaciones climáticas internacionales.

Reorientación

La geopolítica de China hacia el cambio climático a lo largo de las dos décadas transcurridas entre 1994 –entrada en vigor de la Convención Marco de las Naciones Unidas para el Cambio Climático– y 2014 –cumbre en Pekín entre los presidentes de Estados Unidos y China, Barack Obama y Xi Jinping– se basó en el concepto «ganar tiempo». Esa posición formaba parte de un marco más amplio en el que las prioridades eran el desarrollo económico, la eliminación de la pobreza, la estabilidad social, la consolidación de la posición internacional de China y la conservación de la legitimidad del partido único.

A partir de 2012-2013 se inició una importante reorientación. En primer lugar, centenares de científicos chinos habían evaluado los impactos actuales y previsibles en el capital natural y la economía de su país, y los resultados fueron muy preocupantes (véase Capítulo 2). En segundo lugar, era preciso evitar que la desestabilización climática erosionara el progreso y la estabilidad que han caracterizado las últimas cuatro décadas, poniendo fin o dificultando el resurgimiento de China en la arena internacional. En tercer lugar, era necesario atender las presiones de la opinión pública nacional ante el grave problema de la calidad del aire de las ciudades. Y, por último, había que favorecer una proyección internacional que ya no puede basarse sólo en aspectos comerciales y económicos. El país asiático debe mostrarse como un actor comprometido ante una crisis que preocupa mucho a la comunidad internacional y en la que tiene, hoy en día, una responsabilidad decisiva.

China quiere abandonar un modelo manufacturero industrial muy intensivo energéticamente. El país asiático está inmerso en un cambio para evitar quedar atrapado en la denominada «trampa de las rentas medias». Necesita transitar hacia otro modelo basado en la demanda interior y en unas cadenas productivas posicionadas en segmentos de alto valor añadido industrial, elementos propios de la economía del conocimiento y la innovación. La denominación oficial de esa nueva estrategia económica es circulación dual.[8] A ello hay que añadir el interés de China por aprovechar la expansión que está experimentando el mercado mundial de la energía: renovables y tecnologías asociadas, movilidad eléctrica, inteligencia de sistemas, desarrollo de las baterías, hidrógeno verde, nuevos biocombustibles sintéticos, etcétera. De hecho, está bien posicionada ante esa transformación. En sus fábricas se manufacturan las dos terceras partes de los paneles solares y una tercera parte de las turbinas eólicas que se producen a nivel global. Dispone, asimismo, de la mayor flota de vehículos eléctricos y mantiene una posición avanzada en la carrera tecnológica por las baterías. En definitiva, la transición hacia un nuevo modelo energético tiene fundamentos sólidos en ese país. No obstante, el asunto crucial aún sin resolver es su dependencia del carbón.

Dependencia del carbón

China precisa importar la mayor parte de sus necesidades de petróleo y gas, así como una menor proporción de carbón. En el actual contexto internacional avanzar hacia una mayor autosuficiencia energética se ha convertido en una prioridad para Pekín. El liderazgo político del país es consciente de que el dominio de los océanos de una potencia marítima como la norteamericana le permitiría, en una situación de crisis, bloquear nodos como el estrecho de Malaca por el que circula la mayoría de los buques petroleros con destino a sus puertos. China consume 13,5 millones de barriles de petróleo al día y el 75 por ciento es importado. Razones de seguridad energética favorecen, asimismo, una relación de confianza estratégica con Rusia, ya que el país eslavo está en condiciones de proporcionarle un porcentaje significativo de sus necesidades de gas y petróleo por vía terrestre, es decir, fuera del alcance de posibles bloqueos marítimos.

Durante los años en que Estados Unidos se ha mantenido fuera del Acuerdo de París, China ha combinado el apoyo al mismo con una trayectoria contradictoria de su sistema energético. Así, ha impulsado por un lado una ingente inversión en energías renovables y, por otro, ha mantenido un amplio programa de construcción de centrales térmicas de carbón. Según el Programa Medioambiental de las Naciones Unidas, desde 2010 hasta 2019 China invirtió en renovables 758.000 millones de dólares, el 29 por ciento del total mundial. Al mismo tiempo, el carbón ha continuado siendo el pilar central de su modelo energético (supone el 56 por ciento de su mix y el 65 por ciento de su generación eléctrica).

Asimismo, si bien han existido directrices para analizar el impacto climático de las inversiones llevadas a cabo en el marco de su proyecto geoestratégico la Franja y la Ruta, la implementación de aquellas ha brillado por su ausencia. Se estima que el 80 por ciento de las inversiones llevadas a cabo durante los últimos años se ha destinado a proyectos relacionados con las energías fósiles, y las instituciones financieras chinas han figurado entre los principales inversores en nuevas plantas de generación eléctrica de carbón en otros países asiáticos. La presión ejercida por Naciones Unidas ha obligado, no obstante, a reforzar la aplicación de criterios de sostenibilidad a la hora de diseñar e implementar los proyectos incluidos en la Franja y la Ruta, si bien no existen todavía evidencias que demuestren que se están realizando con un menor impacto climático.

En todo caso, el presidente chino Xi Jinping ha anunciado en el marco de la asamblea anual de las Naciones Unidas celebrada en septiembre de 2021 que su país deja de financiar centrales térmicas de carbón en el exterior, siguiendo así los pasos adoptados por Corea del Sur y Japón. Con posterioridad a dicho anuncio, todos los países del G-20 han aprobado en la reunión celebrada en Roma en 2021, previa a la cumbre de Glasgow, no financiar centrales térmicas de carbón en terceros países.

Entre 2015 y 2020 China ha añadido a su sector eléctrico 30.000 MW netos de centrales de carbón. Asimismo, en 2021 mantenía vigente un programa de 200.000 MW en nuevos proyectos en diferentes fases de planificación y aprobación. Teniendo en cuenta que las centrales suelen tener una vida útil de cuarenta años, existe el riesgo de que dichas inversiones provoquen que China desarrolle una fuerte dependencia de dicha tecnología no sólo a corto, sino a medio y largo plazo. La presión que ejercen las regiones productoras de carbón, el poder de los líderes provinciales y regionales de las zonas en las que dicho combustible desempeña un papel económico importante y la presión de los conglomerados energéticos e industriales vinculados a dicho combustible hacen que la batalla política sobre su retirada sea espinosa.

CIVILIZACIÓN ECOLÓGICA

La decisión de avanzar hacia la neutralidad en carbono para el año 2060 tiene profundas implicaciones que se complementan y refuerzan entre sí.

En primer lugar, China aspira a consolidar el papel referente que ha adquirido en la carrera tecnológica y económica de la transición energética. El horizonte de la neutralidad en carbono actuaría, en ese sentido, como un *driver* en el cambio dinámico del mix de tecnologías. Y es que la potencia o potencias que consigan liderar la transformación de la energía en la primera mitad del siglo XXI contarán con importantes ventajas competitivas que se traducirán en prosperidad económica, empleos de calidad y notable influencia internacional. En esa dirección, a lo largo de las últimas décadas, China ha tejido una importante red de relaciones comerciales y económicas tanto con países asiáticos como africanos y latinoamericanos, ricos en recursos naturales críticos como el manganeso, litio, níquel, cobalto, cobre, etcétera, con el fin de asegurar una provisión estable en posibles entornos de incertidumbre.

En segundo lugar, China tiene interés en avanzar hacia la neutralidad en carbono por razones de seguridad nacional. Además de las razones climáticas y económicas, el elemento geopolítico es clave. La estrategia de contención hacia China aprobada por Estados Unidos va a perdurar en el tiempo. China ha de resituar las coordenadas de sus escenarios a medio y largo plazo en función de esa realidad. La dependencia del exterior para sus necesidades de petróleo y gas se percibe, en ese sentido, como una debilidad estratégica.

En tercer lugar, las élites chinas han aprendido en la larga historia de su país que se necesita algo más sutil e inspirador que las bases materiales del poder para ser una referencia hacia otras naciones. Se precisa proyectar valores que inspiren reconocimiento. A diferencia de Occidente, la defensa de los derechos humanos, la libertad de las personas y la participación democrática del pueblo en las decisiones del gobierno y el Estado de Derecho no forman parte de sus activos de *poder suave*. Los dirigentes comunistas saben que su modelo autoritario de gobierno, su sistema de partido único, el Partido Comunista de China que todavía reivindica el legado marxista-leninista-maoísta de sus tiempos fundacionales, nunca va a resonar positivamente en las sociedades económicamente más avanzadas. Si bien China no alimenta una pulsión misionera hacia el resto de las naciones y, por tanto, no trata de cambiar regímenes ni moldear los sistemas de gobierno de otros países, sí aspira a que se le reconozcan valores civilizadores. Y a diferencia de Rusia, que busca proyectar su poder en términos de las capacidades militares de su Estado, China persigue una estrategia más sutil. Ahí, precisamente, se ubica el concepto de civilización ecológica.

En ese sentido, el marco de referencia en el que el presidente Xi Jinping ha situado dicha idea es significativo. En la conferencia *Pushing China's Development of an Ecological Civilization to a New Stage*, tras citar a los clásicos de su cultura –*El libro de las Mutaciones*, el *Tao Te Ching* de Lao Tse, así como a Mencio y a Xun Zi–, sentaba una serie de principios para conducir el avance hacia dicha civilización, señalando:

> Estos conceptos enfatizan la importancia de unificar el Cielo, la Tierra y el hombre, siguiendo el camino y las reglas de la naturaleza y utilizando aquello que esta nos ofrece con paciencia y frugalidad, y muestran que nuestros antepasados ancestrales comprendieron muy bien la necesidad de desarrollar una adecuada relación entre el hombre y la naturaleza [...]. La humanidad es una comunidad con un futuro compartido.

El tradicional motivo confuciano de armonía entre el Cielo, la Tierra y el hombre se concretaría, actualmente, en la búsqueda de una relación más armoniosa entre la economía, la sociedad y la naturaleza, que podría traducirse en la preservación de los ecosistemas y la diversidad biológica, el cuidado de los paisajes singulares, el disfrute de cielos limpios, el respirar aire no contaminado, el contar con ríos en estado natural, disponer de alimentos saludables, etcétera. En otras palabras, el concepto de civilización ecológica emerge también como elemento capaz de fortalecer la renovación del sentido de identidad nacional y la legitimidad del sistema vigente. No hay que olvidar que, en términos históricos, la actual dinastía roja es muy reciente (1949).

El liderazgo del país no ignora que la narrativa de democracia, libertad y derechos humanos propia de Occidente es muy poderosa y que el comunismo como sistema alternativo a la economía de libre mercado ha fracasado en el mundo. En ese marco de referencia, el concepto de civilización ecológica sirve como nodo de conexión entre el tradicional legado cultural confuciano y los desafíos a los que se enfrenta la humanidad en el siglo XXI. Los dirigentes chinos son conscientes de que la crisis climática y la destrucción ecológica de la biosfera son elementos definitorios de este periodo de la historia de la humanidad.[9] A pesar de las numerosas e importantes contradicciones prevalecerá su posición de responsabilidad climática en el marco del sistema multilateral de las Naciones Unidas.

8

Rusia, bastión del *statu quo* energético

La batalla de Stalingrado –la más feroz y letal batalla de la historia de la humanidad– terminó el 2 de febrero de 1943. Con una cifra de muertos estimada en más de un millón de personas, el derramamiento de sangre superó con mucho el de Verdún [...]. Aunque todavía faltaba año y medio para que el Ejército Rojo liberara los campos de concentración de Polonia, la batalla del Volga trastocó la mortal maquinaria nazi. Stalingrado marcó un punto de inflexión en la historia del mundo.

JOCHEN HELLBECK,
Stalingrado. La ciudad que derrotó al Tercer Reich

La superficie de Rusia es de 16 millones de kilómetros cuadrados, con diferencia el país más extenso del mundo. Desde las orillas del mar Báltico hasta el estrecho de Bering en el Pacífico su territorio abarca once husos horarios, casi la mitad de la longitud de la Tierra. Su principal acceso al mar lo proporciona el océano Ártico, salida que permanece helada buena parte del año. Al carecer de barreras naturales que protejan las extensas llanuras de los fríos vientos procedentes del norte polar (las grandes cadenas montañosas se encuentran en el sur y en el sudeste del país), la principal característica climática del Rusia es el intenso frío, en especial durante sus legendarios inviernos.[1]

En el lejano norte, en el cinturón comprendido entre el Círculo Polar y el océano Ártico, se extiende la tundra, caracterizada por la ausencia de masas arbóreas y por la presencia dominante de musgo y líquenes. Más al sur se encuentra la taiga, la mayor masa boscosa de coníferas del planeta, que abarca desde el mar Báltico hasta el océano Pacífico.[2] Al sur de la taiga se extienden las estepas, grandes planicies que conectan la Gran Llanura Húngara en el oeste, con la lejana Manchuria en el este, atravesando Ucrania, el norte del Cáucaso y Asia Central. Se trata de la denominada ruta de los pastizales, ecosistema ideal para los antiguos pueblos de jinetes que durante siglos dominaron las llanuras uniendo Oriente con Occidente. Debido a sus características climáticas y geográficas, la mayor parte del territorio (en especial la Rusia asiática que se extiende entre los Urales y el océano Pacífico), resulta inhóspita para los asentamientos humanos. De hecho, la parte asiática del país, que abarca 13 millones de kilómetros cuadrados, es el hogar de apenas treinta millones de personas, mientras que, por contraste, en las provincias chinas cercanas a la frontera rusa habitan más de trescientos millones.

AUTOCRACIA

Rusia se ha caracterizado históricamente por la combinación de un Estado fuerte (fuerzas armadas, cuerpos policiales, servicios de inteligencia y espionaje) y una economía relativamente débil. Desde la Revolución industrial y con excepción de la industria militar y espacial, apenas ha liderado ninguna revolución tecnológica relevante. Las enormes distancias geográficas, las malas comunicaciones, la escasa densidad de población, la climatología extrema y la dificultad para que las tierras siberianas sean productivas, han sido factores objetivos que han hecho difícil ese desarrollo.

Respecto al modelo de sociedad, Rusia se ha caracterizado por la crónica debilidad de las clases medias. La Revolución bolchevique de 1917 pudo triunfar porque la inmensa mayoría de la sociedad pertenecía a un campesinado muy pobre que vivía en condiciones deplorables, en un estado de servidumbre y analfabetismo propio de tiempos medievales. Durante siglos, en torno a la figura del zar se había desarrollado una aristocracia de origen noble (boyardos) que fue ampliándose con una nobleza funcional promovida por el propio emperador por medio de prebendas otorgadas a altos cargos de la burocracia y el ejército. Es decir, una inmensa mayoría de la población empobrecida y una minoría de privilegiados en torno al poder central. Y en medio, unas débiles clases medias cultas y cosmopolitas carentes de poder económico y político real. Dicho modelo de sociedad ayuda a comprender mejor la formación del sistema autocrático que, desde los inicios del siglo XXI, ha ido consolidándose bajo la presidencia de Vladímir Putin. Tras la década tumultuosa que tuvo lugar en los años noventa, el antiguo oficial del KGB ha ido imponiendo un modelo autoritario en el que el Estado de Derecho y la democracia han acabado siendo una cáscara vacía. La oligarquía enriquecida con la apropiación de los recursos naturales, tras las privatizaciones demoledoras de los años noventa, ha sido domesticada y puesta al servicio del Kremlin. Los importantes recursos económicos obtenidos de la exportación de petróleo y gas se han dirigido en buena medida a la modernización de las fuerzas armadas. En el proceso, las instituciones democráticas postsoviéticas han acabado siendo cajas de resonancia de las decisiones del líder. Hoy como ayer, las clases medias muy formadas, abiertas al exterior, que aspiran a una democracia homologable y moderna, carecen de empoderamiento. La mayoría social empobrecida y desatendida desde los poderes públicos cuenta con acceso a bienes y servicios básicos y apoya mayoritariamente al régimen. Domina un «estado profundo» dirigido por los servicios de inteligencia y seguridad herederos de la época de la URSS.

El eje vertebrador ideológico del sistema es el gran nacionalismo ruso. Ese río central se alimenta de varios afluentes entre los que sobresale la recuperación de las raíces cristianas ortodoxas, muy presentes en amplias capas populares humildes, así como la glorificación de las gestas militares del pasado y el orgullo no sólo de haber derrotado al Tercer Reich, sino de haberse enfrentado después a Estados Unidos y sus aliados occidentales durante las cuatro décadas de la Guerra Fría, generando un orden mundial bipolar. En base a esas narrativas, el sistema ha ido fortaleciendo y ampliando su legitimidad social al tiempo que ha ido forjando una identidad nacional moldeada sobre pilares muy conservadores, incluso reaccionarios, presentándose como bastión de la defensa de unos valores tradicionales cristianos sometidos al asedio de la modernidad occidental.

La conexión del régimen con los grupos de extrema derecha europeos es bien conocida, así como la admiración que despierta la figura de Vladímir Putin entre los círculos supremacistas blancos estadounidenses, empezando por el propio Donald Trump. En todo caso, los elementos ideológicos desempeñan una función instrumental al servicio del objetivo central, que no es otro que la acumulación y despliegue del poder a manos del Kremlin, con el objetivo de reconstruir una Gran Rusia capaz de cuestionar, en alianza con China, el orden liberal surgido tras la Segunda Guerra Mundial. En consecuencia, al igual que apoya a los grupos de la extrema derecha europea, colabora con aquellos países latinoamericanos gobernados por una izquierda autoritaria y antidemocrática como es el caso de Venezuela, Nicaragua y Cuba. Ambos extremos del arco ideológico le sirven al Kremlin para deslegitimar el sistema liberal democrático y la hegemonía de Estados Unidos, así como para erosionar la solidez y unidad de la Unión Europea.

POLÍTICA CLIMÁTICA

Rusia se ha mantenido dentro del régimen climático internacional porque su participación en los sucesivos acuerdos le ha permitido atraer inversiones,[3] y no hacerlo le hubiese sometido a presiones comerciales y diplomáticas. En todo caso, hay que recordar que ratificó el Protocolo de Kioto en 2004, siete años después de que fuese aprobado el 11 de diciembre de 1997, y que su ratificación del Acuerdo de París se produjo cuatro años después de su aprobación en la capital francesa; es decir, siempre ha ido arrastrando los pies.

En octubre de 2021, el presidente Vladímir Putin anunció en el contexto de la preparación de la cumbre climática de Glasgow que también su país se dispone a alcanzar la neutralidad en carbono para 2060. El hecho de que Rusia se haya sumado al amplio grupo de países que ha decidido apostar por la neutralidad en carbono hay que tomarlo, no obstante, con absoluta cautela, ya que no hay, hoy por hoy, ningún indicio serio de que se disponga a ir descarbonizando su economía en los próximos años, ni a apostar por las tecnologías renovables. Al contrario, la invasión de Ucrania ha evidenciado que los recursos obtenidos en las dos últimas décadas con sus exportaciones de petróleo y gas han sido decisivos para financiar la estrategia geopolítica del Kremlin.

Respecto a los impactos de la crisis climática, la comunidad científica rusa ha insistido en que serán muchos e importantes. Dada la inmensa geografía del país, estos varían considerablemente entre las diversas regiones. Así, no es extraño que coincidan inundaciones en las planicies siberianas, bañadas por ríos que se nutren del deshielo de las montañas del sur, con sequías en las zonas más próximas al Asia Central. La ola de calor extremo del verano de 2010 ha sido, hasta el momento, el evento climático más letal. Se estima que más de 50.000 personas murieron de forma prematura como consecuencia de una ola de calor que los servicios meteorológicos nacionales consideran que fue la más grave en los últimos quinientos años. Los incendios fueron tan peligrosos que varias bases de misiles nucleares tuvieron que ser evacuadas ante el riesgo de las llamas.

Otro impacto preocupante es el deshielo del permafrost o capa helada permanente que cubre una parte muy extensa del territorio. En primer lugar porque las emisiones de metano y de CO_2 retenidos en su interior contribuyen a acelerar el cambio climático; en segundo lugar porque en dichas capas heladas se ha construido a lo largo de los años una enorme y compleja red de infraestructuras –carreteras, gasoductos, sistemas de calefacción, edificios, casas, etcétera–, incluyendo la industria gasista y la del petróleo; de hecho, en 2020 tuvo lugar un grave desastre ecológico en ese sentido;[4] y en tercer lugar, el deshielo posibilita que se activen virus y bacterias que han permanecido en estado latente durante mucho tiempo y que podrían entrar en contacto con los humanos, fenómeno del que ya se han documentado varios casos de ántrax.

El deshielo del Ártico

Rusia es el país con la autopercepción más favorable respecto a los impactos del cambio climático en su territorio. Parte de las élites económicas y políticas todavía consideran que el incremento de la temperatura tendrá efectos positivos, en especial por la apertura del Ártico, salida natural al océano con 24.000 millas de línea de costa.

En 2007, el más famoso de los exploradores rusos, Artur Chilingárov, encabezó la expedición en la que dos minisubmarinos plantaron una cápsula de titanio con la bandera rusa en el fondo del mar, a 4.200 metros, en el Polo Norte. Moscú sostiene que la cordillera submarina Lomonosov es una extensión de su plataforma continental, por lo que de acuerdo con la Ley Internacional del Mar reclama la soberanía sobre la misma. La mitad del territorio existente del Ártico y la mitad de la población que vive en él forman

Mapa del Ártico.

parte de Rusia, lo que refuerza su demanda. De hecho, cuenta con una historia de siglos de relación con la región. El progresivo deshielo del Ártico tendrá una honda repercusión geoestratégica por varias razones. En primer lugar, una parte importante de las reservas globales de petróleo y gas se encuentra en la plataforma marina de la región, por lo que Rusia tiene interés en controlar la zona y en que el deshielo la haga más accesible a su explotación. Según estimaciones del Centro de Estudios Geológicos de Estados Unidos, la cuarta parte de los recursos de hidrocarburos pendientes de descubrir en el planeta se hallan en el Ártico. Ahora bien, su explotación es extraordinariamente cara y difícil por lo que, en el caso de llevarse a cabo, dichos recursos se encontrarían entre los primeros en quedar varados en un escenario de descarbonización internacional.

En segundo lugar, Rusia está interesada en favorecer la Ruta Marina del Norte (Northern Sea Route, NSR) como alternativa al canal de Suez, conectando los importantes tráficos del este de Asia con la Europa noroccidental mediante rutas que podrían reducir de forma considerable la duración de los viajes. Es el país mejor situado geográfica y logísticamente (dispone de puertos y de una amplia flota de buques rompehielos) para beneficiarse de esa potencial actividad marítima, si bien las dificultades para traducirlo en una realidad comercial tangible son de momento extraordinarias.

Por último, el deshielo del Ártico ampliará las posibilidades para el desarrollo de las extensas regiones siberianas, que se beneficiarían de la apertura de un océano que habría ganado protagonismo y actividad. La existencia de modernos puertos y líneas de cabotaje a lo largo del litoral podría proporcionar salida a las riquezas naturales de la región.[5]

PETROESTADO

Rusia es un país muy dependiente de su explotación de las materias primas fósiles, obteniendo de ellas entre un tercio y el 40 por ciento de sus recursos fiscales. Según el informe *Global and Russian Energy Outlook 2019* elaborado por The Energy Research Institute of the Russian Academy of Sciences, el país eslavo fue, en 2018, el principal exportador de gas del mundo, el segundo de petróleo y el tercero de carbón. Con el 2 por ciento de la población y el 3 por ciento del PIB global, Rusia proporcionó ese año el 10 por ciento de la producción mundial de energía primaria.

El sistema energético ruso refleja el peso abrumador de los hidrocarburos. El gas proporciona el 53 por ciento de la energía primaria, el carbón el 18 por ciento y el petróleo el 17 por ciento. Complementariamente, la energía nuclear aporta el 8 por ciento, la energía hidroeléctrica el 2 por ciento y un uno por ciento las otras renovables. Entre 1990 y 2018, Rusia incrementó el tamaño de su economía por un factor de tres gracias a sus exportaciones de petróleo y gas, sobre todo durante los primeros años del siglo XXI, momento en el que predominaba un entorno de precios muy altos del barril. En el año 2018 el tamaño nominal de su economía era de 1,65 billones de dólares (parecido al de Italia). El valor total de las exportaciones alcanzó ese año los 449.000 millones de dólares, de los que 256.000 procedían de los combustibles fósiles (207.000 del petróleo, 49.000 del gas y 17.000 del carbón).

Poco después de que Occidente aprobase las represalias económicas tras su anexión de la península de Crimea en 2014, Rusia negoció un acuerdo comercial con China mediante el cual se comprometió a venderle 38.000 millones de metros cúbicos de gas al año durante los próximos treinta años (comenzando en 2018). Si bien no se hicieron públicos los términos económicos del acuerdo, se estima que China logró unas condiciones muy favorables. Europa ha sido, no obstante, el principal mercado para el gas ruso, ya que las exportaciones se han dirigido de manera prioritaria hacia el subcontinente.

Se estima que en la actualidad (2022) el 72 por ciento del total de exportaciones de gas de Rusia se dirigen a diferentes países de la Unión Europea. Visto desde la perspectiva contraria, el 45 por ciento de las importaciones europeas de gas provienen del país eslavo. Tras el colapso del sistema soviético, el gas se transportaba principalmente vía Ucrania. Sin embargo, a principios del XXI, diversos conflictos, tanto por las normas de tránsito como por divergencias de carácter político, llevaron a Rusia a poner en marcha nuevos

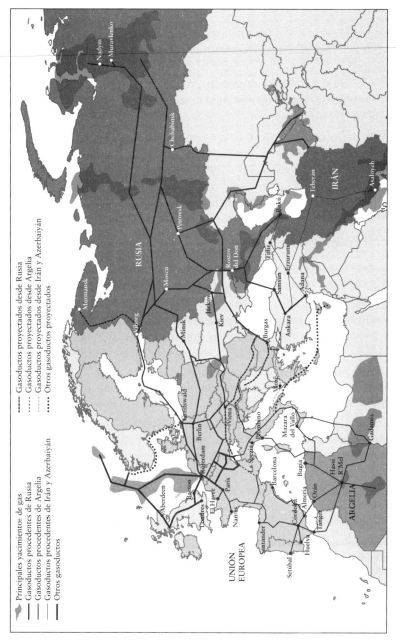

Red de gasoductos que conectan a la Unión Europea.

proyectos que evitaran cruzar el territorio ucraniano. Esas disputas, así como la ubicación geográfica de grandes yacimientos en la península de Yamal, contribuyeron a la decisión de construir el gasoducto Nord Stream 1 y, posteriormente, el Nord Stream 2 finalizado en 2018, y que ha quedado políticamente bloqueado por el gobierno alemán como consecuencia de la invasión de Ucrania. La red de gasoductos que conecta Rusia con Europa es el elemento central en la geopolítica energética rusa, dirigida personalmente por Vladímir Putin.

Rusia se enfrenta ahora al formidable desafío estratégico que supone la anunciada desvinculación del gas ruso por parte de la Unión Europea. China, aliada del Kremlin, va a requerir ingentes cantidades de gas a medida que, a lo largo de los años, vaya retirando el carbón de su sistema de generación eléctrica y de sus usos industriales, pero es muy difícil que el país asiático pueda absorber la mayor parte de los 155.000 millones de metros cúbicos anuales de gas que Rusia exporta a la Unión Europea.

La Estrategia Nacional de Energía de la Federación Rusa 2030 (presentada en 2020) establecía de manera explícita que las exportaciones energéticas «irán dirigidas a fortalecer las orientaciones de la política exterior». El uso geopolítico de la energía ha sido habitual en sus relaciones con antiguas repúblicas soviéticas, así como con los países de Europa Central. La crisis de Ucrania lo ha corroborado una vez más.

Antes de la invasión, la apuesta estratégica del Kremlin en el ámbito energético era continuar ocupando una posición central como proveedor de hidrocarburos (gas y petróleo) a lo largo de las tres próximas décadas, ya que Rusia no sólo dispone de cuantiosas reservas sino que sus costes de extracción son reducidos (del orden de 20 dólares el barril). Moscú consideraba que podría ir adaptando sus exportaciones a los cambios que vayan teniendo lugar en los diferentes mercados, procurando que la descarbonización del sistema se alargue todo lo posible en el tiempo.

Un elemento importante de su cálculo estratégico era que la retirada del carbón de Asia –China, India, Vietnam, Japón, etcétera– crearía una buena oportunidad para la exportación de gas, ya que no siempre estarían disponibles las alternativas renovables. Respecto al petróleo, confiar en que amplios mercados asiáticos, africanos y latinoamericanos continúen demandando su crudo una vez que comience a descender la demanda como resultado de los objetivos de descarbonización aprobados por ciento cuarenta naciones. En ese cálculo, la relación de colaboración y coordinación con Arabia Saudí en el marco de la OPEP+ aparecía como un elemento central con el fin de poder controlar el descenso de la curva de oferta de petróleo.

Ahora bien, con la guerra de Ucrania, Rusia ha cruzado el Rubicón y su estrategia energética a medio y largo plazo ha quedado hecha añicos. La primera invasión militar de un Estado europeo soberano en ochenta años ha quebrado no sólo la arquitectura de seguridad del subcontinente, sino que las relaciones con los países que forman parte de la Alianza Atlántica y de la Unión Europea han entrado en abierta confrontación (no militar). Por primera vez desde la crisis de los misiles de 1962 se ha vuelto a hablar de la posibilidad de una tercera guerra mundial. La Unión Europea era la pieza central de su estrategia energética y, en consecuencia, la desconexión del gas y el petróleo europeos le exige reordenar su mapa de prioridades.

En otro orden de cosas, a pesar del potencial existente en energía hidráulica, Rusia no ha mostrado hasta el momento mayor interés en el desarrollo de tecnologías renovables, ni siquiera en aquellas como el hidrógeno verde vinculadas a una utilización industrial, si bien sí está tratando de posicionarse en el desarrollo del hidrógeno azul (obtenido del gas) y del hidrógeno gris (obtenido del carbón o del petróleo).

Señalar, finalmente, que el país de las estepas tiene un extraordinario margen de mejora en su eficiencia energética. Ahora bien, dos obstáculos se interponen en el camino. El primero, la escasez de capitales para abordar las mejoras en un momento en que las economías occidentales han cerrado su acceso a los mercados financieros internacionales. El segundo, el hecho de que el consumo de gas en los hogares y en las industrias se encuentre muy subvencionado. Ajustar sus precios a los del mercado sería una decisión política muy delicada, sobre todo en el caso de las familias. Y es que una amplia mayoría social vive en condiciones muy precarias y calentar la casa es, especialmente en Rusia, un bien de primerísima necesidad.

Por último, es preciso señalar que, con la brutal invasión de Ucrania, toda posibilidad de colaboración constructiva por parte de Rusia con la agenda climática internacional ha quedado en entredicho. En la actualidad, no es realista esperar que Rusia colabore en una solución cooperativa a la crisis climática. Es, hoy por hoy, más parte del problema que de la solución.

9

India, el poder de la demografía

En la Tierra hay suficiente como para satisfacer las necesidades de todos, pero no tanto como para satisfacer la avaricia de algunos.

MAHATMA GANDHI

India es un gigante demográfico. Se prevé que hacia 2027 sea el país más poblado del mundo, con mil quinientos millones de personas.[1] Es, asimismo, una gran economía.[2] Sin embargo, continúa siendo un país en vías de desarrollo. Su renta per cápita en paridad de compra es menos de la mitad de la media mundial.

India ha duplicado su demanda de energía entre el año 2000 y el 2020, periodo en el que ha logrado la proeza de llevar energía eléctrica a los hogares de novecientos millones de personas. A pesar de ser un país muy extenso, su densidad de población es elevada y las presiones sobre el uso del agua y del territorio son intensas. Todo ello hace que los parámetros de su desarrollo sean diferentes a los de las otras cuatro potencias analizadas. Así, en 2021, seiscientos sesenta millones de personas continuaban utilizando biomasa, sobre todo leña, para cocinar, y doscientos cincuenta millones se encontraban en situación de pobreza extrema.

Desde la Cumbre de la Tierra celebrada en Río de Janeiro en 1992, la posición de India sobre el cambio climático ha sido: «no es nuestra responsabilidad, que lo arreglen los países ricos». Habiendo crecido su economía de forma considerable desde comienzos del siglo XXI, India otorga una prioridad absoluta a su desarrollo económico y social con el objetivo de aliviar sus bolsas de pobreza y aspira a afianzarse como potencia emergente apoyándose en el peso de su demografía, además de su economía, geografía, historia y cultura. En ese sentido, las necesidades de desarrollo respecto a la calidad del aire de sus ciudades, el urbanismo, la vivienda, el transporte, el desarrollo industrial, las redes de distribución eléctrica, etcétera, se sitúan en una escala muy superior a las de las otras potencias, incluida China, país que desde 1980 ya ha llevado a cabo una parte importante de su proceso de modernización económica. Al mismo tiempo, el subcontinente indio es uno de los puntos críticos del cambio climático (véase capítulo 2). Las llanuras cerealistas del Indo-Ganges, de las que depende la alimentación de doscientos millones de personas, verán disminuidas de forma drástica sus cosechas debido al estrés producido por el calor. Asimismo, la subida del nivel del mar y la penetración de los ciclones tropicales del golfo de Bengala ocasionarán impactos severos en el densamente poblado delta del Ganges-Brahmaputra en Bangladés.

Por su parte, Pakistán depende de las aguas provenientes del sistema de glaciares del Himalaya para alimentar el cauce del río Indo, columna vertebral de la economía agraria del país. De hecho, el enquistado conflicto entre India y Pakistán por la región fronteriza de Cachemira se debe, en gran medida, al control de las fuentes del río Indo, sin el cual un país desértico como Pakistán no es viable. En consecuencia, las élites políticas y económicas de India son conscientes de que una crisis climática disruptiva presenta amenazas formidables para el desarrollo económico, la estabilidad y la seguridad de una región de la que India es la potencia estabilizadora central.

UNA NACIÓN JOVEN

Desde la antigüedad, India ha desarrollado una importante civilización. A diferencia de China, que ha mantenido su unidad política a lo largo de los últimos veintitrés siglos, el subcontinente indio sólo ha conocido una unidad política semejante en contadas ocasiones.

En el siglo III a.C. el emperador Asoka gobernaba un vasto territorio que comprendía la actual India, Bangladés, Pakistán, parte de Afganistán y de Irán. Posteriormente, el imperio se dividió en reinos rivales. Tras reunificarse siglos más tarde, volvió a escindirse en el siglo VII. Entre los invasores que asolaron la India a lo largo de su historia,[3] los mogoles fueron quienes llevaron más lejos la reunificación del subcontinente,[4] pero ni siquiera ellos lograron dominar los reinos y dinastías hinduistas que perduraron en el sur. La permeable frontera noroeste del país es el lugar por el que irrumpió la mayoría de las oleadas invasoras. Robert D. Kaplan sostiene que la recurrencia de las invasiones tuvo mucho que ver con los imperativos de la geografía. Sind y el valle del río Indo, incluido el Punjab, forman una especie de antesala de la India a la que se accede por un paso de apenas doscientos cincuenta kilómetros de ancho, el que separa el desierto del Thar de la cordillera del Himalaya. En esa confluencia se sitúa la capital, Delhi. Así, India conectaba en el noroeste con las estepas del Asia Central y el Gran Oriente Medio y, por lo tanto, con un islam guerrero y conquistador, mientras que en el sur y el este el resto del subcontinente se mantenía enraizado en el hinduismo, por lo que apenas se vio afectado por las invasiones.

Anclada en unas raíces milenarias, la sociedad y la cultura indias apenas se dejaban penetrar por la influencia extranjera. Se diría que las invasiones llegaban y, tiempo después, se desvanecían, mientras que la India profunda permanecía impermeable. Ahora bien, como señala Shivhankar Menon, experto indio en temas de seguridad y política exterior, es importante no realizar una lectura sesgada de la historia de la India desde el prisma de la antigua metrópoli británica, ya que el énfasis en la «historia de mil años de invasiones» contiene un relato que tiende a justificar la invasión colonial por parte del imperio británico. Shivhankar recuerda que ese relato se circunscribe a los valles del Indo y el Ganges, mientras que la historia de la India es la del conjunto del subcontinente.

En el siglo XIX, el dominio colonial británico puso en marcha un proyecto político que incluía los actuales estados de Pakistán, India, Bangladés y Birmania. Cuando Gran Bretaña se hizo con el control directo del subcontinente a partir del motín de los soldados musulmanes e hinduistas, en 1857, Londres desarrollaría una amplia red ferroviaria que fue cosiendo el territorio desde la frontera de Afganistán hasta el sur, desde Karachi hasta el actual Bangladés. Una burocracia experimentada se encargaría de gobernar el país.

La existencia de un Estado moderno erigido por el Reino Unido favorecería a la larga, por oposición, el desarrollo de la conciencia nacional india y su consiguiente lucha por la independencia.

PAKISTÁN, EL ETERNO RIVAL

El Estado actual de India no se corresponde con las fronteras geográficas del subcontinente, ya que este incluye también a Pakistán, Bangladés, Bután y Nepal. La división del territorio es consecuencia de la partición en 1947, tras lograr la India la independencia. Siete millones de musulmanes abandonaron el país para formar su propia comunidad política a pesar de que la constitución era laica y, como tal, protegía y garantizaba los derechos de todas las creencias religiosas. El trauma de la escisión no sólo ha perdurado hasta nuestros días, sino que se ha enquistado y agravado con el paso del tiempo. A lo largo de casi ocho décadas transcurridas desde entonces, ambos países se han enfrentado en cuatro guerras abiertas (en las que ha prevalecido India) y mantienen un estado permanente de tensión en la región fronteriza de Cachemira, a los pies del Himalaya. En 1970, como consecuencia de uno de los conflictos, Pakistán hubo de dividirse en dos, convirtiéndose su lado oriental en el actual Bangladés.

Robert D. Kaplan en su mencionado libro *La venganza de la geografía* describe lo que significa para India la presencia de Pakistán en su frontera:

> Desde la perspectiva histórica de India, Pakistán representa mucho más que un adversario que dispone de armas nucleares, o un Estado que patrocina el terrorismo, o que posee un gran ejército convencional a las puertas de su casa. Pakistán, al noroeste de la India, donde las montañas se encuentran con la llanura, es la personificación geográfica y nacional de las invasiones musulmanas que han asolado la India a lo largo de su historia. Se cierne amenazador al noroeste del mismo modo que lo hicieron las fuerzas invasoras musulmanas en el pasado [...]. El que el temor de India hacia Pakistán sea algo existencial –y viceversa– no debería sorprender a nadie.

A nivel geopolítico algunos autores sostienen que Pakistán es, para India, una distracción estratégica, ya que el rival con el que de verdad ha de medirse es China, la principal potencia del Asia-Pacífico. Ahora bien, la existencia en sus fronteras de un país como Pakistán cuyo Estado es notoriamente disfuncional, así como la proximidad de un Afganistán que ha estado en guerra los últimos cincuenta años y que, en la actualidad, está gobernado por los talibanes, hace que la región sea considerada como la más peligrosa del mundo.

A Pakistán se le compara, en ocasiones, con Yugoslavia, dado el difícil encaje político de sus grupos étnicos –baluchis, sindis, punyabíes y pastunes–, a quienes el islam no ofrece suficiente argumento integrador a la hora de forjar una unidad nacional estable. A ello hay que añadir una demografía en ascenso, niveles de pobreza elevados, ciudades caóticas, además de la profundidad y persistencia de la presencia de diversas ramas de la yihad islámica. Todo ello convierte a Pakistán en un país cuyos cimientos institucionales, económicos y sociales son endebles. Su funcionalidad e integridad nacional depende de su ejército y de su aparato de seguridad, auténtico poder fáctico dentro del Estado. El hecho de que Pakistán pueda desmoronarse hace que la seguridad sea para India un elemento que no puede pasar por alto. Ese factor condiciona su despliegue como potencia emergente de alcance global. Para complicar más las cosas, al noroeste del subcontinente se encuentra Bangladés, uno de los países más pobres del mundo y de los más vulnerables a los impactos de la crisis climática.

En definitiva, las ambiciones legítimas de India de convertirse en una potencia global importante del siglo XXI colisionan con una geografía circundante dominada por países inestables como Bangladés, Birmania, Sri Lanka y Pakistán, que le obligan a ejercer una labor permanente de estabilización regional. Además, su realidad socioeconómica, a pesar de su notable despegue y de sus logros comerciales y de prestación de servicios internacionales, se encuentra todavía alejada de los parámetros que caracterizan a las naciones a las que se reconoce un estatus de gran potencia.

DEPENDENCIA DEL CARBÓN,
APUESTA SOLAR

En el año 2019, el 46 por ciento de la energía primaria de India procedía del carbón, el 25 por ciento del petróleo y el 5 por ciento del gas. El 24 por ciento no fósil se dividía en un 16 por ciento biomasa, 4 por ciento hidroelectricidad, 3 por ciento viento y sol, y un uno por ciento nuclear. El país presenta una notable dependencia energética del exterior. Después de China, es el segundo mayor importador de petróleo del mundo: 75 por ciento de su consumo anual. La Agencia Internacional de la Energía en su informe *India, Energy Outlook 2021* estima que la dependencia de la importación de petróleo alcanzará el 90 por ciento en 2040 si no se introducen cambios sustanciales en la política energética. India tiene, por lo tanto, un interés estratégico en transitar hacia un sistema basado en tecnologías renovables propias y aspira, incluso, a ser una potencia global en energía solar.

En el año 2021, India contaba con 250 GW de potencia instalada en centrales de carbón en su sector eléctrico (incluyendo las que se encuentran en un estado de avanzada construcción), el tercer parque más grande del mundo. Disponía de otros 25 GW en cartera en diferentes grados de desarrollo. En los últimos años, sin embargo, muchos proyectos han sido abandonados debido a las crecientes dificultades de financiación internacional del carbón y a que la demanda real de electricidad ha sido menor que la prevista y planificada en 2011. De hecho, el grado de utilización media de dicho parque se encuentra por debajo del 50 por ciento (el 70 por ciento de la generación eléctrica del país depende de dicho combustible fósil).

India es el segundo productor de carbón del mundo. Desde 1970, la empresa de titularidad pública Coal India Limited ha sido la principal productora y, en la actualidad, figura como la mayor empresa de carbón del mundo. La mencionada compañía produjo, en 2019, 600 millones de toneladas de un total nacional de 800 millones, mientras que el consumo del país alcanzó los 979 millones. India continúa importando carbón para su industria del acero, ya que la calidad de su materia prima no es adecuada. El hecho de que Coal India sea el principal empleador público del país introduce un importante factor social en su transición energética. En ese sentido, será decisivo equilibrar su proceso hacia la descarbonización con vigorosos programas sociales y de desarrollo regional y local, con el fin de ofrecer salidas laborales a los numerosos trabajadores tanto en las minas como en las centrales térmicas. De lo contrario, su transición energética podría fracasar al no ser política y socialmente viable.

Hay que señalar también que las emisiones de partículas procedentes de las centrales térmicas y una flota de vehículos muy antigua e ineficiente han contribuido, en los últimos años, a empeorar la calidad del aire de sus ciudades, hasta el punto de que se consideran las más contaminadas del mundo. La Organización Mundial de la Salud estima que en la India se producen más de un millón de muertes prematuras cada año como consecuencia de la mala calidad del aire.

Por otro lado, el país asiático cuenta con un gran potencial de generación solar. El despliegue en años recientes ha sido espectacular. En el año 2020 las tecnologías renovables suponían el 20 por ciento de la potencia eléctrica instalada. El gobierno se ha fijado el objetivo de desplegar 500 GW de renovables para 2030, lo que convertiría a la India en una referencia global en el ámbito de la energía solar. Asimismo, el presidente Narendra Modi anunció, en la cumbre de Glasgow, que su país aspira a que, en esa fecha, el 50 por ciento de la generación eléctrica provenga de fuentes renovables, lo que significará duplicar el porcentaje actual.

EL DESARROLLO ECONÓMICO
Y SOCIAL COMO PRIORIDAD

El país de Mahatma Gandhi y Jawaharlal Nehru ha mantenido tradicionalmente una posición de no alineamiento ante los conflictos entre las grandes potencias, no dejándose envolver en la trama de intereses y presiones de otros países. En años recientes, si bien Estados Unidos ha atraído hasta cierto punto a India a su política de contención hacia China, a la hora de la verdad, India no renunciará a su autonomía estratégica, ya que esa posición se encuentra fuertemente enraizada en su cultura nacional, tal como ha corroborado su no implicación en el conflicto diplomático abierto como consecuencia de la guerra de Ucrania (India ha mantenido tradicionalmente buenas relaciones con Rusia).

Desde hace treinta años, India ha considerado el cambio climático un problema creado por los países ricos y, por lo tanto, es a ellos a quienes corresponde resolverlo. Plenamente consciente de los bajos niveles de desarrollo y de la pobreza extrema que caracterizan a su país, India supedita su estrategia climática a esas prioridades nacionales. Insiste, y con razón, en sus escasas emisiones históricas, así como en el hecho de que sus emisiones per cápita son aproximadamente la sexta parte de las de Estados Unidos y la mitad de la media mundial. En todo caso, India es responsable de algo más del 6 por ciento de las emisiones globales de gases de efecto invernadero y su ritmo de crecimiento es importante. Ha sobrepasado recientemente a la Unión Europea en cifras absolutas, convirtiéndose en el tercer emisor después de China y Estados Unidos. Sus decisiones energético-climáticas suscitan, en consecuencia, un escrutinio intenso a nivel internacional.

El anuncio en la cumbre de Glasgow por parte de su presidente de que se propone alcanzar la neutralidad en carbono en 2070 fue el más sustantivo de los realizados en la COP26. Si se lleva a cabo de manera adecuada, significará disminuir el aumento de la temperatura varias décimas de grado. En todo caso, está aún por ver cómo esa visión a largo plazo afecta a las decisiones energéticas en 2030, tal como se comprobó con su decisivo papel evitando que el comunicado final de la cumbre mencionase el abandono del carbón.

Lo más probable es que la defensa de bienes comunes globales como el clima no sea una prioridad nacional ni geopolítica en los próximos años. India se mantendrá beligerante en la exigencia a las economías desarrolladas para que pongan límite a sus emisiones y abogará de manera firme para que los países ricos ayuden económicamente a los del Sur global no sólo a adaptarse a los impactos del cambio climático, sino a realizar sus respectivas transiciones energéticas.

Según la Agencia Internacional de la Energía (2021), India es el país del mundo que más energía va a demandar en los próximos treinta años. A lo largo de las próximas décadas va a construir una ingente cantidad de fábricas, edificios, carreteras, autopistas, líneas de ferrocarril, redes de transporte y distribución de electricidad, puertos, aeropuertos, etcétera, con el fin de acercarse a los niveles de desarrollo por persona en la media mundial. La escala de ese desarrollo sólo será comparable a la que ha conocido China en las últimas cuatro décadas.

Si en los próximos veinte o treinta años ese despegue económico se basa en un sistema energético en el que predominen el carbón y el petróleo, las consiguientes emisiones de gases de efecto invernadero anularán en buena medida los esfuerzos de mitigación logrados por el resto de la comunidad internacional. Por lo tanto, las instituciones financieras internacionales y los países desarrollados, con la Unión Europea al frente, deberían implicarse en la ayuda económica, financiera y tecnológica, con el fin de que su desarrollo se lleve a cabo integrando plenamente la variable climática. Hacia 2050-2055, India podría alcanzar su neutralidad en carbono si las instituciones financieras internacionales y las economías desarrolladas le ayudasen económica y tecnológicamente.

10

Europa, liderazgo climático

La Unión Europea es la primera institución de gobierno de la historia que hace hincapié en las responsabilidades de los seres humanos para con el entorno global, la primera que convierte esta responsabilidad en una pieza clave de su visión política. [...] Las nuevas lealtades transversales dirigidas tanto a los intereses materiales como a las responsabilidades medioambientales globales suponen el surgimiento de un nuevo marco de pensamiento carente de antecedentes históricos.

JEREMY RIFKIN, *El sueño europeo*

El subcontinente europeo, situado en el extremo occidental de Eurasia, disfruta de un clima relativamente suave gracias a los efectos benignos de la corriente del Atlántico Norte. Encajado entre el mar Mediterráneo y el desierto del Sahara al sur, el océano Ártico al norte, los montes Urales al este y el océano Atlántico al oeste, se extiende a lo largo de una superficie de 10 millones de kilómetros cuadrados. Los mares Mediterráneo, Negro, Báltico y del Norte delimitan un extenso litoral de 37.000 kilómetros, caracterizado por su sinuoso y accidentado perfil dotado de numerosos puertos naturales que han favorecido la históricamente importante orientación marítima de las sociedades europeas.

A partir del descubrimiento de las tierras americanas y la circunnavegación del globo, Europa desempeñaría a lo largo de los siguientes cuatro siglos un papel central en la configuración del orden global.

COMPROMISO Y RESPONSABILIDAD

La Unión Europea ha sido, entre las grandes economías, quien con más claridad y compromiso ha luchado contra el cambio climático desde la Cumbre de la Tierra que tuvo lugar en Río de Janeiro en 1992. Entre 1990 y 2019, ha disminuido un 25 por ciento sus emisiones de gases de efecto invernadero al mismo tiempo que la economía ha crecido el 62 por ciento en términos reales. La experiencia europea ha sido concluyente en lo referente a que la disyuntiva real no es entre decrecimiento de la economía versus crisis climática, como defienden algunos círculos minoritarios. Quienes propugnan el decrecimiento como respuesta al cambio climático no tienen en cuenta el papel del sistema energético en el espacio intermedio entre la economía y las emisiones. Para la crisis del clima, no es relevante la magnitud del producto interior bruto de un país (representa un agregado monetario intangible, un constructo), sino el flujo físico-químico que suponen las emisiones a la atmósfera que genera esa economía.

La conocida identidad de Kaya (Yoichi Kaya) explica cómo las emisiones son el resultado de cuatro variables: población, renta media por persona, intensidad energética de la economía e intensidad de carbono del mix energético. Mediante una mayor eficiencia energética y una descarbonización del mix se puede disminuir de forma notable las emisiones, a la vez que la economía (PIB) y la renta per cápita continúan creciendo. En otros términos, una economía cuyo sistema energético sea altamente eficiente, que haya retirado el carbón de su mix y cuya generación eléctrica sea de origen solar y eólica, generará muchísimas menos emisiones que otra economía de tamaño semejante cuyo modelo energético se base en el carbón y sea ineficiente en sus procesos productivos. A ese proceso se le denomina desacoplamiento. La Economía ambiental lo ha explicado y defendido durante décadas. Hoy en día, ha quedado empíricamente demostrado con la trayectoria de la Unión Europea posterior a 1990.

Desde 1992, la Europa comunitaria se ha forjado una sólida reputación internacional en el ámbito del cambio climático, y se ha convertido, junto con China, en el principal proveedor mundial de tecnologías verdes, estimándose en 1,35 millones los puestos de trabajo en la industria europea de las energías renovables. Asimismo, desde el año 2007, la respuesta a la crisis climática se ha convertido en un elemento central de su proyección exterior.

El principal elemento diferencial respecto al otro lado del Atlántico ha sido la existencia de un amplio consenso sobre las bases científicas del cambio climático entre todas las fuerzas políticas relevantes del subcontinente. Ha sido importante, en ese sentido, que líderes conservadoras de referencia como Margaret Thatcher y Angela Merkel comprendieran desde el primer momento, gracias a su formación científica, la gravedad de la crisis climática y se implicaran en la respuesta no sólo nacional, sino europea e internacional.

Ese consenso ha venido, a su vez, alentado por la importancia que la sociedad civil ha otorgado a la crisis climática, lo que ha generado una presión constante sobre los responsables políticos nacionales y comunitarios. En especial, las organizaciones medioambientales, que, desde los años noventa, han ejercido una constante presión sobre las instancias nacionales y europeas. En ese sentido, el hecho de que la Comisión Europea sea una institución elegida indirectamente ha favorecido que pudiese planificar sus estrategias a largo plazo sin excesivas interferencias de los ciclos electorales a corto plazo, lo que en un tema como la crisis climática, que precisa largos periodos de tiempo para ofrecer resultados tangibles, ha resultado una ventaja. Asimismo, el Parlamento Europeo ha actuado como caja de resonancia de la sensibilidad existente en la sociedad. De hecho, ha sido la primera institución mundial de alto nivel en declarar la emergencia climática.

En otras palabras, desde hace treinta años no ha existido ninguna fisura importante entre las principales familias políticas acerca de las bases científicas del cambio climático, tal y como las ha presentado el IPCC a través de sus sucesivos informes. En Europa, el negacionismo climático ha sido un fenómeno marginal, sin relevancia institucional. De hecho, las tres principales potencias –Alemania, Francia y el Reino Unido– han figurado de manera estable entre las naciones más comprometidas a nivel global con la agenda climática.

Alemania con su *energiewende* o transición energética ha sido durante al menos quince años (2000-2015) la referencia obligada cuando se hablaba de tecnologías renovables, si bien su dependencia del carbón en el sector eléctrico ha continuado siendo relevante; hay que destacar también el papel crucial de Francia en el éxito de la cumbre de París; el Reino Unido, como el primer país del mundo en aprobar una ley sobre cambio climático, en 2008, y cuyo gobierno encargó el influyente Informe Stern sobre economía y clima. A partir de 2018, España se incorporó a ese grupo de vanguardia acogiendo la COP25 en Madrid (ante la renuncia a hacerlo por parte de Chile, dados los graves problemas internos) y poniendo en marcha una serie de leyes, planes y estrategias que en cuatro años han provocado un cambio sustancial en la agenda climática y energética del país, incluyendo una disminución significativa de sus emisiones. Y lo ha hecho contando con un amplio acuerdo social gracias a lo que se ha conocido como «transición justa», desempeño que le ha valido el reconocimiento de las Naciones Unidas.

El instrumento de compraventa de permisos de emisión (EU ETS) ha resultado decisivo para lograr dicho resultado europeo de manera eficiente. La Unión Europea puso en marcha el sistema en 2005, y cubre en torno al 45 por ciento de las emisiones domésticas, procedentes de alrededor de 11.000 instalaciones intensivas en energía, así como de una parte de la aviación intraeuropea. La Comisión ha estimado que entre 2005 y 2019 el sistema EU ETS ha contribuido a una reducción del 35 por ciento de las emisiones en los sectores afectados. Asimismo, ha puesto en marcha los trabajos técnicos necesarios para actualizar el sistema con el fin de encauzarlo con los ambiciosos objetivos de mitigación aprobados para 2030 (reducción de emisiones del 55 por ciento respecto al año 1990) y hacia la neutralidad climática del subcontinente en 2050.

En todo caso, a pesar de su liderazgo climático, la Unión Europea no ha podido evitar que las emisiones mundiales se hayan incrementado un 58 por ciento entre 1990 y 2019. En consecuencia, Europa habría de pasar a una fase más asertiva hacia otros actores de la comunidad internacional. En un momento en el que las alternativas tecnológicas limpias están disponibles y son coste-eficientes en generación eléctrica (previsiblemente lo serán cada vez más en la movilidad), Europa habría de multiplicar sus instrumentos persuasivos para evitar que otros países sigan externalizando sus emisiones. En otras palabras, ya no se trata tanto de demostrar que Europa hace bien las cosas en el interior, *ad intra*, sino de hacer valer el peso de su mercado único y de su fortaleza económica y comercial para evitar una deriva climática de consecuencias catastróficas como consecuencia de la no acción climática de otras potencias, *ad extra*.

En ese sentido, la Unión Europea ha dado un importante paso adelante al aprobar la implantación de ajustes de carbono en frontera, (*Carbon border adjustment mechanism*, CBAM), a partir de 2026.[1] Los estudios realizados sobre los primeros años de funcionamiento del sistema EU ETS apenas encontraron evidencia del fenómeno conocido como «fuga de carbono», es decir, desinversión en territorio europeo de industrias intensivas en carbono sometidas a una fuerte competencia internacional, que deciden reubicar sus instalaciones en terceros países cuyas normativas climáticas son menos exigentes (acero, cemento, química, aluminio, refinerías, etcétera). Si se produjese la mencionada fuga (*carbon leakage*), los esfuerzos de mitigación realizados en el territorio de la Unión Europea podrían quedar anulados, ya que, como resultado del encarecimiento de los permisos de emisión, se beneficiarían las industrias competidoras de otros países, que comparativamente son más emisoras. Verían, por tanto, ampliados sus mercados, aumentarían su actividad y, en consecuencia, sus emisiones, lo que acabaría anulando los esfuerzos de mitigación realizados en territorio europeo.

Los mencionados estudios no hallaron, sin embargo, pruebas empíricas de que había tenido lugar esa fuga de carbono. Ello se debió, por un lado, a que, entre el año 2010 y 2018, el precio medio de la tonelada de CO_2 osciló en torno a los 10 euros, una cantidad insuficiente para resultar un factor decisivo en la ubicación de las industrias. Por otro, a que los sectores industriales europeos más expuestos a la competencia internacional se beneficiaron de una asignación gratuita de permisos de emisión, precisamente para evitar las posibles fugas de carbono. Ahora bien, puesto que los mercados están anticipando una creciente escasez de permisos a la vista de los ambiciosos objetivos climáticos aprobados por la Unión

Europea, el precio de los mismos se ha encarecido de manera sustancial y la previsión es que continúen al alza. En febrero de 2022 el precio de la tonelada de CO_2 se situaba en torno a los 91 euros. Por ello, la Comisión, el Parlamento y el Consejo Europeo han dado luz verde a la implantación del mecanismo de ajuste de carbono en frontera (CBAM) dirigido a evitar posibles tendencias a la mencionada fuga. Mediante dicho instrumento, se trata de que los bienes importados intensivos en carbono se vean obligados a pagar «en la frontera» el mismo precio por tonelada de CO_2 que lo hacen las industrias europeas. En consecuencia, estas dejarán de recibir gratuitamente sus permisos con el fin de que el sistema sea compatible con las normas de la Organización Mundial de Comercio en cuanto a no discriminación hacia terceros países. La Unión Europea confía en que la aplicación de este instrumento tenga un efecto positivo en la mitigación de emisiones. Por un lado, las industrias europeas dejarán de recibir gratis sus permisos y, por lo tanto, se verán más motivadas a desarrollar innovaciones disruptivas en sus ámbitos tecnológicos. Por otro, los productores industriales internacionales que deseen exportar al mercado europeo se verán incentivados a reducir la intensidad de carbono de sus productos.

En definitiva, en ausencia de un precio global que grave las emisiones de CO_2, la puesta en marcha del ajuste de carbono en frontera genera un terreno de juego más equilibrado a nivel internacional que, previsiblemente, incentivará una menor huella de carbono global. Las resistencias políticas y económicas, tanto internas europeas como internacionales, serán, sin duda, formidables, pero no hay manera de que la Unión Europea dé pasos firmes hacia la neutralidad climática si las industrias intensivas en carbono no encuentran los incentivos necesarios para protagonizar los saltos tecnológicos que se precisan.

Al mismo tiempo, es crucial que Europa promueva mecanismos innovadores que incentiven a países como China, India y otras grandes economías altamente dependientes del carbón a que emprendan decisiones sobre la descarbonización de su mix energético en los próximos años, más allá de los actuales compromisos adquiridos en sus planes nacionales (INDC). En principio, el mencionado instrumento tiene potencial para lograrlo. Hay que recordar que

Europa es desde hace treinta años la referencia obligada en el diseño y aplicación de políticas e instrumentos económicos innovadores dirigidos a la descarbonización. Si la Unión Europea no protagoniza el avance normativo del CBAM, nadie lo hará. Y no será posible lograr la neutralidad climática europea ni reducir de forma sustancial la huella de carbono de otros grandes emisores. Añadir, finalmente, la importancia económica que supone la dependencia energética de los combustibles fósiles. Según los cálculos llevados a cabo en los estudios técnicos de la Comisión Europea, se estima que entre 2030 y 2050 el avance hacia la neutralidad climática supondrá un ahorro acumulado entre 1,4-3 billones de euros en importaciones de petróleo y gas.

Asimismo, la transformación de la energía está llamada a ser uno de los vectores decisivos de modernización de la economía internacional. Europa ha sido la primera potencia en moverse hacia la transformación energética y la transición ecológica, lo que le ha permitido desarrollar una importante industria verde con cuatro millones de puestos de trabajo según datos de la Comisión. Si bien China ha acelerado su desarrollo industrial y tecnológico en el ámbito de las tecnologías renovables, el vehículo eléctrico y las baterías, la Unión Europea sigue manteniendo una importante posición competitiva, reforzada con la apuesta estratégica del Pacto Verde Europeo.

DEPENDENCIA ENERGÉTICA
Y DESPERTAR GEOPOLÍTICO

En los inicios fue el carbón. Desde la Revolución industrial era, junto al acero, un componente vital de todo proyecto industrial y, por ende, militar. Durante ciento cincuenta años fue el elemento central del paisaje energético europeo. No fue casualidad que el proyecto de integración iniciado con la creación de la CECA tuviese en él su elemento operativo principal.

La creación de las instituciones comunitarias se benefició de un largo ciclo expansivo de la economía que se prolongaría entre 1950 y 1973. Fue la época en la que se hablaba del milagro económico alemán, así como del milagro italiano. El despegue económico de España fue asimismo importante. Con tasas medias europeas de crecimiento anual del 4,5 por ciento, fueron décadas de pleno empleo. En Francia se denominaría a esa época «los treinta gloriosos». Las clases trabajadoras europeas occidentales se beneficiaron de un desarrollo sin precedentes en el que quedaría fraguado el modelo social de mercado que ha llegado hasta nuestros días. La crisis del petróleo de 1973 supuso un punto de inflexión. El desencadenante fue la guerra entre los países árabes e Israel.[2] El 6 de octubre de 1973, Siria y Egipto lanzaron un ataque contra Israel provocando una crisis internacional. Los países árabes decidieron utilizar por primera vez el petróleo como arma geopolítica y el impacto económico fue demoledor. Mientras que en 1941 Oriente Medio producía apenas el 7 por ciento del petróleo mundial, en 1973 ese porcentaje era ya del 40 por ciento. Y lo que era aún más importante desde la perspectiva europea: mientras que a comienzos de los años cincuenta el petróleo representaba sólo el 8,5 por ciento del mix energético en Europa Occidental, en el año 1973 suponía ya el 60 por ciento.

En plena guerra, los ministros árabes acordaron subir el precio del barril un 70 por ciento a través de la Organización de Países Productores de Petróleo (OPEP). Además, decidieron reducir la producción de crudo y declarar un embargo a Estados Unidos por su papel de protector y aliado de Israel. En pocos meses el precio del petróleo se multiplicaría por cuatro. El impacto en las economías occidentales fue devastador, provocando la primera recesión económica importante desde la Segunda Guerra Mundial. El largo *boom* de la posguerra había llegado a su fin y las cifras de paro hicieron su reaparición. Sectores industriales intensivos en mano de obra, como el naval, la minería, la siderurgia y la industria textil, llevaron a cabo programas masivos de reestructuración y millones de personas perdieron sus puestos de trabajo. Mientras que en 1950 en Europa occidental el desempleo era de apenas un 2-4 por ciento, tras la crisis del petróleo de 1973 ascendería al 12 por ciento.

Para agravar aún más las cosas, en 1979 se produjo una segunda crisis del petróleo como consecuencia de la revolución iraní que derrocó al sha de Persia Reza Pahlevi y situó al ayatola Ruhollah Musavi Jomeini en el poder. Poco después, comenzaría una guerra de ocho años entre Irán e Irak. La desestabilización de la región provocó que el barril de petróleo que en 1972 se compraba a 2,5 dólares, se pagase, en 1981, a 50 dólares. Se había producido un vuelco en el sistema energético mundial.

Los beneficiarios eran los países productores y las multinacionales que lo comerciaban en detrimento de los países importadores, cuyas sociedades se vieron gravemente afectadas. La política energética europea reaccionaría al doble shock poniendo en marcha sus primeros programas masivos de eficiencia energética. No existía alternativa viable al petróleo en el transporte, pero rápidamente fue eliminado de la generación eléctrica y de la industria. Europa orientó su producción de vehículos hacia segmentos de menor consumo. Otra consecuencia fue el impulso a la energía nuclear, en especial en el caso de Francia. Sin embargo, la catástrofe que tuvo lugar en Chernóbil en 1986 cortó en seco la construcción de nuevas centrales atómicas en la mayoría de los países de Occidente.

En 2022, la Unión Europea continúa siendo muy dependiente del exterior para sus necesidades de petróleo y gas. Las importaciones de ambas materias primas suponen un desembolso por término medio de unos 300.000 millones de euros anuales. Dicha dependencia ha sido fuente de inestabilidades, turbulencias e incluso shocks –la última, la del gas en 2021-2022–, con repercusiones macroeconómicas y de estabilidad social. Además, la invasión rusa de Ucrania ha introducido una nueva variable en la ecuación energética, ya que la dependencia de Rusia para la importación de gas ha pasado a ser considerada una vulnerabilidad estratégica de la Europa comunitaria.

El 45 por ciento del gas consumido en 2021 en la Unión Europea procedía de Rusia, la mayoría a través de gasoductos,[3] así como el 25 por ciento del petróleo. El plan puesto en marcha con carácter urgente por la Comisión Europea para responder a la crisis se ha fijado el objetivo de eliminar las dos terceras partes de la importación de gas de origen ruso en tan sólo un año (para 2023) y en su totalidad para 2027. Es especialmente relevante el hecho de que Alemania, corazón económico e industrial de la Europa comunitaria, tenga una dependencia de Rusia muy superior.[4] Como parte del despertar geopolítico provocado por la agresión rusa, el país germano ha suspendido con carácter indefinido la puesta en marcha del gasoducto Nord Stream 2 y ha decidido construir dos plantas de regasificación para diversificar la importación de gas.

Ante este nuevo punto de inflexión en la historia energética del subcontinente es importante recordar que las crisis son, por definición, oportunidades para acelerar las transformaciones pendientes, como ocurrió con las del petróleo de 1973-1979. En la actualidad, entre el 35 y el 40 por ciento de los recursos fiscales de Rusia proceden de su explotación de los combustibles fósiles. Con los recursos económicos obtenidos con la exportación de gas y petróleo a Europa y al resto del mundo, el presidente ruso Vladímir Putin ha modernizado su ejército y ha acumulado grandes reservas financieras con las que sufragar su estrategia militar y política. La Unión Europea ha decidido hacer de la necesidad virtud y ha optado por acelerar su transición hacia un sistema energético alejado del petróleo, el gas y el carbón, así como por desconectarse de las exportaciones energéticas rusas. Estamos, por lo tanto, ante un vuelco histórico en la política energética comunitaria.

En definitiva, la agresión militar de Rusia ha provocado, por primera vez en sus setenta años de historia, el surgimiento de una Unión Europea geopolítica. La invasión y las amenazas del Kremlin han actuado como un acelerador de difíciles decisiones y hasta Suiza se ha cuestionado su centenaria neutralidad. En cuestión de días, los 27 Estados han avanzado lo que en otras circunstancias habría requerido años e incluso décadas. La Unión Europea ha puesto en marcha de manera urgente un proceso acelerado de autocomprensión de su papel como actor en el emergente orden mundial multipolar. Hay que confiar que de dicho proceso salga una Europa comunitaria más unida, fuerte y solidaria. El presidente ruso puede atribuirse asimismo *el mérito* de haber reseteado el debate sobre la razón de ser y la misión de una OTAN a la que el presidente francés Emmanuel Macron había declarado en muerte cerebral. Una Rusia agresivamente nacionalista y una guerra en el corazón de Europa han puesto punto final a los debates. La necesidad de seguridad del continente ha vuelto al primer plano y la política de defensa y seguridad, santasanctórum de la soberanía nacional de los Estados miembros, ha iniciado una nueva era.

No obstante, en el proceso de configurarse como actor global capaz de hablar el lenguaje del poder, Europa no habría de perder su *alma universal*. En el emergente orden multipolar, la Unión Europea ha de proyectarse como una fuerza de moderación, diálogo y paz. Su proyecto estratégico habría de formularse con una gramática no agresiva ni dominante y habría de girar en gran medida, no sólo sobre la protección de los intereses materiales de su ciudadanía, sino sobre la defensa de la causa de alcance universal más importante del siglo XXI. Y es que la respuesta a la emergencia climática sigue siendo, también en estos tiempos de confrontación geopolítica, el desafío central de nuestro tiempo, el que definirá a nuestra generación.

VIABILIDAD POLÍTICA
Y SOCIAL DE LA TRANSICIÓN

La transformación del sistema energético global es uno de los ejes llamados a definir el siglo XXI. Por su alcance y profundidad, y por las cifras económicas implicadas, se la compara con la Revolución industrial. Tal y como se explica en el capítulo 9, las repercusiones políticas, sociales, tecnológicas, económicas, geopolíticas de dicha transformación van a ser extraordinariamente relevantes. Europa se ha situado a la vanguardia. En consecuencia, el resto de la comunidad internacional observa atentamente si en el proceso de cambio se generan insalvables crisis sociales y políticas que hagan descarrilar la transición.

Países como India, China, Indonesia, Filipinas, Vietnam, etcétera, con millones de trabajadores vinculados a conglomerados industriales y mineros intensivos en carbono tienen mucho interés en ver si Europa compatibiliza la transformación de la energía con la preservación de la estabilidad social, evitando su contestación política en las calles y en las urnas. Por ello, Europa ha de mostrar que dicha transformación no sólo es eficaz económica y tecnológicamente, sino que cuenta con un amplio apoyo social derivado de un sólido consenso político. En ese sentido, el liderazgo climático internacional otorga a Europa un plus de responsabilidad. Y es que si dicha transición fracasa en el subcontinente, las consecuencias serán muy negativas a nivel global.

Los factores distributivos serán decisivos. Ellos decidirán, en última instancia, la viabilidad política y social de una transformación que se prolongará al menos durante las tres próximas décadas. La manera en que se integren e implementen los criterios de protección y cuidado de los sectores sociales más desfavorecidos, así como de las amplias clases trabajadoras y de las clases medias, será la clave para la aceptación social del proceso y, en consecuencia, para su éxito a medio y largo plazo. Se precisan, en consecuencia, claridad de visión, inteligencia política y recursos económicos para ir cosiendo con criterios de justicia distributiva las líneas de fractura que irán apareciendo.

Estados nacionales con una fuerte dependencia del carbón como Polonia, regiones que verán cerrarse sus conglomerados industriales y mineros, sectores sociales abocados al desempleo, coyunturas como la de 2021-2022 de gran encarecimiento de los precios de la energía eléctrica (según datos de la Comisión en la Europa comunitaria entre marzo de 2021 y marzo de 2022 el precio del gas al por menor se ha encarecido un 65 por ciento y la electricidad un 30 por ciento), ciclos de volatilidad en los mercados del petróleo y el gas con tensiones inflacionistas, aumento de los precios de las materias primas necesarias para las tecnologías renovables, lo que incrementará por momentos los costes de la transición, tensiones geopolíticas con países productores de gas y petróleo que verán peligrar sus balanzas fiscales y no siempre reaccionarán de forma amistosa, confrontación abierta con Rusia tras su invasión de Ucrania y desconexión europea del gas ruso… En definitiva, la transformación del sistema energético se encontrará con numerosos y graves obstáculos y será preciso analizar, en detalle, los costes distributivos de las políticas dirigidas a desactivarlos.

La clave de bóveda para que el proceso salga adelante será que las instituciones europeas y nacionales se conjuren para que la transformación sea percibida como climáticamente necesaria, socialmente justa e imprescindible en términos de seguridad. Se sabe que, desde el punto de vista macroeconómico, la transformación de la energía va a favorecer de forma notable el desarrollo económico, tecnológico y de empleo. Sin embargo, las oportunidades de desarrollo no se generan necesariamente en la misma geografía en la que se producen los cierres industriales, y los conocimientos y aptitudes de las profesiones emergentes no son idénticos a los de los puestos de trabajo que se pierden. Por ello, resulta imprescindible la trama de protección social surgida desde la política y desde las políticas concretas a través de las cuales se preste atención a los impactos distributivos de manera que, con antelación, se prevean, diseñen e impulsen las medidas correspondientes.

Hoy en día, Europa cuenta con una amplia aceptación institucional, política, social y empresarial respecto a la transformación de la energía y la respuesta a la crisis climática. Existen tensiones con algunos Estados particularmente en el este de Europa, si bien de momento son gestionables. El movimiento de los chalecos amarillos en Francia fue, por su parte, un aviso social importante pero su alcance y profundidad fueron relativos. No obstante, el consenso existente podría quebrar si no se cuidan los mimbres de la cohesión social y algunas señales que han emergido con la crisis energética derivada de la guerra de Ucrania han sido muy preocupantes.

El fuerte encarecimiento del gas que ha tenido lugar entre 2021 y 2022 al albur de la manipulación de su oferta por parte del Kremlin antes y durante la invasión de Ucrania ha impactado en los precios de la electricidad en numerosos Estados miembros, dado el modelo marginalista de formación de precios mayoristas existente en la Europa comunitaria. Dicho encarecimiento ha generado una elevada inflación con cifras no vistas desde mediados de los años ochenta. En plena recuperación, tras la recesión provocada por la pandemia, la fuerte subida de los precios del gas, el petróleo y la electricidad ha tensado los mimbres de la estabilidad social. Una vez más en la historia económica europea las convulsiones en el sistema de la energía han amenazado la estabilidad macroeconómica con consecuencias negativas sobre la inflación, el empleo y la estabilidad social.

A ello hay que añadir que, en años recientes, el mundo anglosajón ha conocido procesos político-sociales altamente disruptivos y

desestabilizadores a pesar de sus economías avanzadas y sus democracias consolidadas. La desintegración del entramado de protección y cuidado de las clases medias y trabajadoras ha sido una de
las causas subyacentes, lo que ha originado resentimiento en amplios sectores sociales que se han sentido abandonados y que, llegado el momento, han sido agitados y manipulados por populistas sin
escrúpulos. Es preciso aprender de los errores propios y ajenos. Es
imprescindible cuidar, proteger y fortalecer las redes económicas y
sociales con el fin de que los obstáculos que surjan en el proceso de
transformación económico-energética necesaria para reconducir la
crisis climática puedan ser debidamente canalizados, sin comprometer los fundamentos democráticos nacionales, ni el proyecto integrador de la Unión Europea.

La manera en que Europa ha abordado la crisis económica y social derivada de la pandemia de la COVID-19 ha sido, en ese sentido,
notablemente diferente a la receta de ortodoxia radical aplicada a los
países del sur de Europa con motivo de la Gran Recesión. Hay un
amplio consenso en que la necesidad de seguridad y protección social
derivada de la emergencia sanitaria ha revalorizado el prestigio y el
reconocimiento del sector público. Dado que nos adentramos en un
mundo plagado de incertidumbres, riesgos y tensiones, la mayoría
social europea vuelve a valorar de forma muy positiva disponer de un
entramado institucional dispuesto a proteger y cuidar el bien común.

Así, cuatro décadas después de que se afirmase que la sociedad
no existe, que sólo existen los individuos y las familias (Margaret
Thatcher), se ha hecho evidente el efecto corrosivo a largo plazo
que tiene el desvalorizar primero, erosionar después y finalmente
destruir las redes de protección erigidas para cuidar a las personas
y las familias en sus momentos de mayor vulnerabilidad. Así, frente
al modelo de «capitalismo salvaje», el modelo de economía social
de mercado que ha prevalecido (con sus retrocesos, contradicciones
e insuficiencias) en la Europa comunitaria y continental tras la Segunda Guerra Mundial se ha comprobado, con el paso del tiempo,
como un acierto histórico. No sólo se trata de preservarlo sino de
fortalecerlo y ampliarlo.

Cuando una sociedad considera que lo más importante es la manera en que cuida y protege a los más vulnerables, se convierte en

una comunidad. Los hombres y mujeres que la constituyen no sólo viven juntos, sino que comparten un destino común. No dejar a nadie atrás se vuelve un mandato político y moral real. En una comunidad las personas se protegen unas a otras por medio de instituciones públicas dirigidas a preservar el bien común. Ello acaba generando una cultura social y política que se halla en las antípodas de la desarrollada cuando la idea tóxica de «vencedores y perdedores» se convierte en la referencia cultural dominante.

En definitiva, cuando la sociedad se encuentra cohesionada se vuelve resistente ante los embates derivados de las inevitables transformaciones tecnológicas, económicas y geopolíticas del mundo contemporáneo. En ese suelo fértil es difícil que triunfen movimientos sociales y políticos radicales e insurgentes como los que protagonizaron el asalto a las legítimas instituciones constitucionales, algo que ocurrió el 6 de enero de 2021 en la democracia constitucional más antigua del mundo, Estados Unidos. Aprendamos la lección. Hagamos social y políticamente viable la transición energética en respuesta a la crisis climática.

Tercera parte

LA GRAN TRANSFORMACIÓN

11

Hacia un nuevo orden de la energía

La transición de las energías fósiles tiene el potencial de reformular de manera significativa la geopolítica y la economía internacional. Petroestados que representan en la actualidad el 8 por ciento del producto interior bruto mundial y cuya población agregada es de novecientos millones de personas, podrían sufrir importantes retrocesos en sus flujos de rentas si el escenario de descarbonización avanza con rapidez. Aquellos países que extraigan su petróleo de manera más eficiente y aquellos con mayor capacidad para diversificar sus economías, gestionarán mejor dicha transición.

NATIONAL INTELLIGENCE COUNCIL USA (2021),
Global Trends 2040. A More Contested World

Hace pocos años, la multinacional del petróleo ExxonMobil era conocida como la Estrella de la Muerte (*La guerra de las galaxias*). Era tal su poder que se suponía que podía sortear cualquier obstáculo que se interpusiera en su camino. Tras una historia centenaria, su valor de mercado era el mayor del mundo. La sistemática labor de obstrucción de ExxonMobil hacia la agenda climática de Estados Unidos era bien conocida. Personificaba como nadie la prepotencia de las *big majors* que habían dominado el sistema energético occidental durante generaciones. Habían llegado para permanecer y dominar. El cambio climático era poco más que una distracción molesta que había que gestionar política y comunicativamente. Contaban para ello con aliados poderosos...

Cuando en el 2012 Apple superó a ExxonMobil como la compañía más valiosa en el mercado, cuatro de las diez primeras empresas estadounidenses pertenecían todavía al sector del petróleo. A mediados de 2020 no quedaba ninguna. El 30 de enero de 2009, Exxon había reportado unos beneficios anuales de 45.200 millones de dólares, en aquellos momentos el mayor beneficio en la historia de una compañía estadounidense. Por lo tanto, el anuncio en 2020 de que la compañía tejana, tras noventa y dos años de permanencia, era retirada del selectivo índice 30-Dow Jones Industrial Average, fue interpretado como una señal de los nuevos tiempos.

Por primera vez en sus cincuenta años de historia, la Agencia Internacional de la Energía preveía en su informe de referencia, *Energy Outlook 2021*, que todos los escenarios contemplados conducen a la disminución del consumo de petróleo en 2050. El anuncio por parte de ciento cuarenta naciones de que se disponen a avanzar hacia la neutralidad en carbono hacia 2050-2060 es una poderosa señal de que su papel en el futuro será marginal. El mundo se encamina hacia un nuevo orden de la energía.

EL DECLIVE DEL SISTEMA FÓSIL

La demanda agregada total de combustibles fósiles en los países de la OCDE alcanzó su máximo en el año 2005; la de la generación de electricidad con combustibles fósiles en Europa en 2006; el volumen máximo de inversiones en exploración y producción (E&P) de petróleo y gas tuvo lugar en 2014; la demanda de vehículos de combustión interna alcanzó su pico en 2017; la generación eléctrica global con combustibles fósiles llegó a su cénit en 2018; es probable que el mayor nivel de demanda agregada de combustibles fósiles (carbón, más petróleo, más gas) a nivel mundial se haya producido en 2019 (Carbon Tracker, 2020).

El menor uso de combustibles fósiles en la generación eléctrica ha sido consecuencia directa de la disrupción provocada por las energías renovables y ha venido motivado por el efecto combinado de los avances tecnológicos y el descenso de los costes relativos. En la década 2010-2019, la energía solar fotovoltaica los redujo en un 82 por ciento y la eólica *on-shore* en un 40 por ciento. Entre los años 2007 y 2019 las inversiones globales en renovables sumaron 3,3 billones de dólares, capturando la mayor parte de la inversión nueva en generación eléctrica (el 80 por ciento en el año 2020). La presión que ejercen sobre los combustibles fósiles es, en consecuencia, poderosa. Si bien hasta el momento su competencia ha estado circunscrita mayoritariamente al sector de la generación eléctrica, ya se están realizando importantes progresos en el ámbito de la movilidad y, en menor medida, en la edificación, por medio respectivamente del vehículo eléctrico y de las bombas de calor. En el año 2020, marcado por la crisis del coronavirus y la consiguiente contracción de la demanda de crudo como consecuencia de las reducciones en la movilidad, las inversiones *upstream* de la industria de petróleo y gas descendieron el 30 por ciento, mientras que las inversiones en renovables aumentaron un 15 por ciento.

Según la Agencia Internacional de la Energía (AIE), en la actualidad, la generación eléctrica con energía solar consigue los costes más competitivos en la mayoría de los países del mundo. Innovaciones como la mayor altura y potencia de los aerogeneradores, así como prestaciones más eficientes de los módulos solares han desempeñado un papel decisivo en el despliegue de las renovables. En el futuro, nuevas mejoras en dichas tecnologías junto a avances en la revolución digital aplicada a las redes de transporte y distribución, la irrupción del hidrógeno verde obtenido por electrolisis, los progresos en el almacenamiento de la energía, los biocombustibles de segunda y tercera generación, etcétera, van a permitir (aprovechando avances en paralelo en las redes inteligentes, la minería de datos, etcétera) descarbonizar aquellos sectores más difíciles como el transporte pesado por carretera, la industria electrointensiva, el transporte marítimo y la aviación.

La AIE reconoce que muchos inversores se muestran escépticos acerca de la evolución a medio y largo plazo de la demanda del crudo y la del precio del barril, lo que no se contradice con la existencia de tensiones en el mercado y subidas de precios a corto plazo como la que ha tenido lugar en 2022 como consecuencia de la invasión de Ucrania. Las resistencias a comprometer grandes inversiones son, en consecuencia, notables, ya que podrían no ofrecer los retornos esperados. En ese sentido, ha despertado interés el informe de la AIE, *Net Zero 2050*, presentado en 2021, en el que plantea que no son necesarias nuevas inversiones en exploración y desarrollo de petróleo y gas, ni nuevas minas ni centrales de generación eléctrica de carbón, si el mundo aspira a alcanzar el objetivo de los 1,5 grados aprobado en París. Respecto a las magnitudes económicas implicadas en el mencionado declive las cifras son astronómicas. Según el análisis llevado a cabo por la organización londinense especializada en la incidencia de la transición energética en el sector financiero, Carbon Tracker Initiative, los tres principales componentes del sistema energético global en términos económicos son los siguientes:

- Las reservas probadas de petróleo, gas y carbón. Totalizan 886.000 millones de toneladas equivalentes de petróleo. El Banco Mundial les asigna un valor aproximado de 39 billones de dólares.
- La infraestructura de oferta energética formada por explotaciones de petróleo y de gas, oleoductos, gasoductos, refinerías, etcétera, valorada en 10 billones de dólares.[1] La infraestructura de demanda (generación eléctrica, movilidad y transporte, industrias altamente dependientes de los combustibles fósiles), etcétera, cuyo valor total estimado es de 22 billones de dólares.[2]
- Las participaciones accionariales de compañías vinculadas a los combustibles fósiles en manos de los mercados financieros, que alcanzan los 18 billones de dólares (la cuarta parte del total mundial).[3] A ellas hay que añadir 8 billones en bonos (la mitad del total global).

Ante las tendencias declinantes a largo plazo, se han producido movimientos estratégicos por parte de las principales compañías petroleras europeas: Shell, BP y Repsol. Todas ellas han anunciado su transformación en «empresas de servicios energéticos» y han comunicado su vocación de evolucionar hacia la neutralidad climática en 2050, lo que las ha llevado a adentrarse en el campo de las energías renovables, los biocombustibles de segunda generación y la carrera tecnológica del hidrógeno verde. Aquellos activos petrolíferos cuyos costes de extracción son más elevados (aguas muy profundas, arenas bituminosas, entornos remotos y difíciles como el Ártico) son los primeros en quedar afectados. Y es que, si bien el futuro del sistema energético no está escrito, las corrientes de fondo son nítidas. En 2021, los Estados clave del sistema energético fósil –Estados Unidos, Arabia Saudí, Rusia, Canadá, Australia...– han anunciado que sus países se disponen a alcanzar la neutralidad, en unos casos climática (incluye todos los gases de efecto invernadero), en otros casos en carbono (limitada al dióxido de carbono, el principal gas de efecto invernadero), bien para 2050 o para 2060. Por supuesto, ninguno de los mencionados países ha comunicado que dejará de extraer y exportar petróleo y gas. La neutralidad en carbono exige lograr que las emisiones netas directas del propio país sean cero. La combustión en terceros países de ese petróleo o de ese gas no suma. En todo caso, si las principales potencias energéticas han anunciado su aspiración a la neutralidad, también lo han hecho la mayoría de las grandes economías importadoras de petróleo y gas (Unión Europea, China, India, Japón, Corea del Sur, etcétera), ya que a las razones climáticas y económicas hay que añadir, hoy día, las relacionadas con la dependencia energética y su vinculación con la seguridad nacional.

En ese contexto, la variable central sobre la que va a girar el sistema energético en los próximos años es el nivel de ambición climática de la comunidad internacional, es decir, el ritmo de descarbonización que impriman a sus economías los países desarrollados y los grandes emergentes. Lo más probable es que prevalezca una creciente ambición. En consecuencia, más allá de episodios coyunturales predominará una tendencia de fondo hacia la reducción de la demanda de carbón y petróleo, no así de gas (IEA, 2021).

En esas circunstancias, por el lado de la oferta lo más probable es que se mantenga la relación forjada en los últimos años entre Arabia Saudí y Rusia dirigida a conservar un cierto control conjunto sobre los flujos de petróleo que llegan al mercado internacional y así aplanar la curva de descenso de los precios del barril. Los países con grandes reservas intentarán ponerlas en valor, dado que a medida que avance el proceso de descarbonización el precio del crudo tenderá a reducirse ante la abundancia de recursos. Si bien el proceso no será lineal, la dirección predominante a medio (2030) y largo plazo (2050) será a la baja. Así, informes del Wood Mackenzie de 2021 estiman que en un escenario de respuesta firme a la crisis climática el precio del barril de Brent, en 2030, podría oscilar en torno a los 40 dólares y que para 2050 podría descender a una horquilla entre 10 y 18 dólares.

Es importante, en ese sentido, recordar cómo se desarrollan las fuerzas disruptivas en una transición tecnológica. Como se ha visto, las renovables presentan curvas de reducción de sus precios muy agresivas, por lo que han ido capturando casi toda la nueva demanda en el sector de la generación eléctrica (supone la tercera parte del sistema energético global). Así, en años recientes, alrededor de las tres cuartas partes de las nuevas instalaciones de generación eléctrica que se han implantado en el mundo han sido renovables. En la Unión Europea, con posterioridad al año 2010, las empresas del sector eléctrico cuyas tecnologías dependían del gas y sobre todo del carbón tuvieron que ajustar su valor patrimonial por un total de 150.000 millones de dólares (Carbon Tracker, 2020). Históricamente, cuando una tecnología disruptiva empieza a capturar el crecimiento que se produce en un sector, suele representar entre el 4 y el 6 por ciento de la demanda total. Aparentemente es poco, pero es suficiente para poner en marcha las fuerzas de mercado que conducirán al declive de las incumbentes (las empresas que representan la tecnología madura). Una vez que estas han alcanzado su pico de demanda, lo que viene a continuación es la pendiente del descenso.

A la vista de la magnitud de las cifras implicadas en el declive, el sistema financiero internacional ha comenzado a recibir alertas serias por parte de las autoridades responsables de su estabilidad y solvencia. Y es que los activos afectados por la transformación del sistema energético son ingentes. Una parte considerable de las infraestructuras energéticas de oferta y demanda cuyo valor agregado alcanza los 32 billones de dólares podría quedar varada en el plazo de las dos o tres próximas décadas, en un escenario de respuesta firme a la crisis climática. A ello habría que sumar las consecuencias para los 18 billones en acciones de compañías expuestas a los vaivenes del mercado del petróleo y el gas, más otros 8 billones en bonos.

Además, la diferencia en la valoración de las reservas de combustibles fósiles que emerge como consecuencia del declive alcanza cifras astronómicas. Tal y como se ha señalado, dichas reservas totalizan 886.000 millones de toneladas equivalentes de petróleo. La manera estándar que utiliza el Banco Mundial de valorar esos activos es capitalizar los flujos de beneficios que se espera que generen a lo largo de su vida útil. En otras palabras, el valor actualizado neto de las expectativas de beneficios. Para ello utilizan una tasa de descuento del 4 por ciento y los analistas asumen en sus cálculos que se mantendrá el beneficio medio por unidad de los últimos cinco años. Con esos supuestos, los expertos del Banco Mundial calcularon que el valor en 2018 de las reservas mundiales de combustibles fósiles era de 39 billones de dólares.[4]

Ahora bien, el valor es muy diferente en un escenario en el que la trayectoria de la economía esté alineada con los objetivos climáticos derivados del Acuerdo de París. Si se consume la totalidad de las reservas conocidas de combustibles fósiles se generarán tres mil gigatoneladas de dióxido de carbono (3.000 $GtCO_2$), mientras que para mantener el incremento de la temperatura por debajo de los 2 grados (con un 66 por ciento de probabilidad), la cantidad máxima que podría emitirse sería de 1.170 $GtCO_2$ y de sólo 400 $GtCO_2$ para que el incremento no sea superior (con la misma probabilidad del 66 por ciento) a los 1,5 grados (véase en el capítulo siguiente el apartado «Presupuesto de carbono»). En consecuencia, en un escenario compatible con los 2 grados, las dos terceras partes de las reservas de combustibles fósiles habrían de permanecer en el suelo sin explotar.

Bajo esas condiciones, el valor actualizado neto de las reservas fósiles que obtiene Carbon Tracker se sitúa en 14 billones de dólares, en lugar de los 39 billones calculados por el Banco Mundial. Es un valor muy alejado de los 120 billones que los petroestados calculaban en el pasado que valía su riqueza fósil en los escenarios más optimistas (para ellos). Dado que el producto bruto mundial anual es de aproximadamente 90 billones de dólares, la mencionada diferencia en la valoración de los activos alcanza una magnitud extraordinaria, suficiente para desestabilizar al sistema financiero internacional y a numerosos países dependientes de las rentas del petróleo y el gas si la transformación energética no se lleva a cabo de manera ordenada y prudente.

A medida que las decisiones de los gobiernos sobre la neutralidad en carbono se han vuelto más generalizadas y consistentes, se perfila un horizonte en 2050 con una presencia muy reducida de combustibles fósiles. Ello no hará sino acelerar las decisiones de retirada de los inversores generándose bucles que se retroalimentan en la dirección de su irreversible declive a medio y largo plazo.

EL ALCANCE Y LA DINÁMICA DEL CAMBIO

La transición de la energía está ocasionando un cambio profundo y sus efectos son muy relevantes. Las ocurridas en el pasado giraron en torno a la sustitución de una fuente energética por otra: madera, carbón, electricidad, petróleo, gas, etcétera. La fuerza motriz era la propia dinámica del mercado y la consiguiente puesta en valor de las tecnologías emergentes. En esta ocasión la situación es diferente. Se trata de cambiar todo un sistema en un tiempo acotado por la urgencia climática. En ese sentido, las consecuencias económicas, financieras, sociales, tecnológicas, de comercio internacional y geopolíticas de la transición energética son tan sistémicas que es más apropiado hablar de transformación. Así, la Agencia Internacional de las Energías Renovables (IRENA) en su informe *The Geopolitics of the Energy Transformation* señala lo siguiente:

> La actual transición hacia las renovables no es un mero cambio de un conjunto de combustibles por otro. Implica una transformación profunda del sistema energético mundial que tendrá importantes consecuencias sociales, económicas y políticas que irán más allá del sector de la energía. El concepto «transformación de la energía» captura esas implicaciones.

La Agencia Internacional de la Energía insiste de manera habitual en sus informes que los gobiernos desempeñan el papel fundamental en el mencionado proceso orientando y favoreciendo dicha transformación. Son ellos quienes adoptan las decisiones sobre la neutralidad climática, mostrando el camino a los agentes económicos y sociales y, en particular, a los inversores; son ellos quienes crean los entornos regulatorios que permiten atraer las inversiones que precisan los programas de eficiencia y de las renovables; quienes desarrollan los modelos fiscales para que se internalicen las externalidades negativas; quienes movilizan los recursos para que de los programas de investigación, innovación y desarrollo puedan surgir las nuevas tecnologías que se necesitan para el cambio, etcétera. Activado el proceso de transformación por parte de las grandes economías (Unión Europea, Reino Unido, China, Estados Unidos, India...), se ha generado un efecto «bola de nieve» en el resto de la comunidad internacional.

En dicho proceso se generarán de manera inevitable activos varados (*stranded assets*), dado que el sistema energético dispone de un gran stock de capital en forma de activos cuya vida útil supera los cincuenta años: refinerías, oleoductos, gasoductos, industria pesada intensiva en energía, etcétera. Según los cálculos realizados por la Agencia Internacional de la Energía, si la infraestructura energética actualmente existente operase hasta el final de su vida útil de una manera similar a como lo ha hecho en el pasado, las emisiones acumuladas de CO_2 procedentes de ella serían un 30 por ciento superiores al presupuesto de carbono disponible para mantener el incremento medio de la temperatura en 1,5 grados (con un 50 por ciento de probabilidades) (IEA, 2021). Dado que lo más probable es que la respuesta climática se intensifique en los próximos años, una parte considerable de esa infraestructura será retirada antes de finalizar su vida útil. Serán activos varados y sumarán muchos miles de millones de dólares.

En este contexto se hace necesario traer a colación la hipótesis del pico de producción del petróleo (teoría de Hubbert) que tanto predicamento tuvo durante la primera década de este siglo. Las reservas comprobadas de petróleo alcanzaban en 2019 1.733.900 millones de barriles, cantidad equivalente a cincuenta años la producción actual (BP, 2020).[5] Los defensores de dicha hipótesis se equivocaron. En los casos ideológicamente más extremos se construyó toda una narrativa sobre el «inevitable colapso ecosocial y civilizador», cuya causa principal sería la incapacidad del sistema energético para continuar bombeando petróleo barato a la economía. Así, en la obra *En la espiral de la energía*[6] se lee lo siguiente:

«Creemos que alrededor de 2030 se producirá un punto de inflexión en el colapso de la civilización industrial como consecuencia de la imposibilidad de evitar una caída brusca del flujo energético».

Pues bien, una década y media después, el sistema energético mundial, lejos de enfrentar un problema de escasez de oferta de crudo, dispone, como hemos dicho, de reservas de petróleo equivalentes a cincuenta años la producción actual. Frente a la mencionada teoría de Hubbert, cabe afirmar que la irrupción de las tecnologías renovables en el ámbito de la movilidad y el horizonte de descarbonización global, como respuesta a la crisis del clima, han hecho que el auténtico problema del sistema energético en general y del sector del petróleo en particular sea, a medio y largo plazo, el de encontrarse con una ingente cantidad de activos varados. Para evitar un «colapso climático» la mayoría de las reservas conocidas de crudo permanecerán en el suelo sin ser explotadas. Dado que en 1990 –año en que el IPCC emitió su primer informe de síntesis– la proporción de las energías fósiles en el mix energético global era del 88 por ciento y que treinta años después apenas se ha reducido al 80 por ciento, cabría objetar que no hay motivos para confiar en que durante las próximas tres décadas se vaya a producir una reducción drástica del uso de combustibles fósiles. Sin embargo, la percepción de la gravedad de la crisis climática ha sido y es un *game changer*.

Así, tras dos décadas en las que las tecnologías renovables han avanzado de manera disruptiva en el sector de la generación eléctrica, gracias al apoyo recibido de las políticas públicas, se ha alcanzado un punto en el que la propia dinámica de la oferta y la demanda se mueve en esa dirección. Y es que la economía de mercado es un poderoso motor de cambio cuando los marcos políticos y normativos son claros y predecibles, se avanza en la internalización de las externalidades negativas y mediante la investigación y el desarrollo se progresa en los necesarios avances tecnológicos. Las renovables han protagonizado un progreso masivo gracias a la mejora de sus prestaciones y al descenso de sus precios relativos, lo que a su vez ha sido consecuencia de la producción industrial a gran escala impulsada por China y otros países. El país asiático aprovechó, por su parte, la existencia de lucrativos mercados internacionales como el de Alemania (cuarta economía nacional del mundo), país que había decidido políticamente al inicio de este siglo poner en marcha su *energiewende* o transición energética.

A esa dinámica hay que añadir que, hoy en día, ciento cuarenta países ya han decidido avanzar hacia su neutralidad. El cambio hacia un nuevo orden de la energía implícitamente iniciado en la cumbre de París está en marcha. Un factor que favorece ese proceso, además de la alta eficiencia lograda por las tecnologías renovables, es que el 80 por ciento de la población mundial vive en países que han de importar la mayor parte de sus onerosos recursos energéticos.[7] En definitiva, las corrientes subyacentes apuntan hacia la transformación del sistema energético. Una vez que las tecnologías renovables han batido en costes a las convencionales en el decisivo sector de la generación eléctrica, el proceso de cambio es ya imparable. Ahora bien, las dificultades van a ser considerables. La transformación requiere activar un nuevo sistema que vaya dejando atrás la colosal infraestructura que ha constituido la espina dorsal sobre la que se ha desarrollado la civilización tecnoindustrial.

Alrededor de 65.000 campos petrolíferos, con sus aproximadamente dos millones de pozos activos; 640.000 kilómetros de oleoductos y 1.300.000 km de gasoductos (sin descartar que se puedan reutilizar para transportar biocombustibles descarbonizados); 740 grandes refinerías con capacidad para gestionar 100 millones de barriles de petróleo al día; tanques capaces de almacenar 568 millones de toneladas de petróleo; infraestructuras para transportar 80.000 millones de metros cúbicos de gas y 400 millones de toneladas de gas licuado (LNG).

A ello hay que añadir el cierre escalonado de 4.300 Gigavatios de centrales de generación eléctrica (2.100 GW carbón, 1.750 GW gas y 450 GW petróleo). Poner a punto y desplegar una nueva tecnología sin emisiones para los 1.100 millones de coches y 380 millones de vehículos comerciales que circulan hoy en día, a los que hay que sumar 23.000 aviones y 2.000 millones de toneladas de cabotaje de buques mercantes cuyos motores utilizan derivados del petróleo. Además, la producción industrial de acero, cemento y aluminio se habrá de transformar mediante cambios tecnológicos aún por desarrollar, ya que las actuales tecnologías son altamente emisoras. La tarea es por tanto ingente.

GEOPOLÍTICA Y ENERGÍA

Winston Churchill, en sus tiempos de primer lord del Almirantazgo, tomó la decisión de modernizar la armada británica cambiando su combustible tradicional, carbón nacional, por petróleo importado. Desde entonces, el acceso a fuentes regulares de crudo se ha convertido en una cuestión de seguridad nacional. La gran estrategia de las potencias a lo largo de los últimos cien años ha tenido en el acceso y control de fuentes y rutas del petróleo uno de sus componentes más definidos. No es casualidad que Oriente Medio, la región políticamente más inestable del mundo durante el último medio siglo, sea la que posee las mayores reservas de petróleo y, después de Rusia, las de gas. El petróleo ha sido, de hecho, un elemento fundamental en la configuración del orden global. En la reunión mantenida en 1945 entre el presidente de Estados Unidos Franklin Delano Roosevelt y el rey Abdulaziz Ibn Saúd a bordo de la nave *USS Quincy*, cuando el primero regresaba a su país tras la Conferencia de Yalta con Iósif Stalin y Churchill, quedó sellado el acuerdo de acceso preferencial a las reservas de petróleo por parte de Estados Unidos a cambio de la seguridad del reino saudí.

En la dinámica de cambio que ya se ha iniciado y en una perspectiva a medio plazo, hacia 2030-2040, el combustible más sensible es el petróleo. Si bien el carbón será el primero en desaparecer del mix energético, dadas sus elevadas externalidades negativas (climáticas y contaminantes), su peso en el comercio internacional es relativamente reducido. Entre los años 2000 y 2017, la industria del carbón capturó el 0,3 por ciento del producto interior bruto global y sus exportaciones medias fueron el 18 por ciento de la producción. Sin embargo, el petróleo supuso en ese tiempo una proporción seis veces mayor del PIB mundial, el 1,8 por ciento, y el 70 por ciento de su producción se dirigió a la exportación.

Arabia Saudí, Rusia, Irak, Irán, Nigeria, Venezuela, por mencionar algunos ejemplos, han construido sus modelos socioeconómicos sobre la premisa de un flujo de rentas elevado derivado de precios relativamente altos del barril. El descenso de las rentas, como resultado de la tendencia de fondo hacia precios más bajos, va a tensionar el contrato social en el que han basado su modelo económico. Por un lado, querrán poner en el mercado todo el crudo posible para evitar reservas varadas, lo que los mantendrá sujetos a su trayectoria histórica (*path dependency*); por otro, se verán impelidos a diversificar su economía, abriéndose a nuevos sectores. Sin embargo, las ventajas competitivas de un país en un momento dado son las que son. Se necesitan años de inversiones, clase empresarial emprendedora, desarrollos productivos, formación de personal cualificado, investigación y desarrollo, nuevos productos y servicios en los mercados internacionales, etcétera, para llevar a cabo el cambio. Mientras tanto, las demandas internas de una sociedad acostumbrada a obtener numerosos productos y servicios subvencionados se mantendrán y los consensos y lealtades políticas cimentados con las regalías procedentes de unos precios elevados del barril comenzarán a resquebrajarse. Todo ello alimentará un descontento social y político que no podrá ser canalizado mediante legítimas contiendas democráticas, ya que la mayoría de los países que se verán afectados carecen de las instituciones y las libertades políticas que lo harían posible.

En ese sentido, la Agencia Internacional de la Energía afirma en el mencionado informe sobre la neutralidad en carbono en 2050 (IEA, 2021) que en el escenario compatible con los objetivos de París no se precisan nuevos pozos de petróleo ni de gas. En dicho escenario las rentas generadas por la explotación de petróleo y gas se reducirán desde los 1.800 dólares (media por persona y año de los últimos años), a 450 dólares en 2030, con las consecuencias políticas y sociales que ese descenso implicará para sus sociedades.

En ese sentido, cuanto mayor sea la proporción del PIB nacional que representa la industria del petróleo y el gas, mayor será, en principio, su vulnerabilidad. Cuanto menor sea su renta per cápita, mayor será dicha vulnerabilidad, ya que su margen de maniobra para migrar hacia un nuevo modelo económico será menor. A esos factores hay que añadir consideraciones relacionadas con la calidad de las instituciones y el carácter más o menos extractivo de sus élites dirigentes. La mayoría de los países que en los últimos cincuenta años han obtenido una parte importante de su riqueza del oro negro han sido Estados autoritarios y/o democracias disfuncionales. Las excepciones han sido básicamente Noruega, Estados Unidos, Brasil, Reino Unido y Holanda. En definitiva, a la vulnerabilidad de los petroestados que se enfrentarán con serias dificultades para gestionar la transición hacia las energías limpias, se añadirá el riesgo de colapso de Estados que apenas podrán gestionar los impactos derivados de la crisis climática. Por ello, la geopolítica climática y energética de los próximos años va a resultar compleja, plagada de riesgos, con altas probabilidades de que las crisis de seguridad que se produzcan traspasen las fronteras y afecten a países vecinos. En los casos más graves, los vacíos de poder serán ocupados por grupos insurgentes, en especial los de matriz yihadista, dado que buena parte de la geografía directamente implicada en esta gran transformación de la energía gira en torno a Oriente Medio y Norte de África, el Sahel, África Occidental y Asia Central. Y es que los países que obtienen una mayor proporción de su PIB procedente de los combustibles fósiles, de mayor a menor, son los siguientes: Libia, Kuwait, Irak, Arabia Saudí, Congo, Omán, Angola, Turkmenistán, Guinea Ecuatorial, Sudán del Sur, Qatar, Azerbaiyán, Gabón, Emiratos Árabes Unidos, Irán, Siria, Chad, Argelia, Brunéi, Yemen, Kazajistán, Uzbekistán, Trinidad y Tobago, Nigeria, Venezuela, Rusia, Mongolia y Ecuador (IRENA, 2018).

VENTAJAS DE LAS RENOVABLES

En ese proceso de transformación hacia un nuevo orden de la energía, un elemento muy importante son las numerosas ventajas que presentan las tecnologías renovables frente a las convencionales fósiles. Apoyándose en esas ventajas, la creciente electrificación de la economía será uno de los procesos clave. Así, una vez que haya madurado la tecnología del almacenamiento eléctrico y sus precios sean competitivos, una vez que se haya avanzado en la hibridación de tecnologías así como en la interconexión internacional de las redes de transporte eléctrico, numerosos países se encontrarán en condiciones de transitar hacia sistemas de generación eléctrica cien por cien renovable. En la mayoría de los países de la Unión Europea (incluyendo España) muy probablemente ese logro será una realidad en 2035. De esa manera, mediante un proceso generalizado de electrificación de la economía, complementado con el despegue del hidrógeno de base renovable y otros avances tecnológicos, se logrará la progresiva descarbonización del resto de los sectores.

Otra ventaja importante es su capacidad de generación de empleo. Según estimaciones de la Organización Internacional del Trabajo (ILO, 2018), los empleos surgidos de la transformación energética verde serán mucho más numerosos que los perdidos en los sectores dependientes de los combustibles fósiles, en una proporción de tres a uno. Por su parte, la Agencia Internacional de las Energías Renovables, en su informe *Renewable Energy and Jobs: Annual Review 2020*, estima que al finalizar 2019 existían 11,5 millones de puestos de trabajo en el mundo en los diferentes sectores renovables. De ellos, 3,75 millones correspondían al sector fotovoltaico, 2,5 a los biocombustibles, 1,96 a la hidroeléctrica y 1,17 a la eólica. Por países, la distribución era la siguiente: China, 4,4 millones de puestos de trabajo; la Unión Europea, 1,3; Brasil, 1,2; India, 0,8; y Estados Unidos, 0,76.

Cabe añadir, además, que la Agencia Internacional de la Energía calcula (*World Energy Outlook 2021*) que para el año 2030 se crearán 13 millones de puestos de trabajo adicionales en el sector de las energías limpias como consecuencia de los compromisos hacia la neutralidad que ya han sido anunciados. Esa cantidad se duplicaría en el caso de que se adopte un escenario compatible con su propuesta de Zero Emisiones Netas 2050.

Y es que a medida que avance la transformación hacia las renovables, la mayor parte del valor añadido que en la actualidad es capturado por los países exportadores permanecerá en los importadores. Sus sistemas energéticos pasarán a depender de fuentes autóctonas, lo que no sólo les permitirá generar riqueza nacional, sino, como se ha señalado, crear numerosos puestos de trabajo. En ese sentido, el hecho de que las fuentes renovables estén distribuidas por todo el mundo es especialmente positivo para los países en vías de desarrollo. Podrán prescindir, al menos en cierta medida, de la fase fósil de su desarrollo y adentrarse en un sistema basado en la eficiencia y las renovables.

Además del empleo, las renovables, al utilizarse de manera distribuida, permiten la incorporación al mercado de muchos más agentes económicos, ya que las barreras de entrada son considerablemente menores. Favorece, en consecuencia un entorno empresarial más competitivo y dinámico, menos proclive a desarrollar o consolidar oligopolios con sus inevitables tendencias a abusar de su posición dominante.

Otra característica muy positiva es la que afecta a la seguridad nacional, y ello por varios motivos. En primer lugar, a diferencia de las energías fósiles que se presentan como stocks (reservas), los recursos renovables se presentan como flujos (viento, irradiación solar, ríos, mareas, olas, etcétera), por lo que se hace difícil que un actor externo pueda interrumpirlos de manera generalizada.

En segundo lugar, el petróleo y el gas se caracterizan por su elevada concentración geográfica. La mayoría de los países carecen de reservas y, por lo tanto, se ven obligados a importar esas materias primas tan decisivas en las economías modernas. Avanzar hacia un sistema basado en las tecnologías renovables implica, en consecuencia, una mayor autonomía energética, lo que hoy en día implica una mayor autonomía estratégica. Es cierto que en el proceso de transformación de la energía aparecerán problemas relacionados con el acceso y control de elementos críticos como el cobalto, el litio, el níquel, el manganeso, así como las denominadas tierras raras. En todo caso, dada su mayor distribución geográfica y las posibilidades de innovación y sustitución tecnológica en momentos en que el mercado detecte escasez, no es previsible que las tensiones que se produzcan sean ni remotamente equiparables a los enfrentamientos, incluso guerras (primera y segunda guerra de Irak en 1991 y 2003, respectivamente), que han generado el acceso y control del petróleo y los conflictos geopolíticos derivados del gas.

En tercer lugar, la dependencia de las importaciones de petróleo y gas ha pasado a ser considerada una vulnerabilidad estratégica en países como China, India, o en la propia Unión Europea. Y es que no sólo se depende de mercados lejanos sometidos a periódicas tensiones que se trasladan a los precios en forma de volatilidad y, en ocasiones, de shocks (petróleo en 1973 y 1979, gas en 2021-2022), con implicaciones macroeconómicas, de empleo y de estabilidad social, sino que en situaciones de crisis el propio acceso al recurso puede verse interrumpido, ya que los nodos estratégicos por los que circulan los buques petroleros y gasistas pueden ser bloqueados por un Estado hostil, y los gasoductos y oleoductos directamente cerrados (caso de Rusia respecto a Polonia y Bulgaria; asimismo, Argelia con Marruecos en 2022).

Finalmente, las infraestructuras energéticas de petróleo y gas, al ser más masivas y estar concentradas geográficamente, son más vulnerables a potenciales ataques no sólo en caso de guerra, sino de atentados terroristas. A modo de ejemplo, el perpetrado por los rebeldes hutíes de Yemen, quienes, en septiembre de 2019, atacaron con drones y misiles la mayor planta de procesamiento de crudo de Arabia Saudí (de hecho, la mayor planta del mundo), localizada en Abqaiq, una infraestructura por la que pasan las dos terceras partes de los diez millones de barriles que Arabia Saudí produce diariamente.

A modo de conclusión, a pesar de las dificultades, problemas y crisis que acompañarán al proceso de transformación de la energía, hay razones para prever que en 2050 la economía mundial descansará en un sistema energético basado en gran medida en la fuerza del viento, el calor del sol, el poder del agua, la biomasa, etcétera; un sistema altamente electrificado en el que la energía generada por esas fuentes naturales será capaz de alimentar centenares de millones de vehículos, y también de calentar y enfriar los hogares; un sistema en el que el hidrógeno obtenido de fuentes renovables proporcionará la fuerza motriz que precisa la industria pesada, quizás incluso la navegación y la aviación; un modelo energético en el que centenares de millones de personas y familias serán generadores de su propia energía; y en el que muchas naciones dejarán en buena medida de importar los onerosos recursos de petróleo y gas que debilitan hoy día sus balanzas de pago. Es, sin duda, un horizonte prometedor.

12

Neutralidad mundial en carbono, 2050

Se precisa la acción colectiva de los seres humanos para mantener alejado al sistema Tierra del umbral climático y para estabilizar la situación de la Tierra en un estado habitable característico de las eras interglaciares. Esa acción implica necesariamente la preservación del conjunto del sistema Tierra –biosfera, clima y sociedades– y puede incluir la entera descarbonización de la economía, el fortalecimiento de los sumideros naturales, cambios de comportamiento, innovaciones tecnológicas, nuevos sistemas de gobernanza global y una transformación de los valores sociales.

WILL STEFFEN Y OTROS,
Trajectories of the Earth System in the Anthropocene

PRESUPUESTO DE CARBONO

El aumento de la temperatura media de la atmósfera está correlacionado de manera casi lineal con la emisión neta acumulada de dióxido de carbono que ha tenido lugar desde la Revolución industrial. Desde 1850 hasta finales de 2019 se han emitido aproximadamente 2.370.000 millones de toneladas de CO_2 y el incremento de la temperatura media de la atmósfera ha sido de 1,1 grados.

El presupuesto de carbono hace referencia a la cantidad total de CO_2 que puede emitirse a partir de un momento dado (véase a continuación la tabla del IPCC a partir del 1 de enero de 2020), antes de alcanzar, con una cierta probabilidad, un determinado objetivo de aumento de la temperatura media de la atmósfera (en otro momento en el tiempo). Dado que la correlación entre ambos

Tabla 4: Presupuesto de carbono

Calentamiento global entre 1850-1900 y 2010-2019 (°C)	Emisiones históricas acumuladas de CO$_2$ entre 1850 y 2019 (GtCO$_2$)					
1,07 (0,8-1,3, rango probable)	2.390 (+/- 240; rango probable)					

Calentamiento global aproximado respecto a 1850-1990 hasta el límite de temperatura (°C)	Calentamiento global adicional relativo a 2010-2019 hasta el límite de temperatura (°C)	Estimación de los presupuestos de carbono existentes comenzando al inicio del año 2020 *Probabilidad de limitar el calentamiento global al límite de la temperatura*					Variaciones en las reducciones de emisiones distintas al CO$_2$
		17%	33%	50%	67%	83%	
1,5	0,43	900	650	500	400	300	Mayores o menores emisiones distintas al CO$_2$ pueden incrementar o reducir los valores de la izquierda en 220 GtCO$_2$ o más
1,7	0,63	1.450	1.050	850	700	550	
2,0	0,93	2.300	1.700	1.350	1.150	900	

Fuente: IPCC, 2021.

parámetros (incremento de la temperatura y emisiones) oscila dentro de una franja de incertidumbre, cuanto más exigente sea la demanda de que el incremento de temperatura no sobrepase un determinado umbral, se le asignará una mayor probabilidad. En ese caso, el presupuesto de carbono disponible será lógicamente menor.

Según el informe del IPCC (2021), el presupuesto de carbono restante a comienzos del año 2020, para un incremento de la temperatura media de 1,5 grados en el año 2100 (con un 67 por ciento de probabilidad), era de 400 millones de toneladas de CO_2, aproximadamente diez años al ritmo actual de emisiones (40 $GtCO_2$ al año).[1] El presupuesto asciende a 700 $GtCO_2$ para un incremento de la temperatura de 1,7 grados con esa misma probabilidad; y a 1.150 $GtCO_2$ para los 2 grados de incremento.

Si se sobrepasa el presupuesto de carbono correspondiente a un determinado incremento de la temperatura acordado por la comunidad internacional, serán necesarias emisiones netas negativas durante un tiempo más o menos prolongado para compensar el exceso.

El concepto de presupuesto de carbono centra de manera precisa el margen de maniobra disponible en cuanto a emisiones de CO_2, en función del objetivo climático adoptado. Según el Acuerdo de París, el objetivo es no sobrepasar los 2 grados, y hacer lo posible para que se mantenga cerca de 1,5 grados. No hay manera de alcanzar esos objetivos sin acometer una sistemática retirada del carbón del mix energético mundial.

RETIRADA DEL CARBÓN

Dos terceras partes de las emisiones globales de gases de efecto invernadero tienen su origen en el sistema energético, y tres cuartas partes si se incluyen las emisiones industriales.[2] Según datos de las Naciones Unidas (UNEP, 2021), en el año 2030 las emisiones no deberían sobrepasar los 39.000 millones de toneladas de CO_2 equivalente (39 $GtCO_2eq$) para situarse en una trayectoria coste-eficiente compatible con los 2 grados, y en una cantidad mucho menor

(25 GtCO2eq) para los 1,5 grados. Solamente hay una manera de lograr esa reducción: la retirada masiva del carbón del sistema energético, en especial de la generación eléctrica. La combustión del carbón origina la cuarta parte de las emisiones globales y el 40 por ciento de las de CO_2. Según datos de la Agencia Internacional de la Energía (2021c), el parque global de centrales de carbón de generación de electricidad era en 2021 de 2.200 GW y en él se generaba la tercera parte de la electricidad total. Había, además, 140 GW de potencia en construcción y 400 GW en diferentes fases de planificación y aprobación.

Además de generar emisiones de CO_2, la combustión del carbón tiene efectos perniciosos sobre la salud y el medio natural. Produce emisiones de mercurio, arsénico, sulfatos y otros contaminantes del aire y el agua. Sus impactos inciden en la salud de los nacimientos, afectan a la inteligencia de los niños y provocan asma y otras enfermedades respiratorias y cardiovasculares. Además, los efectos sobre la salud de las personas y la de los ecosistemas no sólo son de ámbito local sino de alcance global. El mercurio y otros contaminantes se depositan en el suelo y en el océano y acaban infiltrándose en las cadenas tróficas, finalizando en los cuerpos de los animales que se sitúan en la cúspide de las mismas, en particular los seres humanos.

Dada la disponibilidad y madurez de las tecnologías renovables para la generación eléctrica, la comunidad internacional debe otorgar prioridad absoluta a la retirada del carbón. Su combustión habría de finalizar, como tarde, entre 2025 y 2030 en las economías desarrolladas (pertenecientes a la OCDE) y entre 2035 y 2040 en el resto. Es esencial que no se construyan nuevas centrales en línea con la moratoria solicitada por António Guterres, el secretario general de las Naciones Unidas. De manera específica, sin una retirada del carbón en el sector de la generación eléctrica de China no hay salida viable a la crisis climática. Los objetivos aprobados en el Acuerdo de París no serán alcanzados. La tabla siguiente corrobora esa afirmación.

Tabla 5. Evolución del consumo de carbón, 2000-2020. Datos en millones de toneladas.

	China	India	EE.UU.	UE	Resto	MUNDO
2000	1.290	357	966	738	1.349	4.700
2005	2.307	464	1.030	742	1.497	6.040
2010	3.445	683	950	669	1.609	7.356
2013	4.025	806	840	677	1.650	7.998
2015	3.788	882	719	651	1.670	7.710
2016	3.669	881	658	617	1.690	7.515
2017	3.708	938	642	617	1.732	7.637
2018	3.793	997	619	595	1.764	7.768
2019	3.834	979	532	484	1.798	7.617
2020	3.814	911	438	386	1.693	7.242

Fuente: Elaboración propia con datos de la Agencia Internacional de la Energía (IEA, 2020).

En las dos décadas transcurridas entre 2000 y 2020, China ha triplicado su consumo de carbón, lo que se correlaciona con su aumento de emisiones en ese periodo (véanse tablas 1, 2 y 3). India ha incrementado de manera significativa su consumo de carbón, si bien muy por debajo de China en cifras absolutas. Considerados de manera conjunta, Estados Unidos y la Unión Europea han reducido su consumo en torno al 50 por ciento en ese periodo. En el resto del mundo, el consumo ha aumentado arrastrado por el Sudeste Asiático. Cuatro años después del Acuerdo de París (2019) el consumo de carbón fue apenas un 1,2 por ciento menor que en 2015 (los datos de 2020 están condicionados por la contracción económica derivada de la pandemia de la COVID-19).

Por otro lado, se han producido algunas tendencias positivas. Así, entre 2015 y 2019 el número de plantas en diferentes fases de planificación y aprobación descendió un 75 por ciento. Los países del G-20 y entidades financieras internacionales acordaron, en 2021, no llevar a cabo inversiones en centrales térmicas de carbón en terceros países. Asimismo, el ratio de utilización del parque de centrales ha disminuido. Y, concretamente, en la Unión Europea y en Estados Unidos el desplome del más contaminante y emisor de los combustibles fósiles es una realidad inapelable. En la actualidad, su consumo conjunto apenas representa el 10 por ciento del total mundial. En el comunicado final de la cumbre de Glasgow, la propuesta de retirada progresiva del carbón fue sustituida a insistencia de la India por la de disminución en su uso, lo que puso en evidencia las contradicciones de la política climático-energética de economías emergentes como China e India. En todo caso, la batalla climática del carbón se ganará o perderá en gran medida en China. El carbón proporciona el 56 por ciento de su energía primaria.[3] En 2021, el país asiático contaba con una flota de centrales de 1.100 GW de potencia instalada y otros 175 GW en diferentes fases de planificación. A pesar de la gran inversión que ha realizado en los últimos años en tecnologías renovables, así como en generación hidroeléctrica y en nucleares, el país asiático ha seguido construyendo numerosas plantas eléctricas de carbón, si bien muchas de ellas han quedado en situación de *back up*, con entradas al sistema acotadas a circunstancias especiales. El hecho de que en China los costes de inversión para las centrales de tecnología ultrasupercrítica (USC) sean relativamente reducidos (del orden de 500-600 dólares por kWh) y que el acceso al crédito por parte del sector público propietario de las centrales sea fácil ha favorecido su construcción (IEA, 2021).

En definitiva, China ha de ser abiertamente cuestionada por la comunidad internacional respecto a la retirada ordenada del carbón de su mix eléctrico. En el año 2023, según avanza el Fondo Monetario Internacional, China dejará de ser un país en vías de desarrollo para ingresar en el club de los países económicamente desarrollados. La retirada del carbón en el país asiático ha de considerarse una prioridad absoluta.

NEUTRALIDAD 2050

La eliminación del carbón del mix energético global es una condición necesaria, si bien no suficiente, para reconducir la crisis climática. Ese objetivo ha de formar parte de una estrategia de descarbonización más amplia y sistémica en el horizonte del 2100. Cada décima de grado de aumento de la temperatura que se logre evitar es muy importante. El informe especial del IPCC sobre los 1,5 grados muestra la gran diferencia existente entre los impactos previstos en un escenario con un incremento de 2 grados y en otro de 1,5 grados.

Lograr que el aumento se mantenga en 1,5 grados a finales del presente siglo precisa alcanzar la neutralidad mundial en carbono para 2050.[4] Ese objetivo podría conseguirse mediante una trayectoria de emisiones como la que ha presentado el IPCC en su informe de 2021 (denominada SSP1-1,9, muy bajas emisiones), así como por medio de la trayectoria *Net Zero 2050* elaborada por la Agencia Internacional de la Energía. Ahora bien, no es viable proponer a la comunidad internacional que las economías desarrolladas, las emergentes y las que se encuentran en desarrollo alcancen la neutralidad en carbono al mismo tiempo.

Las economías desarrolladas han de hacerlo antes que el resto para, de esa manera, marcar el camino y poner en marcha las tecnologías que se precisan para descarbonizar sectores difíciles como el transporte pesado por carretera, la aviación, el sector marítimo, las industrias intensivas en carbono, etcétera. En ese sentido, algunos países ya han dado un paso al frente: Finlandia ha formulado su objetivo de neutralidad para 2035, Austria lo ha hecho para 2040; y Suecia y Alemania para 2045.

En definitiva, a partir de 2023, año en el que se presentará por parte del IPCC el primer informe de evaluación de los logros alcanzados por el Acuerdo de París, será preciso avanzar hacia un nuevo consenso en el que las economías desarrolladas adelanten su neutralidad en carbono hacia 2040-2045 (otros GEI distintos al CO_2 para 2050) y los países emergentes y en vías de desarrollo fijen la suya hacia 2050-2055 (otros GEI diferentes al CO_2 para 2060).

En esa dirección, la Unión Europea, el Reino Unido y Estados Unidos habrían de liderar el camino, fijando su objetivo de neutralidad en carbono hacia 2040-2045 y actualizando las políticas, planes y estrategias correspondientes que se precisan para lograrlo.[5] En ese sentido, es plenamente viable que las economías desarrolladas logren sistemas cien por cien renovables para 2035 en generación eléctrica. Es asimismo factible alcanzar la neutralidad en el sector de la movilidad y en la edificación mediante las tecnologías ya existentes para 2040, siempre y cuando se incrementen de manera significativa los programas para desarrollarlas. En los sectores de más difícil descarbonización se precisa movilizar recursos de investigación, innovación y desarrollo en una escala equivalente a la realizada para obtener las vacunas del COVID-19, con el fin de lograr a tiempo las necesarias rupturas tecnológicas.

Dado que las emisiones de los países que forman parte de la Organización para la Cooperación y el Desarrollo Económico (OCDE) suponen el 35 por ciento de las globales (en 1990 representaban el 50 por ciento), las economías desarrolladas no están en condiciones por sí solas de reconducir la crisis climática. Ahora bien, su fortaleza económica, financiera, tecnológica y comercial podría movilizar la voluntad del resto, siempre y cuando lideren mediante el ejemplo. Así, una vez que las economías desarrolladas aprueben su objetivo de neutralidad en carbono hacia 2040-2045 y hayan puesto en marcha las políticas correspondientes, se crearán las condiciones para que países emergentes como China, India, Brasil, Indonesia, Sudáfrica y otros sitúen su horizonte de emisiones netas cero de CO_2 hacia 2050-2055.

SOLUCIONES BASADAS EN LA NATURALEZA

La respuesta a la emergencia climática ha de impedir que el sistema climático se adentre en una dinámica de efectos en cascada. Para ello, se precisa una política de la Tierra capaz de conducir paso a paso al sistema climático hacia un valle de estabilidad. Para conseguirlo es necesario alcanzar la mencionada neutralidad global en carbono a mediados de siglo. En una etapa posterior será preciso reducir la concentración de CO_2 en la atmósfera hasta estabilizarla por debajo de las 350 partes por millón. En palabras del IPCC (2018):

En escalas más amplias, serán todavía necesarias emisiones netas negativas de CO_2 sostenidas en el tiempo, además de profundas reducciones en el forzamiento radiativo de las emisiones distintas al CO_2, al objeto de prevenir un mayor calentamiento debido a los efectos de retroalimentación existentes en el sistema Tierra.

Dicho de otro modo, conseguir la neutralidad en carbono es la primera etapa de una estrategia a más largo plazo. Y es que si se asume con seriedad la probable activación de procesos de retroalimentación incluso con incrementos de la temperatura cercanos a 1,5 grados, si se tiene en cuenta que algunos de esos procesos biológico-climáticos ya se han puesto en marcha (Ártico, Groenlandia, Oeste de la Antártida, arrecifes de coral, glaciares de montaña, etcétera), se precisa mirar más allá del 2050.

Una vez conseguida la neutralidad en carbono, la concentración de CO_2 en la atmósfera probablemente se encuentre en una horquilla entre 450 y 500 ppm. Para evitar la activación y el reforzamiento de los procesos de retroalimentación sería preciso emprender una segunda etapa con el fin de reducir dicha concentración mediante sistemas basados en la naturaleza hasta estabilizarla por debajo de las 350 ppm. En términos de presupuesto de carbono, se precisarán emisiones netas negativas (absorción de CO_2 en los sumideros naturales).

Para ello, se necesitarán programas masivos de reforestación y de mejora de la capacidad de sumidero de los suelos, la agricultura y los humedales, a la vez que se monitorizarán en tiempo real los procesos de retroalimentación.[6] Obviamente, existirá un solapamiento natural entre ambas etapas. De hecho, las modelizaciones llevadas a cabo por el IPCC indican que la solución más eficiente para lograr el objetivo de 1,5 grados implica combinar la mitigación de las emisiones con el despliegue de soluciones que permitan retirar CO_2 de la atmósfera (*carbon dioxide removal*, CDR). Sin embargo, es importante distinguir conceptualmente las dos etapas con el fin de evitar el riesgo de promover la absorción del CO_2 de la atmósfera como *alternativa* a la descarbonización de la energía. Lograr la descarbonización del sistema energético mediante la transformación antes mencionada es el corazón de la respuesta a la crisis climática. Así, una menor destrucción y degradación de los ecosistemas forestales, y la preservación de ecosistemas terrestres (humedales, turberas, praderas y sabanas) y de ecosistemas costeros (manglares, marismas, salinas, bosques de algas, etcétera) pueden disminuir las emisiones de gases de efecto invernadero procedentes de los cambios en los usos del suelo y de los mares, al conservar sus propiedades como sumideros de carbono. Concretamente, una menor destrucción de los bosques puede contribuir a una mitigación anual de emisiones, estimada en una horquilla entre 0,4-5,8 GtCO2eq. Asimismo, la mejora en la gestión de las tierras de cultivo y de las dedicadas a pasto de ganado puede reducir las emisiones anuales entre 3 y 6 GtCO2eq (IPBES-IPCC, 2021).

En definitiva, la respuesta a la crisis climática pasa por la neutralidad mundial en carbono hacia 2050. Ese es el objetivo estratégico en el que se habrían de centrar los esfuerzos políticos, económicos y diplomáticos en los próximos años. Una vez alcanzado, el esfuerzo se habría de dirigir a reducir la concentración de CO_2 en la atmósfera hasta estabilizarla por debajo de las 350 ppm.

En el camino, la transformación de la energía y la preservación de la naturaleza habrían de actuar como fuerzas motrices de un cambio más sistémico, una metamorfosis orientada hacia la creación de una transición ecológica global que permita a nuestra especie perdurar y progresar.

13

Política de la Tierra

Debemos tener en cuenta que la biosfera tardó tres mil ochocientos millones de años en construir el hermoso mundo que hemos heredado. Sólo conocemos una parte de la complejidad de sus especies y del modo en que trabajan juntas para crear el equilibrio sostenible que acabamos de empezar a comprender. Nos guste o no, estemos o no preparados, somos la mente y los guardianes del mundo vivo. Nuestro futuro final depende de que entendamos esto.

EDWARD O. WILSON,
*Medio planeta. La lucha por las tierras
salvajes en la era de la sexta extinción*

PENSAR EL SIGLO XXI

Hemos de pensar el siglo XXI a la luz de la emergencia climática y el creciente colapso de la biosfera. Vista desde nuestra tradición filosófica y moral, la respuesta a la actual emergencia climática y ecológica habría de encontrar sus raíces y su fuerza en el legado de la razón crítica, el conocimiento científico, el compromiso con la justicia como igualdad (también entre generaciones) y la participación activa de la ciudadanía en la esfera pública.

La tradición de la que somos herederos no es un saber fosilizado, sino un compromiso con la construcción de una sociedad más justa, basada en la participación discursiva y socrática de una ciudadanía libre en una democracia siempre en proceso de mejora y que precisa, como condición necesaria para su perdurabilidad, la preservación de los procesos de la vida. Es preciso actualizar el legado de nuestra tradición para sentar sobre bases firmes la respuesta a esta encrucijada.

Precisamos conceptos y categorías adecuados con los que pensar los desafíos decisivos del siglo XXI, dado que las razones últimas de la desestabilización climática y ecológica reflejan un estar-en-el-mundo propio de una civilización que ha concebido su relación con la naturaleza en términos de dominación y depredación, en lugar de preservación, cuidado e interdependencia. Se trata de un molde cultural que, si bien está arraigado en la lejana antigüedad, quedó fraguado en los albores de la primera modernidad, sobre todo a partir de la formulación propuesta por Francis Bacon. Cuatro siglos después y a la vista de la desestabilización de funciones esenciales del sistema Tierra como el clima, la salud de los océanos o la diversidad biológica, la opción sensata e inteligente es aprender de los excesos, corregir el rumbo. En ese sentido, una «segunda modernidad» habría de incluir una comprensión renovada sobre las relaciones entre los seres humanos y la Tierra, integrando en el modelo de desarrollo económico el paradigma de los límites ecológicos planetarios.

La crisis climática y el creciente colapso de la diversidad biológica demandan la cesura simbólica de una era ecológicamente autodestructiva. Las generaciones actuales somos depositarias de un formidable legado de vida transmitido por numerosas generaciones de antepasados y tenemos la responsabilidad de entregarlo a quienes nos han de suceder.

En la estela de filósofos como John Rawls y Jürgen Habermas no se trata tanto de *descubrir* sino de *construir* socialmente nuevos códigos de justicia y equidad con los que proteger a las personas jóvenes y a las generaciones venideras, a nuestros hijos y a los hijos de nuestros hijos. Formulado en otros términos, la interdependencia fuerte entre generaciones exige reformular el modelo tradicional de contrato social. El propio Rawls matizó su Teoría de la Justicia para acomodar el dilema planteado por la relación justa entre generaciones. En su última formulación (*Justicia como equidad*, 2012), invoca la posición original estipulando que «las diferentes partes habrían de escoger aquellos principios que ellas hubiesen preferido que hubiesen sido aplicados por las generaciones precedentes». Un velo de la ignorancia intergeneracional por el que cada generación se compromete a respetar aquellos principios de sostenibilidad que le gustaría ver cumplidos por sus predecesores. Un pacto de justicia entre generaciones.

METAMORFOSIS

Somos seres biológicos en un mundo ecológico. La pandemia de la COVID-19 ha sido el suceso singular más disruptivo a nivel global desde la finalización de la Segunda Guerra Mundial. En un momento dado, más de cuatro mil millones de seres humanos se vieron afectados por distintos niveles de confinamiento y restricción. Un «simple virus» nos ha recordado de manera abrupta nuestra interdependencia con el medio natural, así como la vulnerabilidad de nuestros sistemas de salud y de nuestras economías.

Por ello, la respuesta a la desestabilización del clima habría de concebirse como parte de una metamorfosis más amplia, una transformación en la manera de concebir y desarrollar las relaciones entre la economía, la ecología y la sociedad. Se la puede denominar transición ecológica global. En la medida en que precisará incorporar elementos sociales, culturales, de estilos de vida, jurídicos, filosóficos, espirituales, además de económicos y tecnológicos, cabría también denominarla emergente civilización ecológica global, dando por bueno un concepto procedente de la cultura china. En todo caso, habría de apoyarse sobre una comprensión renovada entre los seres humanos y el sistema Tierra. En términos de la Ecología científica y siguiendo a Eugene Odum, se trata de transitar desde una etapa *inmadura* de dominación y destrucción del medio natural a una etapa *madura* de preservación y protección del ecosistema global (límites ecológicos) como condición ineludible para garantizar nuestra supervivencia y bienestar a largo plazo.

La apropiación agresiva del medio natural no es inevitable, no estamos abocados a destruir el tejido de la biosfera y socavar los cimientos que han permitido la aventura humana. No será fácil. Evolutivamente nos hemos multiplicado y hemos prosperado enfocados hacia problemas que surgen en nuestro entorno más cercano y que nos atañen de forma directa y personal a corto plazo. Sin embargo, aprendemos culturalmente a partir de nuestra interacción con el medio. Y la destrucción de la diversidad biológica ha sido, junto a la crisis climática, nuestro mayor error como especie. Ambas son las vigas maestras que sostienen el funcionamiento de la biosfera. No es razonable pensar que podamos abocarlas a una desestabilización profunda y no sufrir las consecuencias. Hemos de despertar a esa realidad inexorable antes de que sea demasiado tarde.

En ese sentido, el objetivo fundamental de una política de la Tierra debería ser reconducir de manera urgente la trayectoria del sistema climático hacia lo que las Ciencias de la Tierra denominan un valle de estabilidad, evitando que se adentre en una dinámica de retroalimentación positiva que pueda llevarlo fuera de control. Ello requerirá una permanente observación científica y un sistema de gobernanza en un nivel de inteligencia organizada y con capacidad de decisión superior al actual. Se precisarán muchas décadas antes de que podamos considerar que la desestabilización ha quedado reconducida. En verdad, no se logrará antes de que la concentración de CO_2 en la atmósfera descienda y se estabilice por debajo de las 350 partes por millón.

El camino hacia la neutralidad es preciso recorrerlo de manera cooperativa y solidaria entre países y sociedades, y se irá desplegando a medida que se desarrolle un amplio proceso de aprendizaje social. En otras palabras, el concepto política de la Tierra pretende desplazar el centro de gravedad desde aquello que nos separa hacia aquello que nos une como seres humanos que enfrentan juntos una amenaza existencial.

PROTEGER A LOS JÓVENES
Y A LAS GENERACIONES VENIDERAS

Ecocidio

«A los efectos del presente Estatuto, se entenderá por ecocidio cualquier acto ilícito o arbitrario perpetrado a sabiendas de que existen grandes probabilidades de que cause daños graves que sean extensos o duraderos al medio ambiente.» En 2021, un equipo de juristas de prestigio internacional ha consensuado la definición de ecocidio con la intención de que sea incorporado como quinto delito al Estatuto de Roma de la Corte Penal Internacional (CPI).[1] Sería la primera incorporación desde la que tuvo lugar en 1945 a raíz de los juicios de Núremberg contra el nazismo. En la actualidad, solo se contempla la figura del crimen ecológico en el contexto de una situación de guerra. Sin embargo, la mayoría de los atentados contra la salud ecológica tienen lugar en tiempos de paz. La definición acordada por el grupo de expertos otorga a las partes del Estatuto de Roma la posibilidad de someterla a su aprobación. Se necesitará, para ello, el voto afirmativo de dos tercios de los Estados firmantes del CPI (el estatuto de la CPI ha sido ratificado hasta el momento por 123 países).

Los antecedentes del término ecocidio remiten al primer ministro sueco Olof Palme,[2] quien lo mencionó en la primera conferencia mundial sobre medio ambiente que tuvo lugar en Estocolmo en 1972. El telón de fondo de su mención era la guerra de Vietnam y la masiva utilización de bombas defoliadoras por parte de la aviación estadounidense, el famoso agente naranja, cuya repercusión en la salud de las personas y de los ecosistemas fue brutal y de larga duración. De hecho, Vietnam fue el primer país del mundo en incorporar en su ordenamiento jurídico la figura del ecocidio. Finalizada la Guerra Fría, Rusia, Georgia, Armenia, Ucrania, Bielorrusia, Kazajistán, Kirguistán, Moldavia, Tayikistán y Uzbekistán también lo incluyeron en sus leyes.

Abrir la Constitución

El 30 de noviembre de 2018, el secretario general de las Naciones Unidas presentó, a solicitud de la Asamblea General, un detallado informe acerca de las lagunas en el derecho internacional del medio ambiente.[3] El informe estaba concebido para avanzar hacia lo que se denominó el «Pacto Mundial por el Medio Ambiente». Sin embargo, la iniciativa, impulsada por Francia, apenas tuvo recorrido y mostró una vez más la distancia que separa el diagnóstico de la ciencia sobre la situación ambiental global (informes GEO del Programa de las Naciones Unidas para el Medio Ambiente) y la eficacia de las normas y mecanismos de gobernanza con que se ha dotado a la comunidad internacional desde 1972.

A pesar de existir más de quinientos acuerdos multilaterales medioambientales de diferente tipo, la situación climática y ambiental global no ha hecho sino empeorar. Los instrumentos normativos y el marco de gobernanza existentes se han mostrado incapaces de detener el deterioro de las funciones de soporte de la biosfera, incluyendo la estabilidad del sistema climático. Las fuerzas motrices subyacentes han resultado ser más poderosas que los instrumentos erigidos para reconducirlas.⁴

Hoy día, incluso siendo plenamente consciente de la situación de grave crisis climática, cada país decide de manera autónoma acerca de sus emisiones de gases de efecto invernadero, sin importar la externalización que realiza sobre el resto del mundo. Es un ejemplo de las consecuencias de quedar atrapados por concepciones cuyos fundamentos de derecho se remontan a siglos atrás, mucho antes de que hubiesen emergido los problemas ambientales globales modernos.

Tras medio siglo de experiencia, debemos reconocer que el sistema internacional de protección ecológica del sistema Tierra está fallando. Y lo que es peor, a pesar de los informes científicos que han documentado el deterioro de la situación planetaria, las iniciativas dirigidas a mejorar la gobernanza global no han prosperado. Las inercias burocráticas del sistema de organizaciones de las Naciones Unidas, por un lado, y el bloqueo por parte de Estados partidarios de mantener el actual *statu quo* ambiental por otro, han impedido todo avance relevante en esa dirección. Así, la propuesta defendida por más de cincuenta países, entre ellos la Unión Europea y todos sus Estados miembros, de crear una Organización Mundial del Medio Ambiente, equivalente a la Organización Mundial de la Salud, no ha encontrado apoyo suficiente en las Naciones Unidas. Lo mismo ha sucedido con la mencionada propuesta del Pacto Mundial por el Medio Ambiente.

Hoy en día, nos encontramos en una situación de emergencia climática y colapso creciente de la diversidad biológica como consecuencia de que el sistema normativo y de gobernanza internacional no está suficientemente afianzado. Como dijo Stephen Hawking, vivimos el tiempo más peligroso (para nosotros) en la historia de nuestro planeta. Asumir esa realidad habría de ser el punto de partida para pensar el siglo XXI y mejorar el modelo de gobernanza de los bienes comunes de la humanidad, empezando por la preservación del clima de la Tierra.

En ese sentido, alrededor de ciento cincuenta y cinco Estados recogen en sus constituciones o en otros instrumentos normativos de relevancia el derecho de los seres humanos a disfrutar de un medio ambiente adecuado. Además, ese derecho se evoca en declaraciones internacionales no vinculantes como la Declaración de Estocolmo y la Declaración de Río. Asimismo, aun cuando el derecho a un medio ambiente saludable no figura de manera explícita en el Convenio Europeo de Derechos Humanos aprobado en 1950 (en esa fecha no habían surgido aún los problemas ambientales globales, lo harían a partir de los años sesenta), el Tribunal Europeo de Derechos Humanos ha favorecido una comprensión dinámica del Convenio, interpretándolo frecuentemente en términos favorables a la protección ambiental.

A ello hay que añadir que, en los últimos años, los tribunales de justicia de diferentes países (Francia, Holanda, Alemania...) han sentado jurisprudencia sobre la obligación de los gobiernos de preservar de manera más eficaz los derechos de las personas jóvenes a ver su futuro climático protegido y, en algunos casos, incluso han obligado a multinacionales energéticas a responsabilizarse de objetivos ambiciosos de mitigación de sus emisiones.

Esa implicación debería ir madurando hacia una transformación de mayor calado normativo, que habría de ser recogida en la Constitución. Y es que nos hemos adentrado en un tiempo en el que se hace necesario ampliar los códigos de responsabilidad, integrando en nuestro horizonte de decisión de forma más explícita la preservación del legado transmitido a los jóvenes y a las generaciones venideras. Por ello, deberían abrirse las constituciones y otras cartas magnas para incluir, tras un amplio debate ciudadano, la obligación de los poderes públicos de velar por el derecho de las personas jóvenes a verse libres de la amenaza existencial que representa la crisis climática. Un mandato constitucional que en los Estados miembros de la Unión Europea podría formularse al amparo de la declaración de emergencia climática aprobada por el Parlamento Europeo en noviembre de 2019.

En su artículo «Constituciones del siglo XXI»,[5] Diego López Garrido, Vicente Palacio y Nicolás Sartorius lo defienden con estas palabras:

Un segundo elemento de las constituciones del siglo XXI es la matriz medioambiental. Aquí, la necesidad imperiosa, existencial, de asegurarnos para nosotros y las generaciones venideras un planeta sostenible y un modelo energético acorde con este, no se corresponde con el contenido de nuestras constituciones. Se diría que la protección del medio ambiente se ha convertido en una especie de «imperativo categórico» kantiano que nos obliga a redefinir los derechos medioambientales, elevándolos a la categoría de derechos fundamentales de los seres humanos. Cuestión que, de momento, no se contempla en las constituciones vigentes.

EL CONSEJO DE SEGURIDAD DE LAS NACIONES UNIDAS

La actual constelación multilateral de las Naciones Unidas representa legítimamente a todas las naciones y, a través de ellas, a todas las sociedades y personas. En su seno, y sin menoscabo del importante papel que desempeña la Convención Marco de las Naciones Unidas sobre el Cambio Climático y el Acuerdo de París, el Consejo de Seguridad es la institución más adecuada para asumir, en nombre de la Asamblea General y en su representación, el mandato de velar por la seguridad climática mundial. Las cinco naciones que se sientan de forma permanente en el Consejo tienen en sus manos la principal responsabilidad, ya que como señaló David Attenborough en su intervención ante dicho Consejo en marzo de 2021: «el cambio climático supone la mayor amenaza de seguridad a la que los humanos modernos jamás se hayan enfrentado».

Reconducir la trayectoria de las emisiones de manera que se evite un incremento de la temperatura superior a los 1,5 grados va a exigir toda la capacidad de liderazgo y persuasión por parte de las naciones, que son el último recurso en el mantenimiento de la seguridad y la estabilidad internacional, es decir, los miembros permanentes del Consejo de Seguridad. Las declaraciones políticas de ciento cuarenta gobiernos aspirando a la neutralidad para mediados de siglo, o algo después, son muy positivas, pero no son sino el primer paso de un largo camino que durará décadas. El proceso de transformación del sistema energético mundial va a estar lleno de dificultades y las crisis, los conflictos y los retrocesos serán inevitables. Por el bien de la humanidad y de las generaciones venideras se requiere que la autoridad del Consejo de Seguridad vele para que la respuesta a la crisis climática llegue a buen puerto.

En ese sentido, la Carta de las Naciones Unidas proporciona al Consejo autoridad legal suficiente para responder al cambio climático. La creciente predisposición de aquel para considerar riesgos no convencionales de seguridad, así como los pasos concretos que ha dado en los últimos años en esa dirección, permiten vislumbrar su creciente implicación. La incidencia del cambio climático ha quedado incluida en resoluciones del Consejo de Seguridad sobre el lago Chad, sobre Somalia, así como sobre la República Democrática del Congo, Mali y Sudán.[6] Ahora bien, ese avance ha sido acotado hasta el momento al entorno del Sahel y África Occidental y zonas adyacentes. Y es que, en esa región, las instituciones de las Naciones Unidas se hayan implicadas en diversos conflictos, muchos de ellos con grupos insurgentes de carácter yihadista. Sin embargo, el Consejo de Seguridad no ha asumido todavía el cambio climático como una amenaza de seguridad global, menos aún ha apuntado a las causas del problema.

En todo caso, Reino Unido, Francia (con el apoyo de la Unión Europea) y Estados Unidos (bajo la presidencia tanto de Obama como de Biden) han impulsado en repetidas ocasiones la conexión clima-seguridad, abogando por un papel proactivo del Consejo de Seguridad. Por el contrario, China y Rusia se han opuesto hasta el momento. No hay que descartar, sin embargo que China comience a flexibilizar su postura. En la mencionada reunión de marzo de 2021, Xie Zhenhua, enviado especial sobre el clima, dijo lo siguiente: «El cambio climático se ha convertido en una creciente y seria amenaza para la supervivencia, el desarrollo y la seguridad de la humanidad». Si se produjese ese desplazamiento en la posición del país asiático se habrían creado las condiciones para que cuatro miembros permanentes –Estados Unidos, China, Francia y el Reino Unido– junto a la mayoría de los no permanentes pudiesen presionar a Rusia para implicar al Consejo de Seguridad en la respuesta a la emergencia climática, algo, sin duda, difícil en el actual clima de confrontación geopolítica, pero que podría cambiar en un futuro.

En todo caso, la implicación del Consejo de Seguridad en la crisis climática no habría de ir en detrimento del papel que le corresponde a la Asamblea General y, en especial, a la CMNUCC y al Acuerdo de París. Sería, por el contrario, un complemento importante y supondría un paso en el fortalecimiento del marco institucional desde el que afrontar la emergencia climática. Se habría demostrado que, ante el riesgo más grave de nuestro tiempo (excluida una guerra nuclear entre grandes potencias), las instituciones legítimas del sistema multilateral encargadas de preservar la paz, la seguridad y la estabilidad habrían estado a la altura de su misión. Sería un avance importante en la dirección hacia una política de la Tierra.

EUROPA, UNA CAUSA
DE ALCANCE UNIVERSAL

La Unión Europea ha sido la primera institución que ha hecho hincapié en sus tratados en la responsabilidad hacia los bienes comunes de la humanidad. Esa responsabilidad figura en el centro de su proyecto político y de su comprensión como actor global. De esa manera, Europa ha conectado con lo más valioso del legado de la Ilustración, aquello que el tiempo ha sedimentado como su núcleo orientador de sentido: la confianza en el uso de la razón, la labor de guía otorgada a la ciencia y un aliento de vocación universal. Hoy en día, ese legado cosmopolita habría de actualizarse adoptando una visión y una tarea a la altura de lo que ha sido la contribución europea a la historia de las ideas, la ciencia y la cultura.

Desde hace cinco siglos, Europa se ha construido y definido en relación abierta con el mundo. La Europa heredera del humanismo renacentista, la revolución científica, el espíritu de la Ilustración, el proyecto filosófico de la modernidad y la declaración de los Derechos del Hombre y del Ciudadano, habría de dotarse de un proyecto de largo alcance espacial y temporal capaz de otorgarle un sentido profundo al proyecto de la Unión Europea, más allá de la satisfacción de los intereses materiales de sus ciudadanos. Europa habría de hacer suya una *gran causa de alcance universal*, como dijo Tocqueville refiriéndose al legado de la Revolución francesa. Una causa que pueda ser percibida por la ciudadanía como la sustancia política y moral de nuestro estar en el mundo.

Se debería articular un proyecto integral que, con humildad, aliente la esperanza y la confianza de que sabremos y podremos reconducir la situación. A la ciudadanía, a los Estados nacionales y a las instituciones comunitarias nos corresponde asumir la iniciativa ante el desafío definidor de nuestro tiempo: la amenaza existencial del cambio climático y la crisis ecológica global. En este momento de crisis climática y ecológica de alcance planetario, el despertar geopolítico de Europa no debería entrar en contradicción con su papel equilibrador y moderador en la esfera internacional, y menos con su liderazgo ante la crisis climática. Además de improductivo no sería justo. Como escribió Ulrich Beck, el software de la modernidad tecnoindustrial que Occidente ha exportado al resto de los países en los últimos doscientos años y que ha conducido, junto a numerosos y notables progresos, a la actual situación de crisis ecológica y climática, ha sido en gran medida una creación europea.

La Europa comunitaria de cuatrocientos cincuenta millones de ciudadanos está en condiciones de presentar al resto de la comunidad internacional un compromiso integral dirigido a reconducir la emergencia climática, convirtiéndolo en el eje central de su proyección exterior. Construyendo sobre el corpus ambiental generado en los últimos cincuenta años, consolidando el liderazgo climático de las tres últimas décadas y profundizando en el proyecto estratégico del Pacto Verde, la Unión Europea debería demandar apoyo a la ciudadanía para hacer de la preservación de los sistemas vitales de la Tierra y de la respuesta a la desestabilización del clima el núcleo de su proyección global. En los tiempos actuales en los que la dinámica ecológica y climática podría escapar a todo control, es más necesario que nunca dar un paso al frente, afirmar nuestra presencia responsable y no dejarnos llevar por esa deriva autodestructiva.

En definitiva, Europa habría de crear los conceptos y la narrativa con los que tejer los mimbres de una transformación profunda en las relaciones entre economía, ecología y sociedad, haciendo de ello su propósito político definidor. Una causa de alcance universal, una política de la Tierra, que sea nuestra contribución más perdurable a la aventura humana.

LA LUCHA DECISIVA DE NUESTRO TIEMPO

La ciencia ha realizado la aportación crucial a la hora de explicar las causas de la crisis climática, sus consecuencias y su dinámica. Ahora bien, la respuesta pertenece a un ámbito diferente. Hace referencia a qué sociedad queremos, sobre qué valores aspiramos a construirla, en qué lugar situamos conceptos como justicia y equidad, qué mundo queremos legar a nuestros jóvenes, a nuestros hijos y a las generaciones venideras, qué importancia otorgamos a que desaparezcan cientos de miles de especies biológicas que comparten con nosotros la Tierra. En otras palabras, afecta al núcleo político y moral de nuestra sociedad, a nuestros valores como comunidad de hombres y mujeres libres que no sólo viven juntos, sino que comparten un destino común, es decir, a los fundamentos de justicia y equidad en los que se basan nuestras sociedades democráticas.

Por ello, la respuesta a la emergencia climática planetaria es la lucha decisiva de nuestro tiempo, la que definirá a nuestra generación como la respuesta a los totalitarismos definió el siglo xx (Tony Judt). Pertenece al linaje de las grandes movilizaciones políticas y sociales que tuvieron lugar en los últimos trescientos años, tales como la prohibición de la esclavitud, la conquista de las libertades y la democracia, la desaparición de los imperios coloniales, la carta de los derechos humanos, la lucha contra el racismo y por los dere-

chos civiles, la construcción del Estado social europeo, los históricos logros de la igualdad de género...

Esas transformaciones se libraron y en buena medida ganaron,
al menos en ciertas partes del mundo, porque fueron capaces de
generar una respuesta moral entre amplias mayorías sociales, ya
que sentían que afectaba a su sentido básico de la justicia y la igualdad. Por ello, se equivocan quienes tratan de acotar la respuesta a la
crisis climática al ámbito instrumental de la tecnología y/o la economía. Las transformaciones energéticas y tecnológicas son imprescindibles. Mediante ellas es como se materializará el cambio.
Ahora bien, para lograrlo es necesario que una mayoría social acepte que la emergencia climática afecta a valores básicos que dan sentido a sus vidas.

El mensaje es claro: no podemos permitir que nuestros jóvenes,
nuestros hijos y las generaciones venideras hereden un mundo climáticamente devastado. Los gobiernos de las naciones tienen el de-
ber de preservar el clima de la Tierra, ya que, como representantes
de los intereses de la sociedad, no pueden permanecer impasibles
ante su deterioro irreversible. El objetivo de 1,5 grados es irrenunciable. El día de mañana se juzgará a nuestra generación por la actitud con la que afrontamos esta amenaza existencial. Si la comunidad internacional no es capaz de reconducir la crisis del clima, el
futuro que entregaremos a los jóvenes y a las generaciones venideras será «un mundo en llamas». No lo podemos aceptar. Esta es la
lucha decisiva de nuestro tiempo.

Notas

INTRODUCCIÓN

1. Numerosas voces desde la ciencia defienden que nos encontramos hoy día ante la sexta extinción, en esta ocasión debido a causas antrópicas: *La sexta extinción. El futuro de la vida y de la humanidad* (Richard Leakey y Roger Lewin, 2008); *La sexta extinción. Una historia nada natural* (Elizabeth Kolbert, 2015); *Medio Planeta. La lucha por las tierras salvajes en la era de la sexta extinción* (Edward O. Wilson, 2018).

2. Existen bacterias, arqueas y otros microorganismos en las cimas más elevadas, en las fosas abisales de los océanos, como en la fosa de las Marianas a once kilómetros de profundidad; asimismo, en las grietas de las centrales nucleares, en los tanques de ácido que emplean las empresas químicas, entre las rocas del magma que emerge de las profundidades. Incluso en el lago Vostok, situado bajo un hielo antártico de cuatro kilómetros de espesor, se han descubierto recientemente miles de especies diferentes.

3. Los tardígrados, por ejemplo, son un grupo de unas mil especies de animales microscópicos. Los más grandes apenas miden 0,5 mm de largo. Pueden sobrevivir unos minutos a temperaturas de −272 grados centígrados y también a temperaturas tan altas como +150 grados. A −20 grados resisten décadas. Soportan una presión de hasta 1.200 atmósferas. Algunas de sus especies resisten incluso el contacto con disolventes y aguantan radiaciones ionizantes de hasta 6.000 grays. Los tardígrados son el ejemplo supremo de la extraordinaria resiliencia de la vida. (Miguel Ángel Criado, *El País*, 23 de julio de 2017).

4. La ciencia del cambio climático se ha desarrollado de manera extraordinaria en las últimas décadas. Miles de científicos trabajan en sus diferentes campos de conocimiento. El IPCC ha presentado seis voluminosos informes desde 1990, además de diversos informes especiales. Este es un libro centrado en la respuesta desde la esfera política y geopo-

lítica a la crisis climática. Para una síntesis actualizada sobre el estado del arte de la ciencia del clima, véase el *Technical Summary* del informe del IPCC (2021), que en la bibliografía se recoge como Arias, P. A. y otros (2021).

5. EL IPCC introdujo el concepto de puntos de inflexión (*tipping points*) hace más de dos décadas. Se refería a ellos como discontinuidades de gran escala, «*large scale discontinuities*», y se consideraban probables solo para incrementos de la temperatura superiores a 5 grados. Sin embargo, en sus informes de 2018 y 2019 ya hace alusión a la posibilidad de que existan puntos de inflexión para incrementos de la temperatura entre 1 y 2 grados.

1. LÍMITES ECOLÓGICOS PLANETARIOS

1. *The Guardian*, 01-12-2016.

2. Contaminantes químicos, contaminantes radioactivos y material genético modificado.

3. Así, por ejemplo, el nivel de CO_2 en la atmósfera del pasado se obtiene de muestras de hielo antiguo. La distribución de los biomas antes de la transformación agrícola del Neolítico se infiere de los registros de polen. Los niveles de humedad o sequía que existieron en la antigüedad se deducen de la formación de las estalactitas en el interior de las cuevas, etcétera. Es decir, la ciencia dispone de indicadores relativos al suelo, los océanos y la criosfera que abarcan tanto procesos físicos, como químicos y biológicos y está en condiciones de formular con notable aproximación la mayoría de los parámetros que han caracterizado la situación de la Tierra durante la época del Holoceno.

4. La conversión entre carbono y CO_2 se realiza multiplicando por un factor de 3,667 (44/12). Esa fracción corresponde a la relación entre el peso atómico del CO_2 y el del carbono.

5. Otros gases de efecto invernadero importantes son el metano y el óxido de nitrógeno. El 60 por ciento de las emisiones de metano proceden de las actividades humanas (agricultura y ganadería, fugas en la extracción de combustibles fósiles, gestión de residuos y quema de biomasa), mientras que el 40 por ciento restante tiene origen natural: humedales, fuentes geológicas, océanos y termitas. En los aledaños de la cumbre climática de Glasgow se ha forjado un acuerdo promovido por la Unión Europea y Estados Unidos, en el que participan 103 países, por el que se comprometen a reducir las emisiones de metano en un 30 por ciento en el

año 2030 respecto a las de 2020. La idea es actuar sobre todo en la fuga de metano que se produce en los procesos de extracción de petróleo, gas y carbón. China, India y Rusia no se han incorporado al acuerdo, si bien China ha decidido presentar su propio plan con objetivos equivalentes.

6. En septiembre de 2020 se publicó en la revista *Science* «An astronomically dated record of Earth's climate and its predictability over the last 66 million years», un artículo en el que un grupo de científicos liderados por Thomas Westerhold presentaba una detallada referencia estratigráfica de alta resolución sobre la evolución del clima en la Tierra a lo largo de la era cenozoica, los últimos 66 millones de años, la era posterior al impacto del meteorito que acabó con los dinosaurios y buena parte de la vida planetaria. Sobre esa información de fondo, los autores han proyectado el incremento medio de la temperatura en el año 2300 asociado con tres escenarios de emisiones denominados «representative concentration pathways (RCP)» –RCP8.5 (muy elevadas), RCP4.5 (medias) y RCP2.6 (mitigación)–. El segundo escenario, RCP4.5, conduciría a un incremento de la temperatura media de la atmósfera en el año 2300 de 3 grados por encima de la existente en la época preindustrial. La última vez que la Tierra alcanzó esa temperatura media global fue hace quince millones de años.

7. La temperatura media de la atmósfera aumentó 6 grados a lo largo de seis milenios.

8. La época anterior fue el Pleistoceno. En ese tiempo, la Tierra conoció periódicas glaciaciones. Si no hubiese intervenido la influencia humana en la alteración del clima, el Holoceno se hubiese extendido todavía muchos milenios, hasta la llegada de una nueva glaciación. Los cambios de entrada y salida de esas glaciaciones se debieron a modificaciones en la geometría axial y orbital de nuestro planeta alrededor del Sol en los denominados ciclos de Milankovitch.

9. McMichael clasifica la influencia de las alteraciones del clima sobre la biología, la salud, la supervivencia y el bienestar de las poblaciones humanas en seis escalas temporales. La primera, la influencia en la evolución biológica de la especie, se mide en millones de años. La segunda, las grandes transiciones en la ecología humana como consecuencia de alteraciones en el estado del sistema climático, se mide en miles de años. La tercera, los cambios climáticos a largo plazo, que tienen lugar en procesos de cientos de años (*multicentury*). La cuarta escala hace referencia a los cambios discernibles en décadas (*multidecadal*). La quinta escala se mide en años (*multiyear*). Finalmente, están los eventos meteorológicos puntuales.

10. El pH de la superficie oceánica ha disminuido en un factor de 0,1, lo que corresponde a un aumento de la acidez del 26 por ciento.

11. El actual nivel del mar es el mayor de los últimos 115.000 años, cuando finalizó el último periodo interglacial de la época del Pleistoceno (Waters y otros, 2016).

12. «Estamos aprendiendo ahora que los científicos climáticos han subestimado por un factor de tres los futuros desplazamientos de personas como consecuencia de las inundaciones costeras, siendo lo más probable que se vean afectados ciento cincuenta millones de personas. Las proyecciones más recientes apuntan a la inundación de amplias zonas de Vietnam, incluyendo buena parte del delta del Mekong en el que viven dieciocho millones de seres humanos. Asimismo, partes de China y Tailandia, la mayor parte del sur de Irak y casi todo el delta del Nilo [...] Muchas zonas costeras de Estados Unidos se encuentran asimismo en peligro» (Lutsgarter, 2020).

13. «Australia: incendios cada vez más destructivos» (*El País*, 18 de febrero de 2020).

14. El Ártico es un mar helado rodeado de tierra, con una profundidad media del hielo de apenas tres metros. Su relativa delgadez hace que sea muy vulnerable al incremento de la temperatura.

15. Los trópicos de Cáncer y Capricornio reciben más calor procedente del Sol que los polos debido a su posición relativa a lo largo de todo el año. La redistribución del calor entre ambos extremos genera vientos y corrientes marinas. Ambos han seguido patrones relativamente estables a lo largo del Holoceno y numerosos científicos consideran que la desaparición del mar helado del Ártico está implicando una alteración de dichos patronos. Así, a modo de ejemplo, se considera probable que la histórica helada que azotó a Texas en 2021 y que produjo el colapso durante semanas de servicios básicos como la red eléctrica y la distribución de agua potable, estuviese motivada por la alteración de dichos patrones climáticos.

16. Una amplia proporción de la Capa de Hielo del Oeste de la Antártida (WAIS, por sus siglas en inglés) ha iniciado probablemente un proceso irreversible de desintegración. Mediciones realizadas con radar desde satélites entre 1992 y 2011 comprobaron un retroceso de 30 kilómetros en dos de los glaciares analizados y de 14 kilómetros en otros dos. El retroceso es consecuencia del deshielo de la parte baja del glaciar al estar en contacto con aguas más templadas, lo que reduce la resistencia a las fuerzas de presión del propio glaciar. Es un proceso de retroalimentación positiva abocado a la irreversibilidad. Los modelos dinámicos que han simulado el proceso estiman que la completa desintegración de WAIS se producirá a lo largo de varios siglos (Incropera, 2016).

17. Se ha comparado el papel de las plataformas de hielo respecto a las capas de hielo de la Antártida con el corcho de la botella de champán. Una vez retirado, el líquido tiende a desbordarse. Y es que si se desintegran las plataformas, las capas de hielo avanzan mucho más rápido hacia el mar.

18. Los organismos eucariotas se caracterizan por disponer de un núcleo celular organizado en el que se contiene el material hereditario que incluye el ADN. Se distinguen de las células procariotas, caracterizadas por carecer de ese núcleo, por lo que su material genético se encuentra disperso. Se considera que el paso de las células procariotas a las eucariotas supuso el salto más decisivo en la evolución de la vida, aparte del propio nacimiento. La complejidad aportada por esas células haría posible el desarrollo posterior de los organismos pluricelulares (Margulis y Sagan, 2009).

19. La revisión llevada a cabo en noviembre de 2021 por el Global Carbon Project, entidad científica de referencia en el análisis y cuantificación de las emisiones globales, concluye que «ha existido un decrecimiento neto en las emisiones de dióxido de carbono procedentes de los cambios en los usos del suelo en la última década (2010-2021), en contraste con las estimaciones anteriores que no detectaban una tendencia clara en ellas» (GCP, 2021). En consecuencia, posiblemente en futuras revisiones del IPCC el dato de emisiones de CO_2 procedentes de los cambios en los usos del suelo en el pasado reciente varíe a la baja.

20. Alrededor de la cuarta parte de la superficie del hemisferio norte está cubierta de permafrost, así como buena parte de la plataforma continental del Ártico. Se estima que conjuntamente contienen un total de 1.700 gigatoneladas de carbono, el doble de todo el carbono existente en la atmósfera. El permafrost es una congelada combinación de suelo, roca y materia orgánica. A medida que se eleva la temperatura de la superficie, el calor va penetrando hacia el interior y la actividad bacteriana acelera la descomposición de la materia orgánica, convirtiendo el carbono en CO_2 en condiciones aeróbicas (en presencia de oxígeno) y en metano en ausencia del mismo. Se han comprobado emisiones de CO_2 a lo largo de la línea costera del Este de Siberia, así como emisiones de metano en Alaska, en Siberia, y también en humedales del hemisferio norte.

21. La deforestación y el cambio climático están desestabilizando la Amazonía, una selva tropical única en el planeta. La cuenca del Amazonas es el mayor sistema hidrográfico del mundo. Contiene la mayor extensión de bosque pluvial y su biodiversidad, si se incluyen los nacimientos de los ríos andinos, es la más rica. El sistema hidrográfico contiene quince mil afluentes primarios y secundarios y se extiende por un área de

7.5 millones de kilómetros cuadrados, el 40 por ciento del continente sudamericano. El curso principal del río nace en los riachuelos alpinos de los Andes peruanos.

22. La categoría «Sistemas Únicos Amenazados» ha conocido una transición de Riesgo Alto a Riesgo Muy Alto en el informe especial del IPCC sobre los 1,5 grados. Esta última categoría se corresponde ahora con un incremento de la temperatura entre 1,5 y 2 grados, en lugar de un incremento de 2,6 grados como se hacía en el informe de síntesis del IPCC de 2014. El cambio obedece a las nuevas líneas de evidencia que han aparecido en años recientes, desde la degradación de los sistemas de coral, hasta el Ártico o la creciente desaparición de biodiversidad (Hoegh-Guldberg y otros, 2018).

2. GEOGRAFÍA DE LA VULNERABILIDAD

1. Han transcurrido seis décadas desde la denominada «revolución verde» del siglo XX, caracterizada por la aplicación intensiva de fertilizantes. Los aumentos de productividad han entrado en una zona de incrementos marginales muy inferiores a los que se dieron en el pasado.

2. El Banco Mundial se refiere en sus publicaciones a la región como «el mundo árabe».

3. El índice de aridez es un indicador que identifica aquellas regiones caracterizadas por un déficit estructural de precipitaciones. El índice define el total de precipitación anual dividido por la evapotranspiración potencial. En general, la evapotranspiración aumenta como consecuencia del cambio climático, ya que la temperatura es el factor determinante.

4. En la región se encuentran el 70 por ciento de las reservas mundiales de petróleo y el 40 por ciento de gas.

5. Entre los problemas que asuelan a Oriente Medio está el de los refugiados procedentes de los numerosos conflictos y guerras que ha conocido la región en los últimos cincuenta años. El 40 por ciento de los refugiados existentes en el mundo se encuentra en Oriente Medio, más que en ninguna otra región. Cientos de miles de personas sobreviven desde hace décadas en ciudades levantadas con tiendas de campaña.

6. En el caso de Irak, los ríos Tigris y Éufrates proporcionan el 98 por ciento del agua del país. El 92 por ciento del territorio se considera propenso a la desertización y cada año se pierden unos cien kilómetros cuadrados de tierras fértiles como consecuencia de la salinización y la desertización. A ello hay que añadir que tanto Irán como Turquía han decidido

controlar el flujo de los ríos Tigris (Turquía) y Éufrates (Irán) mediante la construcción de grandes presas. Aguas abajo, el flujo de agua ha disminuido de manera considerable agravando los problemas.

7. Las tormentas de arena en Arabia Saudí, Siria e Irak se han incrementado un 70 por ciento desde comienzos del siglo XXI debido al aumento de las sequías (Lelieved y otros, 2016).

8. Se estima que la subida del nivel del mar afectará a cuarenta y nueve ciudades portuarias de la región.

9. El Nilo es uno de los ríos más grandes del mundo y el más largo. En la actualidad once naciones comparten la cuenca: República Democrática del Congo, Eritrea, Etiopía, Uganda, Ruanda, Tanzania, Kenia, Burundi, Sudán del Sur, Sudán y Egipto. Gracias a su mayor peso económico y militar, Egipto y Sudán han controlado en las últimas décadas los flujos de agua del sistema en base a los acuerdos firmados en 1959. La construcción de la gran presa en el Nilo Azul a manos de Etiopía ha alterado, sin embargo, ese equilibrio de poder en detrimento de Egipto.

10. Las inundaciones que asolaron en 1998 a Bangladés fueron devastadoras. Afectaron a treinta millones de personas, causaron más de mil muertos y generaron muchísimos daños materiales. La causa de la catástrofe fue la conjunción de las lluvias del monzón y los elevados caudales de los grandes ríos debido a las precipitaciones en el Himalaya, todo ello agravado por la deforestación masiva de amplias zonas del país.

11. La cuenca fluvial del Indo se extiende por una superficie de 1,12 millones de kilómetros cuadrados. El 47 por ciento pertenece a Pakistán, el 39 por ciento a India, el 18 por ciento a China y el restante 6 por ciento a Afganistán.

12. En un escenario de incremento de la temperatura media global de 1,5-2,5 grados, se estima que la frecuencia de los ciclones de alta intensidad aumentará un 40 por ciento en el noroeste del Atlántico.

13. Diez de los quince países de ECOWAS son también miembros de la organización Comité Permanent Inter-États de lutte contre la sécheresse dans le Sahel (CILSS) –Cabo Verde, Guinea-Bissau, Senegal, Guinea, Mali, Níger, Burkina Faso, Costa de Marfil, Togo y Benín–, por lo que resulta apropiado hablar de Sahel-África Occidental. Además de los diez países mencionados, forman parte del CILSS otros tres: Chad, Gambia y Mauritania.

14. Aproximadamente la mitad de la población de la región pertenece a Nigeria.

15. Níger es el país con la mayor tasa de fertilidad del mundo, 7,96 hijos por mujer.

16. 26 de mayo de 2016, Security Council Briefing on the Impact of Climate Change and Desertification on Peace and Security in the Sahel, Special Representative Mohamed Ibn Chambas http://www.un.org/undpa/en/speeches-statements/26052016/sahel

17. En el año 1963, el lago Chad tenía 26.000 kilómetros cuadrados de superficie. Constituía la principal fuente de recursos para más de tres millones y medio de personas. En la actualidad, ocupa una extensión de 1.500 kilómetros cuadrados. La pérdida de agua no sólo ha supuesto una reducción de los recursos pesqueros, sino que ha afectado profundamente a la biodiversidad de la región.

18. China cuenta con cincuenta y seis grupos étnicos oficialmente reconocidos. La etnia Han es la mayoritaria y a ella pertenece el 95 por ciento de la población.

19. El Monzón de Verano del Este de Asia domina el patrón de precipitaciones aportando el 60-85 por ciento de unas lluvias anuales que se concentran entre mayo y septiembre.

20. Según datos oficiales, alrededor de seiscientos millones de campesinos se han desplazado desde sus aldeas a vivir y trabajar a las nuevas urbes en las últimas cuatro décadas. Se considera la mayor migración de la historia humana.

21. En el momento de llevar a cabo mi investigación, los mencionados informes sólo estaban disponibles en chino, por lo que no se han incorporado a la bibliografía. Las referencias utilizadas son indirectas.

22. La superficie del litoral cubre apenas el 17 por ciento del territorio de China y, sin embargo, en ella se generan las tres cuartas partes del producto interior bruto.

23. En julio de 2020 tuvieron lugar las peores inundaciones en China en mucho tiempo, con treinta y tres ríos superando sus registros históricos. En la provincia de Jiangxi se evacuaron a cuatrocientas mil personas ante el riesgo de colapso de una gran presa. Se estima que veintisiete millones de personas se vieron afectadas y el número de muertos superó los ciento cincuenta (Lily Kuo, *The Guardian*, 13 de julio, 2020).

24. Mediante ese transvase el gobierno quiere transportar 44.000 millones de metros cúbicos anuales de agua desde el río Yangtzé hasta el árido norte por medio de tres grandes canales. El coste de la obra se ha estimado en 62.000 millones de dólares.

25. China ha construido numerosas e importantes infraestructuras en áreas de permafrost, tales como autopistas, redes ferroviarias (Qinghai-Tibet Railway), redes eléctricas de transporte y distribución (Qinghai-Tibet), oleoductos, gaseoductos, etcétera. El mantenimiento de esas infraes-

tructuras críticas ha de tener presente el creciente derretimiento de los suelos helados en la meseta tibetana y en otras regiones de clima alpino (Yong-Jian y otros, 2021).

26. Según las estimaciones de Aemet, en los años setenta del siglo xx y siguiendo criterios de temperatura el verano se iniciaba el 15 de julio y finalizaba el 16 de septiembre. Ahora comienza el 11 de junio y acaba el 22 de septiembre.

27. Un tercio de la superficie de España ya sufre un alto proceso de desertización. Las causas motrices identificadas por la ciencia, además de la menor pluviosidad debida al cambio climático, son la sobreexplotación de los recursos hídricos, las malas prácticas agrarias en zonas de pendiente, el sobrepastoreo, la agricultura intensiva y la urbanización salvaje. Dados los ritmos a los que progresa el problema, es preciso abordarlo con visión a largo plazo, 2100. Tal y como ha quedado recogido en el II Plan Nacional de Adaptación al Cambio Climático aprobado en 2020, España necesita un Pacto de Estado para preservar el capital natural de la nación ante el gravísimo problema de la desertización de nuestro país. Se trata de un problema de hondo calado que precisa una mirada preventiva a largo plazo y una actuación política enérgica y decidida.

28. En todo caso, la Agencia Europa del Medio Ambiente (2019) considera que la seguridad alimentaria del subcontinente no se verá amenazada. Además, de estar integrada plenamente en los mercados alimentarios globales, considera que el sector está en condiciones de adaptarse a las presiones e impactos derivados de la alteración climática mediante la adopción de variedades de cultivo más apropiadas, la modificación de las fechas de siembra y la mejora de los sistemas de regadío (EEA, 2019).

3. ANATOMÍA DE LA CRISIS CLIMÁTICA

1. El Protocolo de Kioto fue aprobado en 1997 y entró en vigor en 2005. Fue el primer tratado climático de obligado cumplimiento. Demandó de las economías desarrolladas una reducción conjunta de sus emisiones del 5 por ciento respecto a los niveles de 1990. Estableció, asimismo, un sistema de monitorización para analizar el progreso. No obstante, las economías emergentes y en desarrollo quedaron fuera de las obligaciones de mitigación, a pesar de que ya en 2007 China se convertiría en el mayor emisor mundial. Estados Unidos firmó el Protocolo, pero el Senado no lo ratificó y el Gobierno retiró su firma. En la estela de Estados Unidos, Canadá, Japón y Australia se acabarían retirando del acuerdo.

2. El filósofo y sociólogo alemán Jürgen Habermas habla de dimensión moral cuando una decisión se refiere a la resolución equitativa e imparcial de las relaciones entre las personas sobre bases o prescripciones de carácter universal. En el horizonte plural de modelos de vida de las sociedades modernas, la moral racional ha de orientarse hacia las cuestiones normativas que hacen referencia a lo justo y equitativo, es decir, a los fundamentos de la sociedad: los que definen qué derechos y obligaciones se reconocen mutuamente sus miembros. Los principios establecidos en ese ámbito son, por definición, universales, y se construyen en un diálogo entre personas libres en un contexto no impositivo. Debido a ello, las teorías morales contemporáneas de carácter racional se presentan como teorías de la justicia.

3. El informe del IPCC, 2021 (The Physical Science Basis), considera que, incluso en el escenario más optimista de mitigación de emisiones, el umbral de 1,5 grados se sobrepasará entre 2031-2040, con la estimación central situada en el año 2035. En ese escenario de muy bajas emisiones, la temperatura ascenderá 1,6 grados entre 2040 y 2060 con respecto al periodo preindustrial para después, 2060-2080, volver a descender a 1,4 grados.

4. Esa irreversibilidad está relacionada con la inercia existente en los subsistemas. El océano, por ejemplo, tiene por término medio cuatro kilómetros de profundidad. Las capas de hielo de Groenlandia y la Antártida alcanzan los dos o tres kilómetros de espesor. En consecuencia, una vez que la acumulación de CO_2 en la atmósfera comienza a impactar en el sistema climático, este inicialmente reacciona de manera relativamente lenta, dada la inercia de esos componentes o subsistemas. Ahora bien, una vez que los cambios se ponen en marcha, la inercia juega en sentido contrario. Para cuando las sociedades decidan actuar de forma resolutiva es posible que el sistema climático haya adquirido suficiente *momentum* de manera que sea difícil evitar su radical transformación, por ejemplo, la desintegración de los hielos de Groenlandia y el Oeste de la Antártida, o el colapso masivo de los arrecifes de coral (Hansen, 2009).

5. En 2020 la población africana representaba el 17 por ciento de la población mundial. Se estima que para el año 2100 supondrá el 40 por ciento. En la actualidad, el 57 por ciento de la gente vive en entornos rurales y el 43 por ciento en zonas urbanas. Se estima que el proceso de urbanización se acelerará en los próximos años y que para mediados de siglo la urbanización abarcará al 60 por ciento. Por su parte, el producto interior bruto per cápita en el año 2019, medido en dólares de 2010, era, para una media de 43 países que habían reportado datos, de 2.250 dólares/año.

El 40 por ciento de las personas que viven en los países del África subsahariana se encontraban en 2018 por debajo de la línea internacional de la pobreza, situada en 1,90 dólares por día.

6. «El terrorismo yihadista se ha gangrenado en el Sahel. Entró en la orilla sur del desierto del Sáhara hace 15 años de la mano de Al Qaeda y Boko Haram, pero muchas cosas han cambiado desde entonces. La violencia ya no es monopolio de esos dos grandes grupos. Decenas de *katibas,* batallones de insurgentes identificados con la insignia negra del Estado Islámico, actúan por libre y se venden al mejor postor» (Xaquin López, «El terrorismo yihadista se enquista en Burkina Faso», *El País*, 4 de julio, 2021).

7. El término fue acuñado el 29 de septiembre de 2015 por el entonces gobernador del Banco de Inglaterra, Mark Carney, en su conferencia en la casa Lloyd's de Londres. Hace referencia al hecho de que la mayoría de los impactos catastróficos derivados del cambio climático tendrán lugar más allá de los horizontes de decisión en los que se mueven los actores económicos. De esa manera se impone un duro coste sobre las futuras generaciones, sin que la generación actual tenga grandes incentivos directos para evitarlo. Así, el ciclo de los negocios, el ciclo político y el ciclo de las instituciones técnicas se mueven entre unos pocos años o como mucho una década.

8. Modelo DICE (Dynamic Integrated Climate-Economy), perteneciente a la familia de los modelos CBA-IAM (análisis coste beneficio-modelos integrados de evaluación).

9. Es un tipo de problema de la teoría de juegos que analiza los incentivos y desincentivos que tienen dos sospechosos de haber cometido un crimen a la hora de mantener una posición colaboradora, evitando delatarse en los interrogatorios policiales respectivos, o por el contrario optando por delatar al otro buscando reducir la condena propia. En la formulación clásica del problema, ambos sospechosos optan por la delación del otro buscando mejorar la situación propia. Es decir, la matriz de pagos que recoge los incentivos y desincentivos desemboca en una solución no cooperativa (ambos se delatan mutuamente), también llamada equilibrio de Nash, en honor al matemático estadounidense John Nash, pionero en este campo (1928-2015).

4. RELACIONES INTERNACIONALES

1. El realismo es la tradición teórica con más arraigo en Relaciones Internacionales. Reivindica sus fundamentos filosóficos de autores como Sun Tzu y su *El arte de la guerra*; Tucídides y su *Historia de la guerra del Peloponeso*; Nicolás Maquiavelo y su obra *El Príncipe*; Thomas Hobbes y su obra *Leviatán*; Clausewitz y su obra *Sobre la guerra*. «De hecho, la invocación a un incuestionable acervo teórico predisciplinar ha sido uno de los componentes clave para entender la confianza con la que el realismo ha afrontado numerosas críticas a lo largo de su historia» (Leire Moure, 2015).

2. El fracaso de la política idealista en el periodo de entreguerras, encarnada en la Sociedad de las Naciones, haría de la Escuela Realista (clásica) el paradigma hegemónico en las Relaciones Internacionales durante los siguientes treinta años. Los acontecimientos y experiencias del periodo de entreguerras fueron decisivos para numerosas personalidades políticas. Entre ellos, el diplomático George Kennan (1904-2005), los presidentes de Estados Unidos Dwight Eisenhower (1890-1969) y Richard Nixon (1913-1994), así como su asesor y secretario de Estado, Henry Kissinger, vehemente defensor de la *realpolitik*.

3. Véanse Immanuel Kant (*La paz perpetua*, 1795; *Ideas para una historia universal en clave cosmopolita y otros escritos sobre Filosofía de la Historia*, 1785) y John Rawls (*El derecho de gentes*, 1999).

4. El debate que tuvo lugar entre el realismo y la teoría de la interdependencia en los años ochenta del siglo XX giró en gran medida en torno al papel de las instituciones como agentes de cambio y fuerza motriz. El debate finalizó con una cierta síntesis entre ambas aproximaciones, lideradas respectivamente por Kenneth Waltz, por la Escuela Realista, y Robert Keohane, por la Escuela de la interdependencia o institucionalista (Grasa, 2015).

5. «La revolución de 1848 fue un momento de conflicto entre el liberalismo y el socialismo, pero la evolución posterior de los acontecimientos políticos transformó la lucha en un diálogo que, finalmente, desembocó en una colaboración abierta […]. Desde entonces, el desarrollo de un diálogo progresista alrededor de la asimilación de los planteamientos ilustrados hizo posible que el humanitarismo liberal se convirtiera en una herencia común para el liberalismo propiamente dicho y también para la socialdemocracia» (José María Lasalle, «Evitar la muerte del liberalismo», *El País*, 25 de abril de 2021).

5. TIEMPO DE SONÁMBULOS

1. Para conocer la intrahistoria de cómo la ciencia del cambio climático se fue desarrollando a lo largo de esos años en Estados Unidos, véase el libro del profesor Joshua P. Howe, *Behind the Curve. Science and the Politics of Global Warming* (2014).

2. La curva que representa la trayectoria de la concentración de CO_2 en la atmósfera se conoce como «curva de Keeling», en reconocimiento a su labor de medición a lo largo de casi medio siglo desde el mencionado observatorio de Mauna Loa.

3. El Panel Intergubernamental de Expertos sobre el Cambio Climático reconoció su contribución al desarrollo de la ciencia del clima al dedicar a la memoria de Schneider su quinto informe, 2014.

4. Paul Krugman, «El partido que arruinó el planeta» (*El País*, 15 de diciembre de 2015).

5. El Acuerdo de París se complementa con la Decisión de París, que incluye una serie de detalles y programas de trabajo, así como temas relacionados con el periodo previo a 2020, y como tal acompaña al Acuerdo.

6. El texto completo del Acuerdo de París conforma un tratado. Como tal, en el proceso de ratificación no se permitieron reservas particulares sobre aspectos o artículos del documento, sino que se ratificaba en su totalidad. En ese sentido, el conjunto del Acuerdo pasó a ser de obligado cumplimiento tras su entrada en vigor el 4 de noviembre de 2016. Sin embargo, de ahí no se deduce que cada frase del texto establezca derechos u obligaciones formales (Bodle, Donat y Duwe, 2016).

7. Dejar ambos aspectos fuera del acuerdo vinculante era una exigencia de Estados Unidos para poder sortear el veto de un Senado hostil.

8. Según el informe de la Organización para la Cooperación y el Desarrollo Económico «Climate Finance Provided and Mobilized by Developed Countries in 2013-2018» (OECD, 2020), la financiación climática total movilizada por los países desarrollados destinada a los países en desarrollo alcanzó en 2018 los 78.900 millones de dólares, un 11 por ciento superior al año anterior. De ese total, 64.300 millones correspondía a financiación pública y el resto privada. Asimismo, la parte correspondiente a mitigación fue de 55.000 millones, mientras que la adaptación captó 16.800 millones.

9. De acuerdo con datos recopilados para el Greenness of Stimulus Index compilado por la consultora internacional Vivid Economics, los países del G-20 habrían dedicado (de un total de 12 billones de dólares en

estímulos para salir de la recesión provocada por la COVID-19), al menos 3,7 billones de dólares a apoyar a sectores intensivos en carbono como el transporte, la generación eléctrica o sectores industriales electro-intensivos. Este dato sería el último eslabón de una cadena de incumplimientos por parte tanto de los países de la OCDE como del G-20 a la hora de ir eliminando de forma progresiva las ayudas a los combustibles fósiles.

10. En términos concretos, las emisiones globales de gases de efecto invernadero habrían de descender desde las 57 GtCO2eq del año 2019, hasta las 39 GtCO2eq en 2030, al objeto de situarlas en una trayectoria coste-eficiente compatible con el aumento de 2 grados y a 25 GtCO2eq para los 1,5 grados.

6. ESTADOS UNIDOS, LA NACIÓN FRACTURADA

1. *The Washington Post*, 23 de septiembre de 2021.

2. La organización cristiana Lifeway Research calcula que una cuarta parte de los norteamericanos se considera evangelista. De ellos, menos de la mitad son creyentes de los postulados centrales de esa religión. Para el resto, ser «evangélico» funciona más bien como un indicador cultural de pertenencia grupal (Amy Sullivan, *New York Times*, 15 de diciembre de 2017).

3. Según datos de la Agencia Internacional de la Energía, el petróleo representa el 38 por ciento de la energía primaria de Estados Unidos, el gas el 32 por ciento y el carbón el 12 por ciento. Es decir, las energías fósiles suponen el 82 por ciento de su mix. El 10 por ciento lo aportan las diferentes tecnologías renovables y el 8 por ciento restante la energía nuclear (IEA, 2021).

7. REPÚBLICA POPULAR CHINA, LA DINASTÍA ROJA

1. La dinastía mítica Xia (2205-1766 a.C.); la dinastía Shang (1766-1122 a.C.); la dinastía Zhou, que se divide en Occidental (1122-771 a.C.) y Oriental (771-256); la dinastía Qin (221-206 a.C.); la dinastía Han, que se divide en la Occidental (206 a.C.-9 d.C.), la Xin (9-23 d.C.) y la Oriental (25-220 d.C.); el denominado Periodo de los Tres Reinos (220-265); la dinastía Jin, que se divide en Occidental (265-316) y Oriental (317-420); dinastías del Norte (386-581); dinastías del Sur (420-589); dinastía Sui

(581-618); dinastía T'ang (618-907); Cinco Dinastías (907-960); la dinastía Song, que se divide en Norte (960-1127) y Sur (1127-1279); la dinastía Yuan (1279-1368); la dinastía Ming (1368-1644); la dinastía Qing (1644-1911); la República China (1911-1949); la República Popular China (1949-) (López, 2012; Martín, 2012).

2. Si bien la historia de China como Estado unificado se remonta a veintitrés siglos atrás, la incorporación de la región de Sinkiang, al oeste del país, se llevó a cabo a mediados del siglo XVII, en la época de la dinastía Qing (Manchú). Es la provincia más extensa de China. En ella la etnia de los iugures túrquicos, ocho millones de personas, representa el 45 por ciento de la población. En años recientes se han producido numerosas protestas y conflictos violentos entre la comunidad iugur y el gobierno de Pekín como consecuencia de las violaciones de derechos humanos que han tenido lugar de manera sistemática en esa región a manos de las autoridades chinas.

3. En el periodo colonial, Gran Bretaña arrebató a China el sur de Nepal y Birmania; Francia se apoderó de Indochina; Japón se apropió de Taiwán y de los Estados tributarios de Corea y Sajalín; Rusia se apoderó de Mongolia, Amuria y Usuria. Ya en el siglo XX, los japoneses se apoderaron de la península de Shandong y Manchuria. A ello hay que añadir los acuerdos de extraterritorialidad que las potencias occidentales impusieron a China en los siglos XIX y XX, mediante los cuales asumieron el control efectivo de muchas de sus ciudades más importantes (Kaplan, 2013).

4. *El País*, 6 de noviembre de 2019.

5. https://www.whitehouse.gov/wp-content/uploads/2017/12/NSS-Final-12-18-2017-0905.pdf

6. https://dod.defense.gov/Portals/1/Documents/pubs/2018-National-Defense-Strategy-Summary.pdf

7. «Declaración conjunta de la Federación Rusa y de la República Popular China sobre la entrada de las relaciones internacionales en una nueva era y el desarrollo global sostenible».

8. «Detrás de ese tecnicismo hay una idea que puede cambiar el orden económico mundial. En vez de operar como una única economía vinculada con el mundo a través del comercio y la inversión, China plantea separar su economía en dos esferas. La primera permanecerá en contacto con el resto del mundo (circulación externa), pero irá cediendo protagonismo a la segunda (circulación interna), basada en la demanda, el capital y las ideas locales. El propósito de la circulación dual es aumentar la autonomía de China. Tras un periodo de desarrollo basado en las exportaciones, las autoridades quieren diversificar las cadenas de suministro para tener

acceso a tecnologías y conocimientos sin sufrir presiones de Estados Unidos» (Mark Leonard, «El nuevo impacto de China», *El País*, 13 de abril de 2021).

9. El periodo denominado los Reinos Combatientes, que marcó el final de la dinastía Zhou (1122-771 a.c.), fue una época caracterizada por la intensa lucha por el poder y el territorio entre los diferentes reinos. La situación de permanente conflicto favoreció el surgimiento de una escuela de pensamiento orientada a afrontar y resolver aspectos específicos que surgían en ese contexto. Sun Tzu (siglo VI a.c.) es considerado el principal representante de la denominada Escuela de los Estrategas. A él se le atribuye el libro *El arte de la guerra*, obra maestra del género. Ha quedado como expresión de su filosofía la sentencia de que «la mejor guerra es la que se gana sin necesidad de librarla». En la Escuela de los Estrategas el concepto *shi* hace referencia a la energía potencial de una situación en proceso de desarrollo, es decir, el poder inherente en la disposición específica de los elementos y su tendencia estratégica.

8. RUSIA, BASTIÓN DEL STATUS QUO ENERGÉTICO

1. La altitud de Rusia se sitúa entre los paralelos 40-75° N. Una parte muy amplia de la población vive más al norte que la mayoría de la gente en Canadá.

2. En su interior se protegieron las tribus eslavas que sobrevivieron y se reorganizaron tras la destrucción a manos de los mongoles de la Rus de Kiev en el siglo XIII.

3. En ese sentido, el hecho de que 1990 fuese el año de referencia elegido por el IPCC para sus evaluaciones e informes le resultó muy favorable a Rusia, ya que la implosión económico-industrial tras el desmoronamiento de la URSS (el producto interior bruto de Rusia disminuyó un 40 por ciento en la década de los noventa) hizo que su nivel de emisiones de gases de efecto invernadero disminuyese un 40 por ciento entre 1990 y 1998. Por lo tanto, no tuvo que realizar ningún esfuerzo de mitigación. De hecho, en el periodo de aplicación del Protocolo de Kioto (2008-2012) se encontró con que disponía de gran cantidad de «aire caliente» para vender en forma de permisos de emisión a otros países.

4. Las autoridades de la ciudad siberiana de Norilsk declararon el estado de emergencia tras constatar el vertido de veinte mil toneladas de diésel al río Ambárnaya. La fuga procedía de uno de los tanques de com-

bustible de la central de energía térmica. Según fuentes oficiales, la catástrofe seguramente se debió a la descongelación del permafrost, lo que habría desestabilizado los cimientos de la central provocando el derrumbe del tanque.

5. Además de las ocho naciones cuyas fronteras se encuentran parcialmente dentro del Ártico, otros trece países forman parte como observadores del denominado Círculo del Ártico. Entre ellos China, que, si bien su punto geográfico más cercano se encuentra a cinco mil millas del estrecho de Bering, se ha autocalificado en documentos oficiales como país «casi Ártico», destacando su interés en la región.

9. INDIA, EL PODER DE LA DEMOGRAFÍA

1. A diferencia de China, que es una sociedad envejecida, la mitad de la población de India es menor de veinticinco años.

2. En términos nominales en el año 2021 India era la quinta economía nacional mayor del mundo tras Estados Unidos, China, Japón y Alemania. En términos de paridad de compra era la tercera, tras China y Estados Unidos.

3. Persas en el siglo VI a.C.; Alejandro Magno en el IV a.C.; árabes en el siglo VIII; turcos en el IX; afganos en el XII; mongoles en los siglos XIII y XIV; mogoles en el XVI. Gran Bretaña, en el siglo XIX.

4. Los mogoles gobernaron buena parte de la India y amplias zonas del Asia Central desde los inicios del siglo XVI hasta 1720. El imperio mogol, consolidado bajo el mandato de Abkar el Grande, contaba con una nobleza que reflejaba el crisol de etnias y culturas del Asia Central: afganos, persas, árabes, uzbekos, turcos, indios musulmanes suníes, indios musulmanes chiíes, hindúes. El Taj Mahal ha quedado como la joya arquitectónica más celebrada de esa época.

10. EUROPA, LIDERAZGO CLIMÁTICO

1. Véase la comunicación de la Comisión Europea del 14 de julio de 2021 denominada «Fit for 55», en la que presentó un conjunto de trece políticas (ocho actualizaciones y cinco nuevos desarrollos) dirigidas a hacer realidad en 2030 el objetivo de mitigación del 55 por ciento respecto al año de referencia 1990. Entre ellas, destaca por su novedad y proyección internacional la propuesta del mecanismo de ajuste de carbono en fronte-

ra. Según el documento de la Comisión, los productos domésticos y los importados de los sectores afectados –aluminio, acero, cemento, electricidad y fertilizantes– pagarán un mismo precio por el carbono, por lo que no serán discriminatorios y, en consecuencia, serán compatibles con las reglas de la Organización Mundial del Comercio. En los sectores concernidos, los ajustes en frontera serán progresivamente incorporados, al tiempo que la concesión gratuita de permisos de emisión para los sectores domésticos será eliminada de forma paulatina.

2. La cuarta conflagración bélica en poco tiempo. La primera tuvo lugar en 1948 con ocasión de la creación del Estado de Israel; la segunda, la crisis del canal de Suez en 1956; la tercera, conocida como guerra de los Seis Días, tuvo lugar en 1967; y la cuarta, la guerra de Yom Kipur, festividad judía, en 1973.

3. La dependencia europea del gas procedente de Rusia aumentó del 32 por ciento en 2006 al 45 por ciento en 2021. En 2011 se puso en marcha el gasoducto Nord Stream 1 y, en 2018, finalizó la construcción del Nord Stream 2, si bien este último no ha entrado en funcionamiento. Cada uno de los ellos tiene capacidad para transportar hasta 55.000 millones de metros cúbicos al año.

4. En cuanto a las importaciones de gas, Alemania depende de Rusia en un 65 por ciento, Polonia en un 55 por ciento, Italia en un 43 por ciento y Letonia y la República Checa tienen una dependencia del 100 por ciento.

11. HACIA UN NUEVO ORDEN DE LA ENERGÍA

1. Las infraestructuras de oferta incluyen las denominadas *upstream,* formadas por campos y pozos petrolíferos, así como por yacimientos de gas, cuyo valor estimado es de 5,9 billones de dólares; las *downstream* incluyen las refinerías, con un valor total estimado de 2,5 billones. Por lo que se refiere al carbón, las minas y las infraestructuras asociadas a su extracción y transporte cuyo valor estimado es de 1,2 billones (Agencia Internacional de la Energía, *World Energy Investment*, 2019).

2. Las infraestructuras de demanda incluyen las centrales de generación eléctrica (carbón, gas y petróleo), con un valor estimado de 2,6 billones de dólares; los medios de transporte basados en el motor de combustión interna (coches, furgonetas, camiones, aviones y barcos), cuyo valor aproximado es de 11,9 billones; las infraestructuras de demanda relacionadas con la industria del acero, el cemento y el aluminio, altamente de-

pendientes hoy día de los combustibles fósiles para sus procesos productivos y cuyo valor estimado es de 1,9 billones (Tong y otros, 2019).

3. Bloomberg calcula que el valor de las acciones de todos los sectores alcanza los 74 billones de dólares.

4. Lange y Wodon, del Banco Mundial (2018), también calcularon para el año 2017 el flujo de rentas procedente de los combustibles fósiles: 887.000 millones de dólares procedentes del petróleo, 155.000 millones procedentes del gas y 172.000 millones del carbón. En total, 1.241.000 millones. Los países que obtuvieron la mayor parte de esas rentas fueron Arabia Saudí, seguida de Rusia, Irak e Irán. Según las estimaciones del Banco Mundial, entre los años 2010 y 2014, el 77 por ciento de las rentas generadas por los combustibles fósiles acabaron en manos de los países productores.

5. El país que alberga la mayor cantidad de reservas conocidas de petróleo según los datos de BP (2020) es Arabia Saudí, con 297.000 millones de barriles, seguido de Rusia con 107.000 millones. Estados Unidos cuenta con 68.900 millones, China con 26.200 millones e India con 4.700 millones. Aproximadamente, la mitad de las reservas mundiales se encuentran en Oriente Medio. Por su parte, las reservas de gas alcanzan los 198.8 billones de metros cúbicos. Dado que la producción y el consumo anual de gas en el año 2019 fue de 3,9 billones, las reservas equivalen a cincuenta años de producción al ritmo actual.

6. Volumen I: *En la espiral de la energía. Historia de la humanidad desde el papel de la energía.* Volumen II: *En la espiral de la energía. Colapso del capitalismo global y civilizatorio* (Ramón Fernández Durán y Luis González Reyes, 2014).

7. China importa el 70 por ciento del petróleo y la India el 82 por ciento. La Unión Europea, por su parte, obtiene el 60 por ciento de sus recursos energéticos del exterior.

12. NEUTRALIDAD MUNDIAL EN CARBONO, 2050

1. Según la actualización de los datos de emisiones llevada a cabo en noviembre de 2021 por la entidad científica de referencia en este campo, Global Carbon Project (GCP), las emisiones de CO_2 en el año 2021 (incluyendo las energéticas y las provenientes de los cambios en los usos del suelo) alcanzaron las 39,4 $GtCO_2$, algo por debajo de las del año 2019, 40,5 $GtCO_2$. Según la revisión llevada a cabo, la trayectoria de las emisio-

nes de CO_2 a lo largo de la década transcurrida entre 2010 y 2021 ha sido básicamente plana, salvo por el descenso de 2020 ligado a la pandemia de la COVID-19 y el posterior efecto rebote en 2021. Como resultado de la actualización de los datos, el presupuesto de carbono disponible para el incremento de la temperatura de 1,5 grados es, según los cálculos de GCP, algo superior al que figura en el informe del IPCC arriba citado. Sería de 460 $GtCO_2$ comenzando en 2021, cantidad equivalente a once años y medio el nivel actual de emisiones de CO_2.

2. La descomposición de las emisiones totales por ámbitos de la economía es aproximadamente la siguiente: procedentes de la energía, 68 por ciento; agricultura, 11 por ciento; procesos industriales, 7 por ciento; incendios de la biomasa forestal, turberas y emisiones indirectas de N2O, el restante 14 por ciento.

3. El petróleo aporta el 19 por ciento y el gas el 8 por ciento. Las renovables suponen el 15 por ciento y la energía nuclear el 2 por ciento restante.

4. Según el IPCC (2018), el objetivo de 1,5 grados (sin rebasar o con un mínimo rebase) requiere emisiones mundiales netas cero de CO_2 en 2050 (horquilla 2046-2055) y emisiones cero del resto de los gases de efecto invernadero para 2067 (horquilla 2061-2080).

5. Desde mi experiencia en la sala de máquinas en la que se elaboró la Estrategia de Descarbonización a Largo Plazo de España, 2050, y el Plan Nacional Integrado de Energía y Clima, PNIEC 2021-2030, soy consciente de la dificultad añadida que implica adelantar el horizonte de neutralidad en carbono para 2040-2045. Ahora bien, dado lo que está en juego, el objetivo de 1,5 grados habría de ser irrenunciable. Y la condición necesaria para lograrlo es la neutralidad mundial en carbono hacia 2050. Eso sólo será viable si las economías desarrolladas adelantan la fecha de su neutralidad, despejando el camino para el resto de la comunidad internacional.

6. A modo de ejemplo, programas como el que se ha puesto en marcha en la franja sur del Sahel con el objetivo de plantar mil millones de árboles resistentes a las condiciones climatológicas y edáficas del territorio, de los que en 2020 ya se habían plantado quince millones. O la muralla verde que China inició en los años setenta del siglo XX para contener la expansión del desierto del Gobi. El proyecto pretende crear, a lo largo de un siglo, una barrera vegetal de 4.480 kilómetros de longitud y una anchura de entre 230 y 530 metros. De hecho, desde comienzos del siglo XXI, China ha recuperado cada año una media de 50.000 kilómetros cuadrados de cubierta forestal. Por su parte, en 2021, la Comisión Europea ha propues-

to, dentro del paquete «Fit for 55» la reforestación de 3.000 millones de árboles para 2030.

13. POLÍTICA DE LA TIERRA

1. *Independent Expert Panel for the Legal Definition of Ecocide,* Comentary and Core Text, junio 2021. Si finalmente el delito es incorporado a la Corte Penal Internacional, no podrán perseguirse ni países ni empresas, pero sí personas concretas que pertenezcan a organizaciones o Estados y que hayan asumido responsabilidades directas en la comisión de los delitos de ecocidio. El Estatuto de la CPI contempla hasta el momento cuatro tipos de delitos: genocidio, crímenes de lesa humanidad, crímenes de guerra y crímenes de agresión. Este último significa el uso de la fuerza armada por un Estado contra la soberanía, la integridad territorial o la independencia política de otro Estado.

2. Olof Palme (1927-1986) fue primer ministro de Suecia durante diez años, líder del Partido Socialdemócrata Sueco (SAP) y vicepresidente de la Internacional Socialista. Murió asesinado en 1986. Olof Palme impulsó la primera conferencia internacional sobre medio ambiente que tuvo lugar en Estocolmo en 1972. De ella surgió el Programa Medioambiental de las Naciones Unidas (UNEP, por sus siglas en inglés), cuya sede se encuentra en Nairobi, Kenia.

3. «Lagunas en el derecho internacional del medio ambiente y los instrumentos relacionados. Hacia un Pacto Mundial por el Medio Ambiente.» Informe del secretario general de las Naciones Unidas a la Asamblea General, 30 de noviembre de 2018.

4. En la agenda ambiental se han producido importantes avances en temas como el agujero en la capa de ozono, la eliminación de las sustancias ultra tóxicas, o la declaración de la Antártida como santuario internacional. No obstante, desde una perspectiva sistémica el deterioro ecológico global no se ha detenido. Para un análisis reciente del estado medioambiental del planeta, véase la sexta edición del Global Environmental Outlook, publicado por la UNEP en 2019.

5. *El País*, 5 de noviembre de 2021.

6. Lake Chad: S/RES/2349 (2017); Somalia: S/RES/2408 (2018); West Africa and the Sahel: S/PRST/2018/16; Mali: S/RES/2423 (2018); Darfur: S/RES/2429 (2018).

Bibliografía

ACEMOGLU, Daron, y ROBINSON, James A., *Por qué fracasan los países. Los orígenes del poder, la prosperidad y la pobreza*. Deusto, Barcelona, 2012.

AKLIN, Michaël, y MILDENBERGER, Matto, «Prisoners of the Wrong Dilemma: Why Distributive Conflict, Not Collective Action, Characterizes the Politics of Climate Change», *Global Environmental Politics*, vol. 20, núm. 4, noviembre de 2020.

ANDERSON, Perry, *Imperium et Consilium. La política exterior norteamericana y sus teóricos*. Akal, Madrid, 2014.

ANTOS, David, «India, Climate Change and Security in South Asia». The Center for Climate and Security, núm. 36, mayo de 2017.

ARENS, Christof; HERMWILLE, Lukas; KREIBICH, Nico; MERSMANN, Florian; OBERGASSEL, Wolfgang; HERMANN, E. OTT, y WANG-HELMREICH, Hanna, *The Paris Agreement: Kick-Off for True Global Climate Cooperation*, Wuppertal Institute for Climate, Environment and Energy, 2015.

ARIAS, P. A., BELLOUIN, N., COPPOLA, E., JONES, R. G., KRINNER, G., MAROTZKE, J., NAIK, V., PALMER, M. D., PLATTNER, G. K., ROGELJ, J., ROJAS, M., SILLMANN, J., STORELVMO, T., THORNE, P. W., TREWIN, B., ACHUTA RAO, K., ADHIKARY, B., ALLAN, R. P., ARMOUR, K., BALA, G., BARIMALALA, R., BERGER, S., CANADELL, J. G., CASSOU, C., CHERCHI, A., COLLINS, W., COLLINS, W. D., CONNORS, S. L., CORTI, S., CRUZ, F., DENTENER, F. J., DERECZYNSKI, C., DI LUCA, A., DIONGUE NIANG, A., DOBLAS-REYES, F. J., DOSIO, A., DOUVILLE, H., ENGELBRECHT, F., EYRING, V., FISCHER E., FORSTER, P., FOX-KEMPER, B., FUGLESTVEDT, J. S., FYFE, J. C., GILLETT, N. P., GOLDFARB, L., GORODETSKAYA, I., GUTIERREZ, J. M., HAMDI, R., HAWKINS, E., HEWITT, H. T., HOPE, P., ISLAM, A. S., JONES, C., KAUFMAN, D. S., KOPP, R. E., KOSAKA, Y., KOSSIN, J., KRAKOVSKA, S., LEE, J. Y., Li, J., MAURITSEN, T., MAYCOCK, T.

K., MEINSHAUSEN, M., MIN, S. K., MONTEIRO, P. M. S., NGO-DUC, T., OTTO, F., PINTO, I., PIRANI, A., RAGHAVAN, K., RANA-SINGHE, R., RUANE, A. C., RUIZ, L., SALLÉE, J. B., SAMSET, B. H., SATHYENDRANATH, S., SENEVIRATNE, S. I., SÖRENSSON, A. A., SZOPA, S., TAKAYABU, I., TREGUIER, A. M., HURK, B. van den, VAUTARD, R., SCHUCKMANN, K. von, ZAEHLE, S., ZHANG, X., ZICKFELD, K., Technical Summary. *Climate Change 2021: The Physical Science Basis. Contribution of Working Group 15 I to the Sixth Assessment Report of the Intergovernmental Panel on Climate Change* [Masson-Delmotte, V., P. Zhai, A. Pirani, S. L. Connors, C. Péan, S. Berger, N. Caud, Y. Chen, L. Goldfarb, M. I. Gomis, M. Huang, K. Leitzell, E. Lonnoy, J. B. R. Matthews, T. K. Maycock, T. Waterfield, O. Yelekçi, R. Yu y B. Zhou (eds.)]. Cambridge University Press, 2021.

ATTENBOROUGH, David, *Una vida en nuestro planeta*. Crítica, Barcelona, 2021.

AVERCHENKOVA, Alina, y BASSSI, Samuela, *Beyond the Targets: Assessing the Political Credibility of Pledges for the Paris Agreement*, Grantham Research Institute y Center for Climate Change Economics and Policy, febrero de 2016.

Banco Mundial, «Turn Down the Heat: Climate Extremes, Regional Impacts, and the Case for Resilience». Informe realizado por el Potsdam Institute for Climate Impact Research and Climate Analytics. Washington, DC., 2013.

—, «Turn Down the Heat. Confronting the New Climate Normal». Informe realizado por el Potsdam Institute for Climate Impact Research and Climate Analytics. Washington, DC., 2014.

—, «Facts about Water Crisis in the Arab World», 2015.

BARBÈ, Esther, y SORIANO, Juan Pablo, «Del debate neorrealismo-neoliberalismo a la (re) construcción del discurso dominante en Relaciones Internacionales», en Del Arenal, Celestino y Sanahuja, José Antonio (eds.), *Teorías de las Relaciones Internacionales*. Tecnos, Madrid, 2015.

BECK, Ulrich, *La sociedad del riesgo global*. Siglo XXI, Madrid, 2009.

—, «Convivir con el riesgo global», en Innerarity, Daniel, y Solana, Javier (eds.), *La humanidad amenazada: gobernar los riesgos globales*. Paidós, Barcelona, 2011.

—, *La metamorfosis del mundo*. Paidós, Barcelona, 2017.

BERDUGO, Miguel; DELGADO-BAQUERIZO, Manuel; SOLIVERES, Santiago; HERNÁNDEZ-CLEMENTE, Rocío; ZHAO, Yanchuang; GAITÁN, Juan J.; GROSS, Nicolas; SAIZ, Hugo; MAIRE, Vincent; LEHMAN,

Anika; RILLIG, Matthias C.; SOLÉ, Ricard V., y MAESTRE, Fernando T., «Global Ecosystems Thresholds Driven by Aridity», *Science*, 367, 2020.

BERGGRUEN, Nicolas, y GARDELS, Nathan, *Gobernanza inteligente para el siglo XXI. Una vía intermedia entre Occidente y Oriente*. Taurus, Madrid, 2013.

BILLINGTON, James H., *El icono y el hacha. Una historia interpretativa de la cultura rusa*. Editorial Siglo XXI, Madrid, 2011.

BLACK, R., CULLEN, K., FAY, B., HALE, T., LANG, J., MAHMOOD, S. y SMITH, S. M., *Taking Stock: A Global Assessment of Net Zero Targets*. Energy & Climate Intelligence Unit and Oxford Net Zero, 2021.

BODLE, Ralph, DONAT, Lena y DUWE, Matthias, «The Paris Agreement: Analysis, Assessment and Outlook». German Federal Environment Agency (UBA) Research Paper, Berlín, 2016.

British Petroleum, *Energy Outlook 2020*.

BRULLE, Robert J., «Habermas and Green Political Thought: Two Roads Converging», *Environmental Politics*, vol. 11, n.º 4, 2002.

CANEY, Simon, «Climate Change, Human Rights and Moral Thresholds», en Gardiner, Stephen M. y otros (eds.), *Climate Ethics. Essential Readings*. Oxford University Press, Oxford, 2010.

CAPORASO, James A., «International Relations Theory and Multilateralism: The Search for Foundations», en Ruggie, John Gerard (ed.), *Multilateralism Matters. The Theory and Praxis of an Institutional Form*. Columbia University Press, Nueva York, 1993.

Carbon Brief, *When Might the World Exceed the 1.5C and 2C of Global Warming?*, diciembre de 2020.

—, *What Does 14th China's Five Years Plan Mean for Climate Change?*, marzo de 2021.

Carbon Tracker Initiative, *Carbon Budgets: Where Are We Now?*, mayo de 2020.

—, *Decline and Fall. The Size and Vulnerability of the Fossil Fuel System*, junio de 2020.

—, *Beyond Petrostates. The Burning Need to Cut Oil Dependence in the Energy Transition*, febrero de 2021a.

—, *Do Not Revive Coal. Planned Asia Coal Plants a Danger to Paris*, junio de 2021b.

Climate Analytics, *Global and Regional Coal Phase-out Requirements of the Paris Agreement: Insights from the IPCC Special Report on 1.5 °C*, 2019.

COLLOMB, Jean-Daniel, «The Ideology of Climate Change Denial in the United States», *European Journal of American Studies*, vol. 9, n.° 1, 2014.

Comisión Económica para América Latina y el Caribe (Naciones Unidas), *The Economics of Climate Change in Latin America and the Caribbean. Paradoxes and Challenges of Sustainable Development*, 2015a.

—, *Climate Change in Central America. Potential Impacts and Public Policy Options*, 2015b.

CONCA, Ken, THWAITES, Joe y LEE, Goueun, «Climate Change and the UN Security Council: Bully Pulpit or Bull in a China Shop?», *Global Environmental Politics*, vol. 17, n.° 2, mayo de 2017.

CONDE, Ana Cecilia, y LÓPEZ, Jorge, *Variabilidad y cambio climático. Impactos, vulnerabilidad y adaptación al cambio climático en América Latina y el Caribe. Propuestas para métodos de evaluación*, 2016.

COOK, Benjamin I., ANCHUKAITIS, Kevin J., TOUCHAN, Ramzi, MEKO, David M., y COOK, Edward R., «Spatiotemporal Drought Variability in the Mediterranean Over the Last 900 Years», *American Geophysical Union*, vol. 121, 2016.

COOKE, Jennifer G., y SANDERSON, Thomas M., «Militancy and the Arc of Instability. Violent Extremism in the Sahel», *Center for Strategic and International Studies* (CSIS), 2016.

CRAWFORD, Alec, «Climate Change and State Fragility in the Sahel», *FRIDE*, n.° 205, junio de 2015.

CRESPO, MacLennan, *Imperios. Auge y declive de Europa en el mundo, 1492-2012*. Galaxia Gutenberg, Barcelona, 2013.

DARWIN, John, *El sueño del imperio. Auge y caída de las potencias globales, 1400-2000*. Taurus, Madrid, 2012.

DEAN MOORE, Kathleen, *Great Tide Rising. Towards Clarity and Moral Courage in a Time of Planetary Change*. Counterpoint, Berkeley, 2016.

DIAMOND, Jared, *Colapso. ¿Por qué unas sociedades perduran y otras desaparecen?* Debate, Barcelona, 2010.

DIFFENBAUGH, Noah S., y FIELD, Chistopher B., «Changes in Ecologically Critical Terrestrial Climate Conditions», *Science*, 341, 2013.

DRÖGE, Susanne, *Addressing the Risks of Climate Change. What Role for the U.N. Security Council*. SWP Research Paper. German Institute for International and Security Affairs, 2020.

DYER, Gwynne, *Guerras climáticas. La lucha por sobrevivir en un mundo que se calienta*. Librooks, Barcelona, 2014.

EBINGER, Charles K., «India's Energy and Climate Policy. Can India Meet the Challenge of Industrialization and Climate Change?» *The Brookings Energy Security and Climate Initiative,* 2016.

ELTAHIR, Elfatih, y PAL, Jeremy, «Persian Gulf Could Experience Deadly Heat», *Natur Climate Change,* octubre de 2015.

European Academies Science Advisory Council, *Negative Emission Technology: What Role in Meeting Paris Agreement Targets?,* 2018.

European Environment Agency, *The European Environment-State and Outlook 2015. Assessment of Global Megatrends,* 2015.

—, *Climate Change, Impacts and Vulnerability in Europe, An Indicator-based Report.* EEA Report 1/2017.

—, *Climate Change Adaptation in the Agriculture Sector in Europe,* 2019.

—, *The European Environment- State and Outlook 2020. Knowledge for Transition to a Sustainable Europe,* 2020.

FELDMANN, Johannes, y LEVERMANN, Anders, «Collapse of the West Antarctic Ice Sheet after Local Destabilization of the Amundsen Basin», *Proceedings of the National Academy of Sciences* vol. 112, n.° 46, 2015.

FERNÁNDEZ DURÁN, Ramón, y GONZÁLEZ REYES, Luis, *En la espiral de la energía.* Libros en Acción, Madrid, 2014.

FERNÁNDEZ, Rafael, «Rusia como gran potencia energética: situación interna y mercados de exportación». En Sodupe, Kepa, y Gonzalo Molina eds., *Gobernanza para un sistema energético sostenible.* Servicio Editorial de la Universidad del País Vasco, Bilbao, 2018.

FLORES, Rafael, «El pensamiento (I). Los fundamentos», en García-Noblejas, J. (ed.), *China. Pasado y presente de una gran civilización.* Alianza Editorial, Madrid, 2012.

—, «El pensamiento (II). Desde la dinastía Han hasta el siglo XX», en García-Noblejas, J. (ed.), *China. Pasado y presente de una gran civilización.* Alianza Editorial, Madrid, 2012.

FRÍAS, Carlos Javier, «Cambio climático e inestabilidad en el Sahel». Instituto Español de Estudios Estratégicos, febrero de 2020.

FUKUYAMA, Francis, *Orden y decadencia de la política. Desde la revolución industrial hasta la globalización de la democracia.* Deusto, Barcelona, 2016.

FUSI, Juan Pablo, *Breve historia del mundo contemporáneo. Desde 1776 hasta hoy.* Galaxia Gutenberg, Barcelona, 2013.

GARCÍA, Caterina, «La Escuela Inglesa y la teoría de la sociedad internacional: Propuestas, críticas y reformulación», en Del Arenal, Celestino, y José Antonio Sanahuja (eds.), *Teorías de las Relaciones Internacionales*. Tecnos, Madrid, 2015.

GARCÍA AMADO, Juan Antonio, «Habermas, los Estados y la sociedad mundial», *Estudios de Derecho*, vol. LXIV, n.º 143, junio de 2007. Universidad de Antioquia, Medellín, Colombia, 2007.

GARDINER, Stephen M., «Ethics and Global Climate Change», en Gardiner, Stephen M., Simon Caney, Dale Jamieson y Henry Shue (eds.), *Climate Ethics. Essential Readings*. Oxford University Press, Nueva York, 2010.

GARRET, Hardin, «The Tragedy of Commons», en Daly, Herman E. y Kenneth N., Townsend (eds.), *Valuing the Earth. Economics, Ecology, Ethics (1993)*. Cambridge, MIT Press, 1968.

GIDDENS, Anthony, *The Politics of Climate Change*. Cambridge, Polity Press, 2009.

GIL GARRUSTA, Mark, «De Ronald Reagan a George W. Bush. El ascenso del conservadurismo en Estados Unidos», en *Fin de siglo. Las claves del siglo XXI*. Salvat, Madrid, 2004.

GINER, Salvador, *Historia del pensamiento social*. Ariel, Barcelona, 2013.

—, *El origen de la moral. Ética y valores en la sociedad actual*. Península, Barcelona, 2012.

Global Carbon Project, Carbon Budget and Trends, 2021.

Global Energy Monitor y Centre for Research on Energy and Clean Air, *A New Coal Boom in China*, 2020.

Goldman Sachs, «Carbonomics. The Future of Energy in the Age of Climate Change», *Equity Research*, diciembre de 2019.

GONZÁLEZ-EGUINO, Mikel, RIBERA, Teresa, y OLABE, Antxon, «New Coal Plants Jeopardise Paris Agreement», *Sustainability*, vol. 9, n.º 168, 2017.

GOOD, Peter, y otros, «An Updated View of Tipping Points and the Relevance for Long-term Climate Goals», *AVOID* 2 WPA.5, Report 1, 2014.

GORE, Al, *Una verdad incómoda. La crisis planetaria del calentamiento global y cómo afrontarla*. Gedisa, Barcelona, 2006.

—, *Nuestra elección. Un plan para resolver la crisis climática*. Gedisa, Barcelona, 2010.

GRASA, Rafael, «Neoliberalismo e institucionalismo. La reconstrucción del liberalismo como teoría sistémica internacional», en Del Arenal, Celestino, y José Antonio Sanahuja (eds.), *Teorías de las Relaciones Internacionales*. Tecnos, Madrid, 2015.

GREEN, Fergus, y STERN, Nicholas, «China's Changing Economy: Implications for its Carbon Dioxide Emissions», *Grantham Research Institute on Climate Change*, WP n.º 228 y *Centre for Climate Change Economics and Policy*, WP n.º 258, 2016.

GUIOT, Joel, y CRAMER, Wolfgang, «Climate Change: The 2015 Paris Agreement Thresholds and Mediterranean Basin Ecosystems», *Science*, vol. 354, 2016.

HABERMAS, Jürgen, *La inclusión del otro. Estudios de teoría política.* Paidós, Barcelona, 2019.

—, *La constelación postnacional.* Paidós, Barcelona, 2000.

—, *El Occidente escindido.* Trotta, Madrid, 2009.

HABERMAS, Jürgen, y RAWLS, John, *Debate sobre el liberalismo político.* Paidós, Barcelona, 2010.

HANSEN, James, *Storms of My Grandchildren.* Bloomsbury Publishing Plc, Londres, 2009.

HEEDE, Richard, «Tracing Anthropogenic Carbon Dioxide and Methane Emissions to Fossil Fuel and Cement Producers, 1854-2010», *Climatic Change*, vol. 122, pp. 229-241, 2014.

HELLBECK, Jochen, *Stalingrado. La ciudad que derrotó al Tercer Reich.* Galaxia Gutenberg, Barcelona, 2018.

HENDERSON, James, y MITROVA, Tatiana, «Implications of the Global Energy Transition on Russia», en Hafner, Manfred y Simone Tagliapietra (eds.), *The Geopolitics of the Global Energy Transition,* 2020.

HIJIOKA Y., LIN, E., PEREIRA, J. J., CORLETT, R. T., CUI, X., INSAROV, G. E., LASCO, R. D., LINDGREN, E., y SURJAN, A., «Asia», en *Climate Change 2014: Impacts, Adaptation, and Vulnerability. Part B: Regional Aspects. Contribution of Working Group II to the Fifth Assessment Report of the Intergovernmental Panel on Climate Change* [Barros, V. R., C. B. Field, D. J. Dokken, M. D. Mastrandrea, K. J. Mach, T. E. Bilir, M. Chatterjee, K. L. Ebi, Y. O. Estrada, R. C. Genova, B. Girma, E. S. Kissel, A. N. Levy, S. MacCracken, P. R. Mastrandrea y L. L. White (eds.)]. Cambridge University Press, Cambridge, R. U. y Nueva York, EE. UU., pp. 1327-1370.

HOBBES, Thomas, *Tratado sobre el ciudadano.* Ediciones El País, Madrid, 2010.

HOBSBAWM, Eric, *Historia del siglo XX.* Crítica, Barcelona, 2012.

HOEGH-GULDBERG, O., JACOB, D., TAYLOR, M., BINDI, M., BROWN, S., CAMILLONI, I., DIEDHIOU, A., DJALANTE, R., EBI, K. L., ENGELBRECHT, F., GUIOT, J., HIJIOKA, Y., MEHROTRA S., PAYNE,

A., SENEVIRATNE, S. I., THOMAS, A., WARREN, R., y ZHOU, G., «Impacts of 1.5 °C Global Warming on Natural and Human Systems», en *Global Warming of 1.5 °C. An IPCC Special Report on the impacts of global warming of 1.5 °C above pre-industrial levels and related global greenhouse gas emission pathways, in the context of strengthening the global response to the threat of climate change, sustainable development, and efforts to eradicate poverty* [Masson-Delmotte, V., P. Zhai, H.-O. Pörtner, D. Roberts, J. Skea, P. R. Shukla, A. Pirani, W. Moufouma-Okia, C. Péan, R. Pidcock, S. Connors, J. B. R. Matthews, Y. Chen, X. Zhou, M. I. Gomis, E. Lonnoy, T. Maycock, M. Tignor y T. Waterfield (eds.)], 2019.

HOFFMAN, Andrew J., *How Culture Shapes the Climate Change Debate*. Stanford University Press, 2015.

HOWE, Joshua P., *Behind the Curve. Science and the Politics of Global Warming*. University of Washington Press, 2014.

ILIVITZKY, Matías Esteban, «Habermas y la constelación postnacional», *Estudios Internacionales*, 170. Universidad de Chile, 2011.

INCROPERA, Frank P., *Climate Change: A Wicked Problem. Complexity and Uncertainty at the Intersection of Science, Economics, Politics and Human Behavior*. Cambridge University Press, 2016.

INNERARITY, Daniel, *La democracia en Europa*. Galaxia Gutenberg, Barcelona, 2017.

Instituto Nacional de Ecología y Cambio Climático de México, *Variabilidad y cambio climático. Impactos, vulnerabilidad y adaptación al cambio climático en América Latina y el Caribe*, 2016.

Internal Displacement Monitoring Center, *Informe mundial sobre desplazamiento interno*, 2020.

International Energy Agency, *World Energy Investment*, 2019.

—, *Coal 2020. Analysis and Forecast to 2025*.

—, *India Energy Outlook 2021*, 2020a.

—, *Net Zero by 2050. A Roadmap for the Global Energy Sector*, 2021b.

—, *World Energy Outlook 2021*. IEA, París, 2021c.

International Energy Agency (IEA) e International Renewable Energy Agency (IRENA), *Perspectives for the Energy Transition. Investment Needs for a Low-Carbon Energy System*, 2017.

International Military Council on Climate and Security, *The World Climate and Security Report*, 2020.

International Renewable Energy Agency (IRENA), *A New World. The Geopolitics of the Energy Transformation*, 2019.

IPBES-IPCC, *Biodiversity and Climate Change. Scientific Outcome*. Co-sponsored workshop, 2021.

IPCC, «Summary for Policymakers». *In: Climate Change 2013: The Physical Science Basis. Contribution of Working Group I to the Fifth Assessment Report of the Intergovernmental Panel on Climate Change*. [Stocker, T.F., D. Qin, G. K. Plattner, M. Tignor, S. K. Allen, J. Boschung, A. Nauels, Y. Xia, V. Bex y P. M. Midgley (eds.).] Cambridge University Press, Cambridge, R. U. y Nueva York, Estados Unidos, 2013.

—, «Summary for Policymakers», en *Climate Change 2014: Impacts, Adaptation, and Vulnerability. Contribution of Working Group II to the Fifth Assessment Report of the Intergovernmental Panel on Climate Change*. [C. B., Field, V. R. Barros, D. J. Dokken, K. J. Mach, M. D. Mastrandrea, T. E. Bilir, M. Chatterjee, K. L. Ebi, Y. O. Estrada, R. C. Genova, B. Girma, E. S. Kissel, A. N. Levy, S. MacCracken, P. R. Mastrandrea y L. L. White (eds.).] Cambridge University Press, Cambridge, R. U. y Nueva York, Estados Unidos, 2014a.

—, «Summary for Policymakers», en *Climate Change 2014: Mitigation of Climate Change. Contribution of Working Group III to the Fifth Assessment Report of the Intergovernmental Panel on Climate Change*. [O., Edenhofer, R. Pichs-Madruga, Y. Sokona, E. Farahani, S. Kadner, K. Seyboth, A. Adler, I. Baum, S. Brunner, P. Eickemeier, B. Kriemann, J. Savolainen, S. Schlomer, C. von Stechow, T. Zwickel y J. C. Minx (eds.).] Cambridge University Press, Cambridge, R. U. y Nueva York, Estados Unidos, 2014b.

—, «Summary for Policymakers», en *Global Warming of 1.5 °C. An IPCC Special Report on the impacts of global warming of 1.5 °C above pre-industrial levels and related global greenhouse gas emission pathways, in the context of strengthening the global response to the threat of climate change, sustainable development, and efforts to eradicate poverty*. [Masson-Delmotte, V., P. Zhai, H.-O. Pörtner, D. Roberts, J. Skea, P. R. Shukla, A. Pirani, W. Moufouma-Okia, C. Péan, R. Pidcock, S. Connors, J. B. R. Matthews, Y. Chen, X. Zhou, M. I. Gomis, E. Lonnoy, T. Maycock, M. Tignor y T. Waterfield (eds.)], 2018.

—, «Summary for Policymakers», en *IPCC Special report on the ocean and cryosphere in a changing climate*. [Pörtner, H. O., D. C. Roberts, V. Masson-Delmotte, P. Zhai, M. Tignor, E. Poloczanska, K. Mintenbeck, M. Nicolai, A. Okem, J. Petzold, B. Rama, N. Meyer (eds.)], 2019a.

—, «Summary for Policymakers», en *Climate Change and Land: an IPCC special report on climate change, desertification, land degradation, sustainable land management, food security, and greenhouse gas fluxes in terrestrial ecosystems* [Shukla, P. R., J. Skea, E. Calvo Buendía, V. Masson-Delmotte, H.-O. Pörtner, D. C. Roberts, P. Zhai, R. Slade, S. Connors, R. van Diemen, M. Ferrat, E. Haughey, S. Luz, S. Neogi, M. Pathak, J. Petzold, J. Portugal Pereira, P. Vyas, E. Huntley, K. Kissick, M. Belkacemi y J. Malley (eds.)], 2019b.

—, «Summary for Policymakers», en *Climate Change 2021: The Physical Science Basis. Contribution of Working Group I to the Sixth Assessment Report of the Intergovernmental Panel on Climate Change* [Masson Delmotte, V., P. Zhai, A. Pirani, S. L. Connors, C. Péan, S. Berger, N. Caud, Y. Chen, L. Goldfarb, M. I. Gomis, M. Huang, K. Leitzell, E. Lonnoy, J. B. R. Matthews, T. K. Maycock, T. Waterfield, O. Yelekçi, R. Yu y B. Zhou (eds.)]. Cambridge University Press, en prensa, 2021.

—, «Summary for Policymakers». [Pörtner, H.-O., D. C. Roberts, E. S. Poloczanska, K. Mintenbeck, M. Tignor, A. Alegría, M. Craig, S. Langsdorf, S. Löschke, V. Möller, A. Okem (eds.)], en *Climate Change 2022: Impacts, Adaptation, and Vulnerability. Contribution of Working Group II to the Sixth Assessment Report of the Intergovernmental Panel on Climate Change*. [Pörtner, H.-O., D. C. Roberts, M. Tignor, E. S. Poloczanska, K. Mintenbeck, A. Alegría, M. Craig, S. Langsdorf, S. Löschke, V. Möller, A. Okem, B. Rama (eds.)]. Cambridge University Press, en prensa, 2022.

JAMIESON, Dale, «Ethics, Public Policy and Global Warming», en Gardiner, Stephen M., Simon Caney, Dale Jamieson y Henry Shue (eds.), *Climate Ethics. Essential Readings*. Oxford University Press, Nueva York, 2010.

JEVREJEVA, Svetlana, JACKSON, I. P., GRINSTED, A., LINCKE, D. y MARZEION, B. «Flood Damages Costs under the Sea Level Rise with Warming of 1.5°C and 2°C», *Environmental Research Letters*, 13, 2018.

JUDT, Tony, *Pensar el siglo XX*. Taurus, Madrid, 2012.

—, *Postguerra. Una historia de Europa desde 1945*. Taurus, Madrid, 2012.

KANT, Immanuel, *Ideas para una historia universal en clave cosmopolita y otros escritos sobre Filosofía de la Historia*. Tecnos, Madrid, 2010.

—, *La paz perpetua*. Tecnos, Madrid, 2013.

KAPLAN, Robert D., *Monzón. Un viaje por el futuro del océano Índico*. El Hombre del Tres, Madrid, 2010.

—, *La venganza de la geografía. Cómo los mapas condicionan el destino de las naciones*. RBA, Barcelona, 2013.

KENNEDY, Paul, *Auge y caída de las grandes potencias*. Plaza y Janés, Barcelona, 1998.

KEOHANE, Robert O., «The Analysis of International Regimes: Towards a European-American Research Programme», en Volker Rittberger (ed.), *Regime Theory and International Relations*. Clarendon Press, Oxford, Nueva York, 1995.

—, *Beyond the UNFCCC: Rethinking the Global Politics of Climate Change*. Chatham House, The Royal Institute of International Affairs, 2015.

KEPEL, Gilles, *Salir del caos. Las crisis en el Mediterráneo y en Oriente Medio*. Alianza Editorial, Madrid, 2020.

KERSHAW, Ian, *Ascenso y crisis. Europa 1950-2017, un camino incierto*. Planeta, Barcelona, 2019.

KHAZENDAR, A. y otros, «Rapid Submarine Ice Melting in the Grounding Zone of Ice shelves in West Antarctica», *Nature Communications*, n.º 13243, 2016.

KLEIN, Naomi, *Esto lo cambia todo. El capitalismo contra el clima*. Paidós, Barcelona, 2015.

KLIMENKO, Ekaterina, «The Geopolitics of a Changing Artic». Stockholm International Peace Research Institute (SIPRI). Background Paper, diciembre de 2019.

KISSINGER, Henry, *Diplomacia*. Ediciones B, Barcelona, 2010.

—, *China*. Debate, Barcelona, 2012.

—, *Orden mundial. Reflexiones sobre el carácter de los países y el curso de la historia*. Debate, Barcelona, 2016.

KOLBERT, Elizabeth, *La sexta extinción. Una historia nada natural*. Crítica, Barcelona, 2015.

KOVATS, R. S., VALENTINI, R., BOUWER, L. M., GEORGOPOULOU, E., JACOB, D., MARTIN, E., ROUNSEVELL, M. y SOUSSANA, J.-F., «Europe», en *Climate Change 2014: Impacts, Adaptation, and Vulnerability. Part B: Regional Aspects. Contribution of Working Group II to the Fifth Assessment Report of the Intergovernmental Panel on Climate Change*. [Barros, V. R., C. B. Field, D. J. Dokken, M. D. Mastrandrea, K. J. Mach, T. E. Bilir, M. Chatterjee, K. L. Ebi, Y. O. Estrada, R. C. Genova, B. Girma, E. S. Kissel, A. N. Levy, S. MacCracken, P. R. Mastrandrea y L. L. White (eds.)]. Cambridge University Press, Cambridge, R. U. y Nueva York, EE. UU., pp. 1267-1326, 2014.

Kutcherov, Vladimir, Morgunova, Maria, Bessel, Valery y Lopatin, Alexey, «Russian Natural Gas Exports. An Analysis of Challenges and Opportunities», *Energy Strategy Review*, 30, 2020.

Lampton, David M., *Adónde va China. Los planes de futuro de los dirigentes chinos*. Stella Maris, Barcelona, 2015.

Lange, Glen-Marie, y Wodon, Quentin, «Estimating the Wealth of Nations», en Lange, Glen-Marie, Quentin Wodon y Kevin Carey (eds.), *The Changing Wealth of Nations 2018. Building a Sustainable Future*. The World Bank Group, 2018.

Lake Chad Basin Commission, *Lake Chad Development and Climate Resilient Action Plan*. World Bank Group, 2015.

Leakey, Richard, y Lewin, Roger, *La sexta extinción. El futuro de la vida y de la humanidad*. Tusquets, Barcelona, 2008.

Lelieveld J., Proestos, Y., Hadjinicolaou, P., Tanarhte, M., Tyrlis, E. y Zittis, G., «Strongly Increasing Heat Extremes in the Middle East and North Africa (MENA) in the 21st Century», *Climatic Change*, abril de 2016.

Lenton, Timothy M., Held, Hermann, Kriegler, Elmar, Hall, Jim W., Lucht, Wolfgang, Rahmstorf, Stefan, y Schellnhuber, Hans-Joaquim, «Tiping Elements in the Earth's Climate System», *PNAS*, vol. 105, n.º 6, 12 de febrero de 2008.

Lenton, Timothy M., Rockström, Johan, Gaffney, Owen, Rahmstorf, Stefan, Richardson, Katherine, Steffen, Will, y Schellnhuber, Hans-Joachim, «Climate Tipping Points-Too Risky to Bet Against», *Nature*, Comment de 27 de noviembre de 2019.

Lewis, Kersty, y Buontempo, Carlo, «Climate Impacts in the Sahel and West Africa: The Role of Climate Science in Policy Making», *West African Papers*, n.º 2, OECD, 2016.

López, Julio, «La Historia (I). Desde los orígenes hasta el fin del imperio», en García-Noblejas, J. (ed.), *China. Pasado y presente de una gran civilización*. Alianza Editorial, Madrid, 2012.

Lovins, Amory B., y Bond, Kingsmill, «Can a Virus and Viral Ideas Speed the World's Journey beyond Fossil Fuels?, *Environmental Research Letters*, 16, 2021.

Lustgarten, Abrahm, «The Great Climate Migration», *New York Times Magazine*, 2020.

Magrin, G. O., Marengo, J. A., Boulanger, J. P., Buckeridge, M. S., Castellanos, E., Poveda, G., Scarano, F. R., y Vicuña, S., «Central and South America», en *Climate Change 2014: Impacts, Adaptation, and Vulnerability. Part B: Regional Aspects. Contribu-*

tion of Working Group II to the Fifth Assessment Report of the Intergovernmental Panel on Climate Change. Cambridge University Press, Cambridge, R. U. y Nueva York, EE. UU., pp. 1499-1566, 2014.

MARGULIS, Lynn, y SAGAN, Dorion, *¿Qué es la vida?* Tusquets, Barcelona, 2009.

MARTÍ FONT, J. M., *Después del muro. Alemania y Europa 25 años más tarde.* Galaxia Gutenberg, Barcelona, 2014.

MARTÍN, Javier, «La Historia (II). Historia moderna y contemporánea», en García-Noblejas, J. (ed.), *China. Pasado y presente de una gran civilización.* Alianza Editorial, Madrid, 2012.

MARTIN, Lisa, «The Rational State Choice of Multilateralism», en Ruggie, John Gerard (ed.), *Multilateralism Matters. The Theory and Praxis of an Institutional Form.* Columbia University Press, Nueva York, 1993.

MAYER, Peter, RITTBERGER, Volker, y ZÜRN, Michael, «Regime Theory: State of the Art and Perspectives», en Rittberger, Volker (ed.). *Regime Theory and International Relations.* Clarendon Press, Oxford, Nueva York, 1993.

MCGLADE, Chistopher, y EKINS, Paul, «The Geographical Distribution of Fossil Fuels Unused when Limiting Global Warming to 2° C», *Nature,* vol. 517, 2015.

MCMICHAEL, Anthony J., «Insights from Past Millennia into Climatic Impacts on Human Health and Survival», *Proceedings of the National Academy of Sciences,* vol. 109, n.° 13, 2012.

—, *Climate Change and the Health of Nations. Famines, Fevers and the Fate of Populations.* Oxford University Press, 2017.

MEIDAN, Michal, «China: Climate Leader and Villain», en Hafner, Manfred, y Simone Tagliapietra (eds.). *The Geopolitics of the Global Energy Transition,* 2020.

Mediterranean Experts on Climate and Environmental Change (MedECC) y otros, *Risks Associated to Climate and Environmental Changes in the Mediterranean Region. A Preliminary Assessment.* The MedECC Network Science-Policy Interface, 2019.

MIDDELAAR, Luuk van, *El paso hacia Europa.* Galaxia Gutenberg, Barcelona, 2013.

MONTOBIO, Manuel, *Ideas chinas. El ascenso global de China y la teoría de las Relaciones Internacionales.* Icaria, Barcelona, 2017.

MORA, Camilo, y otros, «Global Risk of Deadly Heat», *Nature Climate Change,* 7, 2017.

MOURE, Leire, «El realismo en la teoría de las Relaciones Internacionales: Génesis, evolución y aportaciones actuales», en Del Arenal, Celestino, y José Antonio Sanahuja (eds.), *Teorías de las Relaciones Internacionales*. Tecnos, Madrid, 2015.

National Intelligence Council, USA, *Implications for US National Security of Anticipated Climate Change*, 2016.

—, *Global Trends 2035. Paradox of Progress*, 2017.

—, *Global Trends 2040. A More Contested World*, 2021.

Netherlands Environmental Assessment Agency, «Countries' Contributions to Climate Change: Effect of Accounting for All Greenhouse Gasses, Recent Trends, Basic Needs and Technological Progress», 2013.

NIANG, I., RUPPEL, O. C., ABDRABO, M. A., ESSEL, A., LENNARD, C., PADGHAM, J., y URQUHART, P., «Africa», en *Climate Change 2014: Impacts, Adaptation, and Vulnerability. Part B: Regional Aspects. Contribution of Working Group II to the Fifth Assessment Report of the Intergovernmental Panel on Climate Change* [Barros, V. R., C. B. Field, D. J. Dokken, M. D. Mastrandrea, K. J. Mach, T. E. Bilir, M. Chatterjee, K. L. Ebi, Y. O. Estrada, R. C. Genova, B. Girma, E. S. Kissel, A. N. Levy, S. MacCracken, P. R. Mastrandrea y L. L. White (eds.)], Cambridge University Press, Cambridge, U. R. y Nueva York, pp. 1199-1265, 2014.

NOBRE, Carlos A., SAMPAIO, Gilvan, BORMA, Laura S., CASTILLA-RUBIO, Juan Carlos, SILVA, José S., y CARDOSO, Manoel, «Land-use and Climate Change Risks in the Amazon and the Need of a Sustainable Development Paradigm», *PNAS*, vol. 113, n.º 39, septiembre de 2016.

NORDHAUS, William, «Integrated Assessment Models of Climate Change», *National Bureau of Economic Research*, 2017.

—, *El casino del clima. Por qué no tomar medidas contra el cambio climático conlleva riesgo y genera incertidumbre*. Planeta, Barcelona, 2019.

OBERGASSEL, Wolfgang, ARENS, Christof, HERMWILLE, Lukas, KREIBICH, Nico, MERSMANN, Florian, OTT, Herman E., y WANG-HELMREICH, Hanna, «Phoenix from the Ashes- An Analysis of the Paris Agreement to the UNFCCC». Wuppertal Institute for Climate, Environment and Energy, 2016.

OBERTHÜR, Sebastian, «Where to Go from Paris? The European Union in Climate Geopolitics», *Global Affairs*, mayo de 2016.

ODUM, Eugene P., *Ecología: Bases científicas para un nuevo paradigma*. Vedrá, Barcelona, 1992.

OECD y IEA, *Update on Recent Progress in Reform of Inefficient Fossil-Fuel Subsidies that Encourage Wasteful Consumption*. (Contribution by the International Energy Agency (IEA) and the Organisation for Economic Co-operation and Development (OECD) to the G20 Energy Transitions Working Group in consultation with: International Energy Forum (IEF), Organization of Petroleum Exporting Countries (OPEC) and the World Bank), 2019.

OECD, *Climate Finance Provided and Mobilized by Developed Countries in 2013-2018*, 2020.

—, *Companion to the Inventory of Support Measures for Fossil Fuels 2021*, 2021.

OLABE, Antxon, «Cambio climático, energía y seguridad global: El papel del Consejo de Seguridad de las Naciones Unidas», *CUIDES*, n.° 02, abril de 2009.

—, *Crisis climática-ambiental. La hora de la responsabilidad*. Galaxia Gutenberg, Barcelona, 2016.

OLABE, Antxon, y GONZÁLEZ-EGUINO, Mikel, «Cambio climático, una amenaza para la seguridad global», *Política Exterior*, n.° 124, 2008.

OLABE, Antxon, GONZÁLEZ-EGUINO, Mikel, y RIBERA, Teresa, «El Acuerdo de París y el fin de la era del carbón». Real Instituto Elcano. Documento de trabajo 12, 2016.

—, «Hacia un nuevo orden mundial de la energía». Real Instituto Elcano. Documento de trabajo 12, 2017.

—, «The EU-China Climate Agreement: Building Success at the Crucial Glasgow Summit». Real Instituto Elcano. Documento de trabajo 20, 2020.

—, «Ante la cumbre de Glasgow», *Política Exterior*, n.° 199, 2021.

—, «Respuesta climática: Eppur si muove», *Política Exterior*, n.° 206, 2022.

OLIVIER, J. G. J., y PETERS, J. A. H. W., *Trends in Global CO2 and Total Greenhouse Gas Emissions*. Netherlands Environmental Assessment Agency, 2020.

PACKER, George, *El desmoronamiento. Treinta años de declive americano*. Debate. Barcelona, 2013.

PAGDEN, Anthony, *La Ilustración y por qué sigue siendo importante para nosotros*. Alianza Editorial, Madrid, 2013.

PAK, Jin H., «China, India and War over Water», *Parameters*, vol. 46, n.° 2, verano de 2016.

PARDO DE SANTAYANA, José, «2021, Year of Uncertainty in Energy Geopolitics». IEEE Analysis Paper 35/2020, 2021.

PARFENOVA, Elena, TCHBAKOVA, Nadezhda, y SOJA, Amber, «Assessing Landscape Potential for Human Sustainability and Attractiveness across Asian Russia in a Warmer 21st Century», *Environmental Research Letters*, 14, 2019.

PETERS, Glen, «How Much Carbon Dioxide Can We Emit»? Center for International Climate Research, 2017.

PETRAEUS, David, y MCALEENAN, Benedict, «Climate Change as a Growing Force in Geopolitics», *Policy Exchange. Environmental Affairs*, primavera de 2021.

PRATS, Fernando, HERRERO, Yayo, y TORREGO, Alicia, *La gran encrucijada. Sobre la crisis ecosocial y el cambio de ciclo histórico*. Libros en Acción, Madrid, 2017.

RAWLS, John, *El derecho de gentes* y «*Una revisión de la idea de razón pública*». Paidós Ibérica, Barcelona, 2021.

—, *Lecciones sobre historia de la filosofía política*. Paidós Ibérica, Barcelona, 2009.

—, *Justicia como equidad*. Tecnos, Madrid, 2012.

RIBERA, Teresa, y OLABE, Antxon, «La cumbre del clima en París». Real Instituto Elcano. Documento de Trabajo 3, 2015.

RIEDE, Jens O., POSADA, Rafael, FINK, Andreas H., y KASPAR, Frank, «What's on the 5th IPCC Report for West Africa?», en Yaro, J. A., y J., Hesselberg (eds.), *Adaptation to Climate Change and Variability in Rural West Africa*. Springer International Publishing Switzerland, 2016.

RIFKIN, Jeremy, *El sueño europeo. Cómo la visión europea del futuro está eclipsando el sueño americano*. Paidós Ibérica, Barcelona, 2004.

ROBINSON, David, «The Significance of the US Withdrawal from the Paris Agreement on Climate Change». The Oxford Institute for Energy Studies, 2017.

ROCKSTRÖM, Johan, STEFFEN, Will y otros, «A Safe Operating Space for Humanity», *Nature*, vol. 461, septiembre de 2009.

ROCKSTRÖM, Johan, SACHS, Jeffrey D., y otros, «Sustainable Development and Planetary Boundaries». Background Research Paper. High-Level Panel in the Post-2015 Development Agenda. Naciones Unidas, 2013.

ROCKSTRÖM, Johan, OWEN, Gaffney, JOERI, Rogelj, MALTE, Meinshausen, NEBOJSA, Nakicenovic, y HANS Joachim Schellnhuber, «A Roadmap for Rapid Decarbonization», *Science*, vol. 355, n.º 6331, pp. 1269-1271, 2017.

RODHES, Ben, «Them and Us. How America Lets Its Enemies Hijack Its Foreign Policy», *Foreign Affairs*, septiembre/octubre, 2021.

ROGELJ, Joeri, SCHAEFFER, Michiel, FRIEDLINGSTEIN, Pierre, GILLETT Nathan P., VAN VUUREN, Detlef P., RIAHI, Keywan, ALLEN, Myles, y KNUTTI, Reto, «Differences between Carbon Budget Estimates Unravelled», *Nature Climate Change*, vol. 6, n.° 3, 2016.

ROGELJ, Joeri, DEN ELZEN, Michel, HÖHNE, Niklas, FRANSEN, Taryn, FEKETE, Hanna, WINKLER, Harald, SCHAEFFER, Roberto, SHA, Fu, RIAHI, Keywan, y MEINSHAUSEN, Malte, «Paris Agreement Climate Proposals Need a Boost to Keep Warming Well below 2 °C», *Nature*, vol. 534, n.° 7609, pp. 631-639, 2016.

ROGELJ, J., SHINDELL, D., JIANG, K., FIFITA, S., FOSTER, P., GINZBURG, V., HANDA, C., KHESHGI, H., KOBAYASHI, S., KRIEGLER, E., MUNDACA, L., SÉFERIAN, R., y VILARIÑO, M. V., «Mitigation Pathways Compatible with 1.5 °C in the Context of Sustainable Development. In: *Global Warming of 1.5 °C. An IPCC Special Report on the Impacts of Global Warming of 1.5 °C above Preindustrial Levels and Related Global Greenhouse Emission Pathways, in the Context of Strengthening the Global Response to the Threat of Climate Change, Sustainable Development, and Efforts to Eradicate Poverty.* [Masson-Delmotte, V., P. Zhai, H. O. Pörtner, D. Roberts, J. Skea, P. R. Shukla, A. Pirani, W. Moufouma-Okia, C. Péan, R. Pidcock, S. Connors, J. B. R. Matthews, Y. Chen, X. Zhou, M. I. Gomis, E. Lonnoy, T. Maycock, M. Tignor y Waterfield (eds.)], 2018.

ROTHMAN, Daniel H., «Characteristic Disruptions of an Excitable Carbon Cycle», *Proceedings of the National Academy of Sciences of the United States,* 2019.

RUGGIE, John G., «Multilateralism: The Anatomy of an Institution», en Ruggie, John Gerard (eds.), *Multilateralism Matters. The Theory and Praxis of an Institutional Form.* Columbia University Press, Nueva York, 1993.

SACHS, Jeffrey, *La era del desarrollo sostenible.* Deusto, Barcelona, 2015.

SAEED, Rina, «Water Pressures Rise in Pakistan as Drought Meets a Growing Population», *Reuters,* 14 de junio de 2018.

SALL, Chris, *Climate Trends and Impacts in China.* World Bank, 2013.

SCHÄR, Christoph, «The Worst Heat Waves to Come», *Nature Climate Change,* vol. 6, febrero de 2016.

SCHEFFRAN, Jürgen, «The Geopolitical Impact of Climate Change in the Mediterranean Region: Climate Change as a Trigger of Conflict and Migration». IEMed. Mediterranean Yearbook, 2020.

SCHOOLMEESTER, T., SARAVIA, M., ANDRESEN, M., POSTIGO, J., VALVERDE, A., JUREK, M., ALFTHAN, B., y GIADA, S., *Outlook on Clima-*

te Change Adaptation in the Tropical Andes Mountains. Mountain Adaptation Outlook Series. United Nations Environment Programme, GRID-Arendal and CONDESAN. Nairobi, Arendal, Viena y Lima, 2016.

SEMPRÚN, Jorge, *Pensar en Europa.* Tusquets, Barcelona, 2016.

SERDECZNY, Olivia, ADAMS, Sophie, BAARSCH, Florent, COUMOU, Dim, ROBINSON, Alexandre, HARE, William, SCHAEFFER, Michiel, PERRETTE, Mahè, y REINHARHT, Julia, «Climate Change Impacts in Sub-Saharan Africa from Physical Changes to their Social Repercussions», *Regional Environmental Change,* enero de 2016.

SHEARER, Chistine, MYLLYVIRTA, Lauri, YU, AIQUA, AITKEN, Greig, MATHEW-SHAH, Neha, DALLOS, Gyorgy, y NACE, Ted, *Boom and Bust 2020. Tracking the Global Coal Plant Pipeline,* 2020.

SHEARER, Christine, *The Global Coal Fleet Shrank for First Time on Record in 2020.* CarbonBrief, 2020.

SHEPHERD, Andrew, FRICKER, Helen Amanda, y FARRELL, Sinead Louise, «Trends and Connections Across the Antarctic Cryosphere», *Nature* 558, 2018.

SHIVSHANKAR, Menon, «India's Foreign Affairs Strategy». *Brookings India.* Impact Series, mayo de 2020.

SISSOKO, K., VAN KEULEN, H., VERHAGEN, J., TEKKEN, V., y BATTA-GLINI, A., «Agriculture, Livelihoods and Climate Change in the West African Sahel», *Regional Environmental Change,* 11 (Suppl 1), 2011.

SMIL, Vaclav, *Energía y civilización. Una historia.* Arpa, Barcelona, 2021.

SODUPE, Kepa, y BENITO, Eduardo, «Eficiencia energética, seguridad y sostenibilidad», en Sodupe, Kepa, y Gonzalo Molina (eds.): *Gobernanza para un sistema energético sostenible.* Servicio Editorial de la Universidad del País Vasco, Bilbao, 2018.

SONG, R., DONG, W., ZHU, J., ZHAO, X., y WANG, Y., «Assessing Implementation of China's Climate Policies in the 12th 5-year Period». World Resources Institute. Documento de trabajo, septiembre de 2015.

STERN, Nicholas, *The Economics of Climate Change.* Cambridge University Press, 2007.

—, *A Blueprint for a Safer Planet. How to Manage Climate Change and Create a New Era of Progress and Prosperity.* Londres. The Bodley Head.

—, *Why Are We Waiting? The Logic, Urgency and Promise of Tackling Climate Change.* The MIT Press, Cambridge, Massachusetts, 2016.

STEFFEN, Will, y otros, «The Anthropocene: From Global Change to Planetary Stewardship», *AMBIO,* octubre de 2011.

STEFFEN, Will, y otros, «Planet Boundaries: Guiding Human Development on a Changing Planet», *Science*, vol. 347, febrero de 2015.

STEFFEN, Will, GRINEVALD, Jacques, CRUTZEN, Paul, y McNEILL, John «The Anthopocene: Conceptual and Historical Perspectives», *Philosophical Transactions of the Royal Society*, vol. 369, 2011.

STEFFEN, Will, JOHAN, Rockström y otros, «Trajectories of the Earth System in the Anthropocene», *Proceedings of the National Academy of Sciences of the United States of America (PNAS)*, 2018.

Stockholm Environment Institute (SEI), International Institute for Sustainable Development (IISD), Overseas Development Institute (ODI), Third Generation Environmentalism (3GE) y United Nations Environment Programme (UNEP) (2020). *The Production Gap Report: 2020 Special Report.*

SUPRAN, Geoffrey y ORESKES, Naomi, «Assessing ExxonMobil's Climate Change Comunications (1977-2014)», *Environmental Research Letters*, vol. 12, n.° 8, 2017.

SYLLA MOUHAMADOU, Bamba, NIKIEMA MICHEL, Pinghouinde, GIBBA, Peter, KEBE, Ibourahima, y BROWNE, Nana Ama, «Climate Change over West Africa: Recent Trends and Future Projections», en Yaro, J. A., y J. Hesselberg (eds.), *Adaptation to Climate Change and Variability in Rural West Africa.* Springer International Publishing Switzerland, 2016

TOCQUEVILLE, Alexis de, *La democracia en América.* Alianza, Madrid, 2017.

TONG, Shilu, BERRY, Helen L., EBI, Kristie, BAMBRICK, Hilary, HUA, Wenbiao, GREEN, Donna, HANNA, Elizabeth, WANG, Zhiqiang, y BUTLERY, Colin D., «Climate Change, Food, Water and Population Health in China». *Policy & Practice Article.* World Health Organization, 2016.

TONG, Dan, ZHANG, Qiang, ZHENG, Yizuan, y otros, «Committed Emissions from Existing Energy Infrastructure Jeopardize 1.5°C Climate Target», *Nature*, vol. 572, 2019.

TONGIA, Rahul, y GROSS, Samantha, «Coal in India. Adjusting to Transition». *Brookings, Paper 7*, marzo de 2019.

TOULMIN, Camilla, y BROCK, Karen, «Desertification in the Sahel. Local Practice Meets Global Narrative», en Behnke, R. H., y M. Mortimore (eds.), *The End of Desertification.* Springer Earth System Sciences, 2016.

United Nations Economic and Social Commission for Asia and the Pacific (ESCAP): *Coal Phase Out and Energy Transition Pathways for Asia and the Pacific* (2021).

United Nations Environment Programme, *Sixth Global Environmental Outlook (GEO)*, 2019.

—, *The Emissions Gap Report 2020*, 2020.

—, *The Emissions Gap Report 2021. The Heat Is On. A World of Climate Promises Not Yet Delivered*, 2021.

United Nations Economic and Social Commission for Western Asia (ESCWA) y otros, *Arab Climate Change Assessment Report. Executive Summary*. Beirut, 2017.

United Nations Office for the Coordination of Humanitarian Affairs, *The Sahel. Converging Challenges, Compounding Risks. A Region under High Pressure*, 2016.

VAN ASSELT, Harro, y BÖBNER, Stefan, *Reviewing Implementation under the Paris Agreement*, CARISMA Innovation for Climate Change Mitigation, núm. 1, febrero de 2016.

VIVEKANANDA, Janani, DAY, Adam, y WOLFMAIER, Susanne, *What Can the UN Security Council Do on Climate and Security?* Climate Security Expert Group, 2020.

WATERS, Colin N., y otros, «The Anthropocene is Functionally and Stratigraphically Distinct from the Holocene», *Science*, vol. 351, 2016.

WATSON Charlene y SCHALATEK Liane, *The Global Climate Finance Architecture*. Heinrich Böll Stiftung, Washington, 2021.

WATSON, Robert, CARRARO, Carlo, CANZIANI, Pablo, NAKICEMOVIC, Nebojsa, McCARTHY, James J., GOLDEMBERG, José y HISAS, Liliana, «The Truth about Climate Change». Fundación Ecológica Universal FEU-US, 2016.

WERRELL, E. Caitlin, y FEMIA, Francesco, «Epicenters of Climate and Security: The New Geostrategic Lanscape of the Antropocene». The Center for Climate and Security, 2017.

WERZ, Michael, y REED, Lauren, *Climate Change, Migration, and Nontraditional Security Threats in China. Complex Crisis Scenarios and Policy Options for China and the World*. Center for American Progress, 2014.

WESTAD, Odd Arne, *La Guerra Fría. Una historia mundial*. Galaxia Gutenberg, Barcelona, 2018.

WESTERHOLD, Thomas, y otros, «An Astronomically Dated Record on Earth's Climate and Its Predictability over the Last 66 Million Years». *Science*, 369, 2020.

WILHELM, Richard, *I Ching. El Libro de las Mutaciones*. Edhasa, Barcelona, 1985.

Wilson, Edward O., *Biophilia. The Human Bon with Other Species*. Cambridge, Harvard University Press, 1984.

—, *El sentido de la existencia humana*. Gedisa, Barcelona, 2014.

—, *Medio Planeta. La lucha por las tierras salvajes en la era de la sexta extinción*. Errata Naturae, Madrid, 2018.

—, *Génesis. El origen de las sociedades*. Drakontos (Planeta), Barcelona, 2020.

Yermakov, Vitaly, y Henderson, James, «The New Deal for Oil Markets: Implications for Russia's Short-Term Tactics and Long-Term Strategy», Energy Insight 67. The Oxford Institute for Energy Studies, 2020.

Yong-Jian, Ding, y otros, «An Overview of Climate Change Impacts on the Society of China», *Advances in Climate Change Research*, vol. 12, n.º 2, abril de 2021.